教育部人文社会科学重点研究基地北京大学国家治理研究院重大项目"国家治理现代化发展战略研究"（17JJD810003）成果

中共北京市顺义区委研究室委托项目"顺义区地方治理体系和治理能力现代化建设研究"成果

北京大学、复旦大学、吉林大学、中山大学、中国财政科学研究院"国家治理协同创新中心"成果

国家治理研究丛书

新时代中国特色地方治理现代化创新研究

基于北京市顺义区的实践探索

王浦劬　王　刚　主编

中国社会科学出版社

图书在版编目(CIP)数据

新时代中国特色地方治理现代化创新研究：基于北京市顺义区的实践探索 / 王浦劬，王刚主编 .—北京：中国社会科学出版社，2019.7

ISBN 978-7-5203-4505-7

Ⅰ.①新… Ⅱ.①王…②王… Ⅲ.①地方政府-行政管理-现代化管理-创新管理-研究-顺义区 Ⅳ.①D625.13

中国版本图书馆 CIP 数据核字(2019)第 105002 号

出 版 人	赵剑英
责任编辑	许　琳
责任校对	沈丁晨
责任印制	郝美娜

出　　版	中国社会科学出版社
社　　址	北京鼓楼西大街甲 158 号
邮　　编	100720
网　　址	http://www.csspw.cn
发 行 部	010-84083685
门 市 部	010-84029450
经　　销	新华书店及其他书店
印　　刷	北京君升印刷有限公司
装　　订	廊坊市广阳区广增装订厂
版　　次	2019 年 7 月第 1 版
印　　次	2019 年 7 月第 1 次印刷
开　　本	710×1000　1/16
印　　张	20.75
插　　页	2
字　　数	351 千字
定　　价	118.00 元

凡购买中国社会科学出版社图书，如有质量问题请与本社营销中心联系调换
电话：010-84083683
版权所有　侵权必究

主 编

王浦劬 王 刚

编辑委员会

主任： 王 刚 王浦劬
成员：（以姓氏笔划排列）
　　　王 娟　王 展　田 凯　江晓庆
　　　孙 响　朱 萌　李 伟　宋 洋
　　　张 博　张 宁　郑 寰　范杰武
　　　祝灵君　柳亚辉　袁 波　袁日晨
　　　袁 园　黄 晗　赖先进　蔡潇彬
　　　熊道宏　燕继荣

目 录

导论 …………………………………………………………………（1）

第一篇 优化政府治理模式 推进政府治理现代化
——构建有限、有为、有责、有效的政府

第一章 研究背景 …………………………………………………（9）
  一 研究意义 ……………………………………………………（11）
  二 研究思路 ……………………………………………………（11）
  三 研究方法 ……………………………………………………（12）

第二章 顺义区政府治理现代化的基本要义 ……………………（14）
  一 政府治理现代化的内涵 ……………………………………（14）
  二 顺义区政府治理现代化的现实背景 ………………………（18）
  三 顺义区政府治理现代化的目标和路径 ……………………（21）

第三章 顺义区推进政府治理现代化的实践经验 ………………（28）
  一 构建现代政府职能体系，提高经济社会治理水平 ………（29）
  二 优化政府财政结构，提高政府运行效率 …………………（41）
  三 创新政府治理方式，建设法治型、参与型、协同型
     政府 …………………………………………………………（42）

第四章 顺义区政府治理的问题与不足 …………………………（50）
  一 政府职能转变尚未到位 ……………………………………（50）
  二 政府治理结构需要优化 ……………………………………（59）

三　政府治理方式亟待转变 …………………………………………（66）
　　四　政府队伍建设有待强化 …………………………………………（74）

第五章　地方政府治理现代化的可借鉴经验 ………………………（77）
　　一　推进行政审批制度改革，实现政府简政放权 …………………（77）
　　二　加强和改善宏观调控，促进区域经济转型升级 ………………（82）
　　三　优化城乡管理与公共服务，加强社会治理职能 ………………（87）
　　四　推进政府公共服务购买，提升公共服务质量 …………………（90）
　　五　优化城乡基层自治，助推政府治理民主化 ……………………（94）

第六章　推进顺义区政府治理现代化的基本对策 …………………（99）
　　一　大力推进政府简政放权，全面推进政府职能转变 ……………（99）
　　二　理顺区政府与基层政府关系，优化政府治理结构 ……………（104）
　　三　鼓励引导政府创新，推进治理方式法治化、民主化、
　　　　协同化 ……………………………………………………………（112）
　　四　完善公务员激励和晋升机制，加强治理队伍现代化建设 ……（121）

第七章　推进顺义区政府治理现代化的实施规划 …………………（123）
　　一　顺义区政府治理现代化的实施步骤和时间表 …………………（123）
　　二　推进全面深化改革的内容与具体措施 …………………………（124）
　　三　重点培育的政府治理现代化建设项目 …………………………（126）

第二篇　运用村规民约　推进社会治理现代化
——厚植协同共治社会资本

第一章　研究背景 ……………………………………………………（131）
　　一　选题缘由 …………………………………………………………（131）
　　二　分析视角 …………………………………………………………（132）
　　三　研究方法 …………………………………………………………（134）

第二章　运用村规民约推动协同共治的理论分析 …………………（136）
　　一　村规民约的定义、特征及功能 …………………………………（136）

二　协同共治的定义、体系和机制 …………………………（142）
　三　运用村规民约推动协同共治的基础和条件 ……………（148）
　四　运用村规民约推进协同共治的理论依据 ………………（155）

第三章　国内外运用村规民约推动协同共治的典型案例及启示 ……（162）
　一　乡约：传统中国农村治理的遗产 ………………………（162）
　二　国外乡村治理的典型案例及启示 ………………………（166）
　三　国内运用村规民约推动协同共治的典型案例及启示 …（170）

第四章　顺义区运用村规民约推动协同共治的实践与创新 ……（174）
　一　凝聚多方力量，促进农村治理的主体间协同 …………（175）
　二　基层党建引领，推动村规民约的制定与执行 …………（183）
　三　立足区情民情，运用村规民约应对突出问题 …………（185）

第五章　顺义区运用村规民约推动协同共治的总体评估 ………（191）
　一　顺义区运用村规民约推动协同共治的总体评价 ………（191）
　二　顺义区运用村规民约推动协同共治的主要问题 ………（194）

第六章　顺义区进一步运用村规民约推动协同共治的对策建议 ……（208）
　一　准确定位党委和政府的角色与职能 ……………………（208）
　二　深入发掘顺义区传统文化 ………………………………（209）
　三　健全村规民约的内容和结构 ……………………………（210）
　四　规范制定村规民约的程序 ………………………………（214）
　五　健全村规民约的审查与执行机制 ………………………（215）
　六　培养村民的公民意识与契约精神 ………………………（218）
　七　培育和发展顺义区农村社会组织 ………………………（220）

第三篇　深化与人民的血肉联系　加强执政党建设
——建设"扎根型"基层党组织

第一章　研究背景 ………………………………………………（225）
　一　问题缘由 …………………………………………………（227）

二　理论框架 …………………………………………………（228）
　三　研究路径 …………………………………………………（229）

第二章　基层党组织的"悬浮"与"扎根" ……………………（235）
　一　基层党建工作遭遇的困境："悬浮型"党组织 ……………（235）
　二　基层党建工作的努力方向："扎根型"党组织 ……………（238）
　三　顺义区基层党组织曾经的"悬浮"现象 …………………（240）

第三章　顺义区实施"六三战略"，推进"扎根型"党建 ………（243）
　一　推进组织设置方式"三大创新"，扩大基层党组织的覆盖面 ………………………………………………………（244）
　二　尝试实行党代表任期制"三大举措"，提升基层党组织的代表性 ……………………………………………………（245）
　三　构建党员政治激励"三大机制"，增强基层党组织的活跃性 ………………………………………………………（249）
　四　明确党建经费投向"三大倾向"，确保基层党组织的高效性 ………………………………………………………（250）
　五　实现社会治理功能"三大保障"，强化基层党组织的引领性 ………………………………………………………（252）
　六　完善公共服务体系"三大路径"，巩固基层党组织的群众性 ………………………………………………………（256）
　七　顺义区推进"扎根型"党建的总体评价 …………………（265）

第四章　国内外"扎根型"党组织建设的经验 …………………（267）
　一　民主革命时期共产党的"扎根" …………………………（267）
　二　新时代国内其他地区"扎根型"党建经验 ………………（273）
　三　新加坡人民行动党基层党组织建设经验 …………………（279）
　四　思考与启示 ………………………………………………（284）

第五章　顺义区深化推进"扎根型"党建的对策建议 …………（287）
　一　顺义"扎根型"党建的基本经验 …………………………（287）
　二　顺义区深化"扎根型"党建的思路与对策 ………………（290）

附 录

附录一 "顺义区政府治理体系和能力现代化"调查问卷 ………（295）

附录二 "顺义区政府治理体系和能力现代化"访谈提纲 ………（307）

附录三 "顺义区村规民约与协同共治"调查问卷 ………………（308）

附录四 问卷调查村名单汇总 …………………………………（317）

后记 ……………………………………………………………（319）

导　　论

党的十八大以来，以习近平同志为核心的党中央积极推进"五位一体"总体布局和"四个全面"的战略布局。党的十八届三中全会提出，全面深化改革的总目标是完善和发展中国特色社会主义制度，推进国家治理体系和治理能力现代化。党的十八届四中全会通过的《中共中央关于全面推进依法治国若干重大问题的决定》，进一步把国家治理现代化与依法治国有机结合起来，提出建设中国特色社会主义法治体系、建设社会主义法治国家。坚持依法治国、依法执政、依法行政共同推进，坚持法治国家、法治政府、法治社会一体建设。党的十八届六中全会，进一步提出了全面从严治党的必要性和实施要求，阐明了国家治理现代化的核心领导力量和政党治理途径。新时代中国共产党推进国家治理现代化的战略和方略，是新时代全面建设小康社会的指南和轨辙。

全面深化改革的贯穿性命题是以强化和实现党的全面领导为枢纽，基于人民群众对美好生活的向往和经济社会发展的实践，不断强化基层党建，深化调整政府与市场关系、政府与社会关系。一言以蔽之，就是推进新时代中国特色国家治理现代化。而在地方层面，就是深入推进新时代中国特色地方治理现代化。

中国特色，按照习近平总书记的思想，中国特色"特就特在其道路、理论体系、制度上，特就特在其实现途径、行动指南、根本保障的内在联系上，特就特在这三者统一于中国特色社会主义伟大实践上"。[①] 在国家治理现代化方面，中国特色就是在中国共产党领导下，在马列主义、毛泽东思想和中国特色社会主义理论，尤其是习近平新时代中国特色社会主义思想指导下，基于中国的治理实践，创造性转换和创新性发展中国传统文

[①] 习近平：《紧紧围绕坚持和发展中国特色社会主义学习宣传贯彻党的十八大精神》，《习近平谈治国理政》第1卷，外文出版社2014年版，第9页。

化，吸取外来的有益要素，切实解决治理的重大问题，构建具有科学性、时代性和实践效用性的治理体系和模式，优化治理的文化资本和社会资本，达成改革、发展和治理的相互促进、有机统一。

在这其中，正确处理政府与市场的关系，主要是通过政府职能和方式全面转变和经济体制改革来实现的，其中的核心问题是优化政府治理模式和结构，使市场在资源配置中起决定性作用和更好发挥政府作用。政府与社会之间关系的调整和优化途径，则是创新社会治理体制，坚持系统治理、依法治理、综合治理、源头治理，实现政府治理和社会自我调节、居民自治良性互动，在这其中，不仅涉及治理体制机制，而且涉及治理的文化和价值现代化。同时，中国特色社会主义的最大优势在于中国共产党的领导，因此，全面深化改革和治理现代化的成败，关键在于充分发挥党总揽全局、协调各方的领导核心作用，实现和加强党的全面领导，通过党的坚强有力有效的领导，推进全面深化改革和全面依法治国，推进现代化和中华民族伟大复兴的事业。而党在新时代要承担这一伟大使命，必须全面从严治党，真正做到打铁还需自身硬，同时，必须切实以人民为中心，密切联系人民群众，尤其是创新基层党建工作，充分发挥基层党组织的战斗堡垒作用，巩固和厚植党的执政基础。

遵循以上改革思路和治理逻辑，北京大学国家治理研究院、北京大学国家治理协同创新中心与北京市顺义区委区政府研究室决定以北京市顺义区为典型样本，遵循习近平新时代中国特色社会主义思想，按照国家治理现代化的方向，针对地方治理现代化要求，贯彻全面深化改革和创新协同治理的原则，主要选择以全面深化改革与地方治理创新的政府治理、社会治理和基层党建为研究领域，以特定领域中治理创新的特定层面包括地方政府治理中的政府模式构建、社会治理中的社会资本创新性发展、基层党组织与社会关系的强化作为研究课题，展开《顺义区地方治理体系和治理能力现代化建设研究》项目的研究，并且试图由微观透视宏观，由个案透视一般，提炼我国治理现代化的可行性和可复制性理念、路径和经验。

项目研究团队积极贯彻理论紧密结合实际原则，力求成绩讲够，问题讲透，系统总结顺义区地方治理体系和治理能力现代化的经验探索，实事求是地分析了存在的困惑和问题，并提出了相应的对策建议。

该课题研究自2014年启动到2018年完成，分别就政府治理、社会治理和政党治理进行了专题研究。

第一期为政府治理专题研究，时间从2014年4月至2015年4月。

政府治理现代化基于地方政府权能结构和模式转变而展开。研究显示，在全面深化改革和地方治理创新中，要求政府自身在理念、角色、结构、职能和人员素质等方面谋求变革，另外要求政府治理方式创新和变革，从而实现政府对公共事务的依法治理、民主治理和协同治理。在中央和北京市全面落实"五位一体"总体布局和"四个全面"战略布局，积极推进全面深化改革的总体规划和发展进程中，顺义区经济社会发展呈现三个阶段性新特征：经济发展进入稳中求进、提质增效的新阶段；城市发展进入完善功能、提升品质的新阶段；社会建设进入深化服务、创新治理的新阶段。经济新常态和社会治理新形势是推进顺义区政府治理现代化的内在动力，也对顺义区政府治理能力和治理体系提出了新挑战。

要成功应对这些挑战，化挑战为机遇，结合政治学、公共管理学等学科基本理论、国内外政府治理实践和顺义区情，课题组确认，以政府权能全面正确转变为基础，着力构建职责清楚、依法行政的政府治理体系，确立构建有限、有为、有责和有效的政府治理模式，提升政府对于经济社会的治理水平；以政府结构调整为抓手，优化事权财权配置；以治理方式创新为突破，形成政府—市场—社会共建共治格局。2014年以来，顺义区委、区政府在中央和北京市文件精神指导下，解放思想、创新实践，全面推动政府职能转变、创新治理方式、优化政府组织结构，积极探索构建符合顺义地方特色的现代化政府治理体系，取得了一定的成绩和经验。

第二期为社会治理课题研究。课题的着眼点是运用村规民约推进基层社会协同共治，研究时间从2015年4月至2016年4月。

顺义区是北京东北部重点发展的新城，首都国际航空中心核心区，但仍然存在着明显的城乡二元社会治理结构。长期以来，由于传统社会治理理念的束缚、治理主体高度一元化、新型治理体制机制缺失，农村社会治理始终存在许多亟待破解的难题和瓶颈。如何探索和创新社会治理机制是顺义区推进社会治理现代化的过程中所面临的重大挑战。

在研究和对策建议中，面对这些挑战，课题组认识到，社会治理的根本和深层要素是现代社会资本的培养，而现代社会资本的培育，必须基于深层的乡规民约的现代性创造性转换和创新性发展。为此，课题组认为，顺义区农村基层社会治理的思路和着力点在于：积极弘扬中国传统文化的治理精要，深入发掘以村规民约为代表的本土社会治理资源，把多中心协同共治的正式制度体系与具有非正式制度和深层次文化特征的村规民约有机衔接、相互协调和相互补充，运用现代取向的村规民约，培育社会资本，推动农村社会协同共治，使得多主体共治的农村治理体系真正有效运转起来，从而实现对农村基层社会的低成本高效能治理，实实在在地推进中国特色农村基层社会治理现代化。实际操作运行中，顺义区运用村规民约不仅较为成功地化解了顺义在城市化进程中出现的大量各类矛盾纠纷，促进了农村社会和谐稳定。深层次来看，顺义区的村规民约之治启动了基层社会的现代化改造进程，逐步使农村从熟人治理走向契约治理，从传统的伦理社会转向法治社会，基层治理模式从"行政管理"向"协同治理"转变。

第三期为政党治理专题研究。课题的重点是顺义区着力建设与人民群众血肉相连的"扎根型"政党的实践探索，研究时间从 2016 年 4 月至 2017 年 4 月。

在新的历史条件下，党的领导面临着"四大考验"和"四种风险"的挑战。基层处于承上启下的节点，各种矛盾的焦点和工作落实的重点。基层党建是整个党建工作的基础和末梢神经。基层党建的弱化和虚化会造成党组织的合法性与组织动员能力的削弱。曾经一段时期，在党建基础较好的顺义区，基层党建中一度也存在着某些"悬浮"现象。党群关系有些疏离，群众对基层党组织信任程度降低，党的威信在基层随之降低，基层政府形象也遭到伤害。

针对这种情况，课题组提出，中国共产党的领导是中国特色社会主义的最大优势和本质特征，是中国特色社会主义事业发展的根本保障，是全面深化改革、全面推进依法治国、全面推进国家治理现代化和全面建设小康社会的核心领导力量，而全面从严治党则是实现中国共产党领导的重要前提。而党的领导和治党的要求，根本上需要通过基层党建来落实，因此，需要站在从严管党治党、巩固党的执政基础的高度，深刻认识基层党建的重要意义，着力紧密党群关系，建设与人民群众血肉相连的"扎根型"政党。顺义区针对基层党组织政治功能和服务功能弱化等问题，结合自身特点、整合资源优势，积极探索出一套加强基层党组织建设、促进基层治理的实践经验，集中体现为通过"扎根型"党建，形成人往基层走、钱往基层投、政策往基层倾斜的执政资源下沉机制，较好实现了组织扎根、体制扎根、思想扎根、资源扎根、功能扎根和服务扎根，增强人民群众的获得感和对党组织的认同感。顺义区的"扎根型"党建既实现了党组织自身建设水平的稳步提升，也实现了党和政府有效动员和治理基层社会，为构建良性的政治文化打下坚实的基础，值得深入发掘和进一步推广。

在研究方法方面，本项目采取理论与实践、规范研究与实证研究、制度研究与文化价值研究紧密结合的方法，通过大量的实地调查、座谈和访谈，掌握了第一手资料，项目历时三年，形成了本研究成果。显然，该项研究成果是在习近平新时代中国特色社会主义思想指导下，在全面深化改革和推进国家治理现代化的历史进程中，根据北京市顺义区推进地方治理现代化的实践而概括提炼形成的，是北京大学国家治理研究院与北京市顺义区委、区政府合作研究的产品，是新时代中国特色地方治理现代化理论与实践结合的尝试。

第一篇

优化政府治理模式 推进政府治理现代化

——构建有限、有为、有责、有效的政府

第一章 研究背景

党的十八届三中全会通过的《中共中央关于全面深化改革若干重大问题的决定》（以下简称《决定》）确定，全面深化改革的总目标是坚持和完善中国特色社会主义制度，推进国家治理体系和治理能力现代化。为此，中央制定了全面深化改革的方案，并提出具体时间表："到2020年，在重要领域和关键环节改革上取得决定性成果""形成系统完备、科学规范、运行有效的制度体系，使各方面制度更加成熟更加定型。"《决定》提出了全面深化改革的15大领域60项具体改革，由此逐步实现国家治理体系和治理能力的现代化。

作为北京东北部发展带的重要节点、重点发展新城、首都国际航空中心核心区，顺义区政府在全面深化改革、实现治理现代化的过程中，进行了许多富有成效的实践探索，取得了令人瞩目的成就。在新时代，对照中央和北京市的发展新战略，该区的地方治理也还面临着许多新问题和新挑战。因此，当前和今后一段时期，政府治理，尤其是政府治理模式选择和运行现代化，成为顺义区地方治理现代化的重要任务。

我国的政府是代表人民，贯彻和实施执政党意志要求的中枢，因此，国家治理体系和治理能力现代化，首先要求政府治理体系和治理能力现代化。

政府治理现代化一方面要求政府自身在理念、角色、结构、职能和人员素质等方面谋求变革，实现有限、有责、有为、有效的政府；另一方面要求政府治理方式创新和变革，实现政府对公共事务的依法治理、民主治理（公开、透明）和协同治理。顺义区政府在实施地方治理的过程中，在谋求经济社会发展的过程中，先后不同程度地探索政府治理的现代变革，并取得了令人瞩目的成绩和经验。

在新时代，从国家治理现代化的要求、北京市的发展目标以及顺义区自身发展的需要来看，顺义区政府治理还存在着一定的差距。因此，如何确定政府深化改革的目标,如何取长补短,切实有效地实现政府治理现代化,依然是顺义区政府面临的任务。

顺义区经济社会发展已进入新阶段,由此形成了顺义区政府治理现代化的内在动力。

新时代,我国仍然处于社会主义初级阶段,同时,这个初级阶段在发展中又呈现许多发展时期。当前我国社会的主要矛盾是,人民日益增长的美好生活需要和不平衡不充分的发展之间的矛盾,因此,必须清楚认识到我国的历史阶段性和发展的时期性,紧紧把握主要矛盾,以此作为推进治理体系和能力的主要动力。

在新时代,北京市委严格按照中央"五位一体"总体布局和"四个全面"的战略布局,就北京市治理现代化发展,做出了一系列的战略部署,确定了一系列落实措施。中央和北京市的判断和战略,为顺义区治理现代化的发展指明了方向。

在中央和北京市全面深化改革新阶段的总体部署下,顺义区经济社会发展也呈现三个阶段性的新特征:经济发展进入稳中求进、提质增效的新阶段;城市发展进入完善功能、提升品质的新阶段;社会建设进入深化服务、创新治理的新阶段。经济新常态和社会治理新形势,对顺义区政府治理能力和治理体系提出了新挑战。要成功应对这些挑战,化挑战为机遇,要求区委、区政府在全面深化改革进程中有效推进顺义政府治理现代化。

经济社会发展步入转型期,构成顺义区推进政府治理现代化的外部环境和要求。从经济发展形势来看,我国经济发展进入新常态。新常态呈现出九大特征。[①] 结合顺义区情,顺义区经济社会发展也呈现出新常态特征,例如,经济指标增速低于年初预期,产业转型升级任务艰巨;环境治

---

① 2014年中央经济工作会议阐释新常态的九大特征是:消费需求:个性化、多样化消费渐成主流;投资需求:新技术、新产品、新业态、新商业模式投资机会涌现;出口和国际收支:使出口继续对经济发展发挥支撑作用;生产能力和产业组织方式:生产小型化、智能化、专业化将成为产业组织新特征;生产要素相对优势:必须让创新成为驱动发展新引擎;市场竞争特点:从数量扩张和价格竞争转向以质量型、差异化为主的竞争;资源环境约束:推动形成绿色低碳循环发展新方式;经济风险积累和化解:以高杠杆和泡沫化为特征的风险将持续一段时间;资源配置模式和宏观调控:全面把握总供求关系新变化,科学宏观调控。

理和人口资源环境面临严峻挑战等。① 顺义目前经济社会发展处在一个重要的转型时期。转型时期顺义经济社会发展的总体定位是立足区域功能定位，充分发挥比较优势，积极"调结构、促改革、惠民生"，加快推进"四个转型升级"。因此，要应对经济发展面临的突出的矛盾和问题，需要顺义区通过有效推进顺义政府治理现代化，主动适应新常态、谋划新发展。

一　研究意义

1. 实践意义

围绕顺义区政府治理现代化建设实践，总结顺义区在推进政府治理现代化建设中的探索和成效，有利于为顺义区的进一步发展，为北京市其他地区乃至全国同类地区推进政府治理现代化提供有益的经验借鉴和启示。同时，通过分析顺义区推进政府治理现代化存在的主要问题，研究国内相关地区推动治理现代化的典型经验，提出解决问题的对策建议，也有利于为顺义区推进政府治理现代化提供决策参考。

2. 理论意义

政府治理现代化是当前理论研究的新主题。政府治理是什么？政府治理包含哪些内容和要素？如何推动政府治理现代化？这些问题仍然是理论界和实务界探索和思考的问题。

通过对顺义区政府治理现代化问题的分析，有利于在基层政府治理实践的基础上提炼出政府治理现代化的科学内涵和要素，填补当前政府治理现代化理论研究的不足和缺陷，丰富和完善政府治理现代化理论，从政府治理理论视角推动国家治理体系和能力现代化。

二　研究思路

顺义区推动政府治理现代化的总体方向和思路是：在党的十八大、十八届三中全会、四中全会精神指导下，贯彻国务院《2015 年

---

① 见《顺义区 2015 年政府工作报告》。

政府工作报告》和北京市《2015年政府工作报告》，按照北京市全面深化改革的总体部署，总结和弘扬顺义区已取得的政府治理经验和优势，通过全面深化改革，消除政府治理现代化中存在的不足和"短板"。为此，首先从顺义区已推进的政府治理实践和做法出发，总结和梳理政府治理的有效经验，为区政府发挥已有优势、推动政府治理现代化明确方向。

其次，研究以政府治理问题为导向，着力探讨如何推进顺义区政府治理现代化。采用问卷调研和专题访谈的研究方法，归纳政府治理存在的主要问题。在此基础上，针对这些问题，结合政治学、公共管理学等学科基本理论、国内外政府治理实践和顺义区情，提出构建有限、有为、有责、有效政府目标，从职能转变、结构优化、方式创新及队伍建设等路径出发，实现政府治理现代化。

三　研究方法

（一）访谈法

为充分了解和科学把握目前顺义区政府治理的基本状况，课题组制订专门的访谈计划和提纲（访谈计划和提纲见附件），指导课题调研工作的有序开展。2014年7月，课题组对顺义区政府24个委、办、局、镇、街道主要领导和业务骨干展开了专题访谈工作。访谈对象选择以知情者为主，在顺义区政府部门领导、镇街道负责人中选取访谈对象，开展重点访谈工作。尤其是对重点调研单位、镇（街道）负责人进行访谈。

（二）问卷调研

2014年9月，课题组设计了专门的调研问卷，从顺义区政府委、办、局、镇、街道等单位，抽样选择1000位公务员进行了问卷调研（问卷见附件），问卷发放1000份，问卷有效率97%。在课题调研的基础上，我们提出以构建有限、有为、有责、有效政府为目标，并从职能转变、结构优化、方式创新及队伍建设等路径出发，推进顺义区政府治理体系和能力现代化。

(三) 案例研究

为向顺义区政府治理现代化提供有益经验和指导，课题采用案例研究方法，总结国内深圳、天津等地区在推进政府治理现代化中采取的有效做法，提炼出这些地区治理现代化实践的要点和关键点，有利于为顺义区政府治理现代化提供有效的经验借鉴和启示。

第二章　顺义区政府治理现代化的基本要义

为推进顺义区全面深化改革，促进政府职能转变，课题组遵循党的十八大，十八届三中全会、四中全会精神，牢牢把握顺义区情实际，提出了构建"有限、有为、有责、有效"的总体目标，以此作为顺义区政府治理现代化的基本依据。课题组在梳理总结顺义区近年来政府治理经验的基础上，结合顺义区当前形势开展调查研究，通过访谈和问卷考察了顺义区委、办、局、乡镇、街道的实际运行情况，通过典型案例分析和实地走访获得了第一手的资料，并对当前顺义区政府治理所面临的实际问题进行了科学分析。

一　政府治理现代化的内涵

课题的研究对象为顺义区政府治理，具体是指政府行政系统作为治理主体，对公共事务的治理。就其治理对象和基本内容而言，其包含着政府对于自身、对于市场及对于社会实施的公共管理活动。课题组从地方政府治理的一般特性与顺义区政府治理的特殊属性的有机结合出发，归纳提出了顺义区政府治理的基本目标模式。

政府治理是国家治理的关键环节，必须要放在实现地方公共政治的大框架下才能理解。为此，需要从理论上对地方治理现代化的内在逻辑，及其和其他治理领域的相互关联进行明确界定。

（一）国家治理、政府治理与社会治理的定位

党的十八届三中全会《决定》指出，全面深化改革的总目标是"完善和发展中国特色社会主义制度，推进国家治理体系和治理能力的现代化"。为此，国家治理体系及治理能力现代化建设，将成为我国全面深化和推进改革历史进程的指南针。而政府治理和社会治理则成为

《决定》所确定和阐发的重要改革内容。因此,国家治理、政府治理和社会治理及其相互关系,是正确把握全面深化改革战略和内容的关键环节。

在传统意义上,国家治理通常是指统治者的"治国理政",其基本含义是统治者治理国家和处理政务。

中国共产党人的国家治理,既在本质上区别于中国传统统治者的治理国家,又在价值取向和政治主张上区别于西方的治理理论及其主张。它遵循的是马克思主义国家理论逻辑,即国家的职能由政治统治与政治管理有机组成。中国共产党领导人民科学、民主、依法和有效地治国理政。[1] 如同习近平总书记在论述国家治理体系时指出的那样,"国家治理体系是在党领导下管理国家的制度体系,包括经济、政治、文化、社会、生态文明和党的建设等各领域体制机制、法律法规安排,也就是一整套紧密相连、相互协调的国家制度"。因此,国家治理是总体治理,政府治理、社会治理,是国家治理的分支范畴和子领域。

政府治理是指在中国共产党领导下,国家行政体制和治权体系遵循人民民主专政的国体规定性,基于党和人民根本利益一致性,维护社会秩序和安全,供给多种制度规则和基本公共服务,实现和发展公共利益。在政府治理中,治理的主体主要是各级政府行政机关和部门。政府治理凭借和采用的通常是国家权力或者公共权力中的治权,换言之,是国家的行政执行权。一般来说,政府治理需要得到国家权力的授权,其运行的是国家权力中的治权,其执行的是国家权力的政权意志。地方人民政府是地方人民代表大会的执行机关,依法全面履行政府职能,贯彻和执行人民意志,直接承担对本行政区域社会公共事务的管理职责。

社会治理是指在执政党领导下,由政府组织主导,吸纳社会组织等多方面治理主体参与,对社会公共事务进行的治理活动,是"以实现和维护群众权利为核心,发挥多元治理主体的作用,针对国家治理中的社会问题,完善社会福利、保障改善民生,化解社会矛盾,促进社会公平,推动社会有序和谐发展的过程"。按照党的十八大报告,我国的社会治理是在"党委领导、政府负责、社会协同、公众参与、法治保障"的总体格局下

---

[1] 王浦劬:《国家治理、政府治理和社会治理的基本含义及其相互关系辨析》,《国家行政学院学报》2014年第3期。

运行的中国特色社会主义社会管理。

(二) 地方政府治理的主要内容

政府治理概念是一个与我国国情、政情相适应的概念，它基于国家治理的基本含义而形成。在中国共产党人治国理政的话语和理论意义上，"政府治理"是指在中国共产党领导下，国家行政体制和治权体系遵循人民民主专政的国体规定性，基于党和人民根本利益一致性，维护社会秩序和安全，供给多种制度规则和基本公共服务，实现和发展公共利益。按照这一基本含义，我国的政府治理通常包含两方面的内容。

一是作为"外行政"的政府治理，即政府对经济、社会等事务的具体管理，为人民群众提供福利、安全、公平与发展等公共产品，主要表现为政府与市场、政府与社会的关系。"外行政"是政权绩效合法性的基础，地方政府是否能够依法行政，推动区域社会经济的科学发展，提供优质高效的公共服务，都是判断地方政府是否有能力的重要依据。一方面，政府作为市场经济中的"有形之手"，通过转变政府职能、健全宏观调控保障市场经济健康运行，并转变经济发展方式。十八届三中全会《决定》提出，"科学的宏观调控，有效的政府治理，是发挥社会主义市场经济体制优势的内在要求"。另一方面，政府作为社会管理的主体，在党委领导、政府负责、社会协同、公众参与和法治保障的基本格局下，对社会公共事务进行管理活动。十八届三中全会提出，要全面推进社会事业改革创新，实现发展成果更多更公平地惠及全体人民，解决好人民最关心最直接最现实的利益问题，努力为社会提供多样化服务，更好满足人民需求。为此，必须切实转变政府职能，创新行政管理方式，增强政府的公信力和执行力，建设法治政府。

二是作为"内行政"的政府治理，即政府对自身的内部管理，以及政府公共权力的内在运行机制，主要指的是优化政府组织结构，改进政府运行方式和流程，强化政府的治理能力，从而使得政府全面正确履行职能，提高政府行政管理的科学性、民主性和有效性。"内行政"是政府履行职能的重要基础和支撑，机构、人员、职权、层级的配置是否合理直接关系到行政机构的运行效率、政策效果和人民满意度。党的十八大报告提出，建立中国特色社会主义行政体制的目标，就是要建设职能科学、结构优化、廉洁高效、人民满意的服务型政府。十八届三中全会《决定》提出，转变政府职能必须深化机构改革。十八届四中全会提出，要深入推进依法行政，加快建设法治政府，尤其是强化对政府内部权力的制约，强化对行政权力的约束，根据不同层级政府的事权和职能，按照减少层次、整合队伍、提高效率的原则，合理配置执法力量。

顺义区政府治理体系的现代化，即从外行政和内行政两个方面，结合顺义实际情况，梳理总结现有治理体系中存在的问题，讨论建构一套系统完备、科学规范、运行有效的制度体系，形成富有特色的政府治理模式。

（三）地方政府治理现代化的内涵

"地方政府治理现代化"指的是地方政府按照建立中国特色社会主义行政体制的总目标，在中国共产党领导下，以加快建设现代政府为目标，围绕理顺政府和市场、政府和社会的关系，使市场在资源配置中起决定性作用，并且更好地发挥政府的作用，建设形成权责匹配的政府权力、科学合理的政府职能配置、协调顺畅的政府结构、高效便捷的政府管理方式，努力促使经济持续健康发展、社会不断进步。

现代政府构建需要遵循什么原则？基于目前研究，所谓良好的现代化政府，就是既要"有效"，又要"有限"。"有效"旨在正确运用政府权力，防止社会的无序状态，促进公共事业发展；"有限"旨在避免权力滥用、决策失误和不作为。既要赋予政府足够的权威、能力和自主活动空间，使其有能力积极作为，保护和促进自由，又要对政府权力严加限制和监督，使其不能恣意妄为，侵害社会利益和公民权益，这是社会生活中人们对政府的双重期待。寻求这两种目标和功能之间的均衡，使宪法和法治体系下的责任政府成为必然选择。

打造"有效政府"和"有限政府"是现代政府改革的双重任务。"有效政府"体现了政府改革的"加法原则"，要求政府提升在维护国家利益、推动经济发展、提供社会福利保障、保护公民社会权益、维护市场和社会公平秩序、应对紧急状态等公共管理和公共服务方面的能力，要有良好的绩效表现。"有限政府"体现了政府改革的"减法原则"，要求政府恪守宪法和法律准则，依法施政，减少政府决策的随意性，杜绝与民争利，控制政府挥霍浪费现象。同时，切实简政放权，转变职能，"简化程序,明确时限,用政府权力的'减法',换取市场活力的'乘法'"。[①]

打造"有效政府"和"有限政府",这既是政府改革的出发点,也是现代政府体系建设的目标。为实现这一目标,我国地方政府在保证依法施政、保持决策开放、信息公开、及时应对社会诉求、提供便捷管理和服务、降低管理成本等方面还有一定的差距,只有通过推动政府的自身革命和自身建设,解决政策落实的"最后一公里",切实使各项政策措施落实到位,让人民群众有更多获得感,把改革方案的含金量充分展示出来,有力保障全面深化改革、全面依法治国的顺利实现。

二 顺义区政府治理现代化的现实背景

进入新时代,顺义区发展进入了一个新阶段,发展基础条件和环境发生深刻重要变化。推动顺义区政府治理现代化,必须立足于顺义经济社会发展的实际,认真贯彻实施党中央和国务院关于地方政府改革的系列重要精神,理顺政府治理的体制机制,为顺义发展转型提供坚实的制度支撑。

(一) 新常态下顺义区转型发展的客观要求

在新时代,北京市正处于经济转型的关键时期,稳增长与长期调结构的任务依然艰巨。顺义区经济社会发展面临深层次调整的紧迫任务,人口资源环境约束矛盾突出、产业结构有待进一步优化、多点支撑格局尚未有效形成等问题亟须解决。按照京津冀协同发展国家战略和市委、市政府关于转型发展的部署要求,顺义提出了"建设绿色国际港,打造航空中心核心区"的战略目标。区委、区政府提出,要紧紧抓住北京建设中国特色世界城市的机遇,利用顺义新城最重要和独有的资源——首都国际机场优势,积极发展国际会展、商务、物流等临空产业,巩固提升现代制造业的层次与水平,打造作为区域产业发展引擎的临空产业中心和首都先进制造业基地;强化城市的综合服务职能,突出滨水组团式布局特色,建设绿色宜居新城。要达到以上战略目标,需要在政府层面推动深层次的变革。

进入新时代,我国经济呈现速度变化、结构优化、动力转换三大特

[①] 李克强:《2015年3月5日在全国人民代表大会第三次会议上作政府工作报告》,人民出版社2015年版。

点,这些特点对顺义区的经济社会改革提出了更高的要求。这种新阶段,主要可以用"十二个字"来归纳总结,即标准高、要求严、绕不开、回不去。

所谓"标准高",新阶段是对过去的发展方式、管理方式的一种超越,最直接的表现就是对发展的评价、对工作的要求等各个方面比过去的标准更高。所谓"要求严",新阶段对干部的管理更严格,对上级决策部署的督促检查也更严格。所谓"绕不开",新阶段是经济社会的一种客观状态,不以人的意志为转移,是顺义在前进道路上躲不过、也绕不开的发展阶段。所谓"回不去",新阶段是当前所处的客观环境、客观形势发生了不可逆的变化,再也回不到过去。

正确认识新阶段,主动适应新阶段,就是要深化政府治理方式和治理体系的改革,按照"把握三个阶段性特征、推动四个转型升级"的工作总要求,自觉服从、服务新时期首都城市战略和京津冀协同发展大局,统筹谋划、解决事关改革发展稳定的基础性、全局性、长远性问题,力争在规划谋划上有新进展。政府治理理念要克服本位主义思想,树立政治意识和大局意识;要转变"唯 GDP 论英雄"的观念,摒弃"速度情结",树立科学的发展观和正确的政绩观。政府治理方式方法要调整,要综合运用行政、市场、法律、道德等多种手段解决发展难题;要注重发挥群众的主体作用,做好新时期社会治理工作;要加强作风建设,始终保持清正廉洁,强化严格自律意识,提高依法办事、依法行政、开拓创新的能力。

(二) 全面贯彻落实中央、市委市政府的各项决策部署

党的十八大以来,依据以习近平同志为核心的党中央治国理政的新思想、新观点、新论断、新要求,市委、市政府对顺义发展提出了具体要求,为区委、区政府推动政府改革提供了重要依据。尤其是,党的十八届三中全会通过了全面深化改革的决定,党的十八届四中全会通过了全面推进依法治国的决定,两个《决定》构成了姊妹篇,它们和党的十八大的总纲共同为政府治理现代化确立了大方向。为了深入贯彻中央全面深化改革的精神,结合北京市委、市政府有步骤启动的政府改革战略部署,顺义区政府治理改革的规定动作如下。

一是要明确将行政审批制度改革作为推动政府职能转变的抓手和突破口,大力实施简政放权,完成权力清单工作,建立权力清单制度。2015

年,中共中央办公厅、国务院办公厅印发的《关于推行地方各级政府工作部门权力清单制度的指导意见》进一步明确指出,"将地方各级政府工作部门行使的各项行政职权及其依据、行使主体、运行流程、对应的责任等,以清单形式明确列示出来,向社会公布,接受社会监督。通过建立权力清单和相应责任清单制度,进一步明确地方各级政府工作部门职责权限,大力推动简政放权,加快形成边界清晰、分工合理、权责一致、运转高效、依法保障的政府职能体系和科学有效的权力监督、制约、协调机制,全面推进依法行政"。"地方各级政府工作部门作为地方行政职权的主要实施机关,是这次推行权力清单制度的重点。依法承担行政职能的事业单位、垂直管理部门设在地方的具有行政职权的机构等,也应推行权力清单制度。"[1]《北京市人民政府办公厅关于加快区县政府行政审批制度改革工作的意见》要求做好北京市取消、下放行政审批事项的落实工作,进一步精简行政审批事项,要建立以行政审批事项清单、固定资产投资项目审批事项清单、行政处罚事项清单为主的权力清单。为此,政府治理改革的第一要务是全面梳理现有行政职权、大力清理调整行政职权、依法律法规审核确认行政职权、优化权力运行流程、公布权力清单、建立健全权力清单动态管理机制,强化权力监督和问责机制,尽快完成政府工作部门、依法承担行政职能的事业单位权力清单的公布工作。

二是大力推进政府机构改革和事业单位分类改革。2013 年《中共中央、国务院关于地方政府职能转变和机构改革的意见》明确提出了现代政府建设的主要目的,就是进一步理顺政府和市场、政府和社会、中央和地方的关系,更好地发挥市场、社会的作用,更好地调动中央和地方两个积极性。对政府机构的改革提出了总体要求。同时,按照党中央、国务院印发《关于分类推进事业单位改革的指导意见》和市委、市政府印发《关于分类推进事业单位改革的实施意见》,完成事业单位分类工作;完成行政类事业单位备案上报和全区事业单位分类批复印发工作;落实分类中涉及的机构调整、经费形式变更、编制划转、人员调整、工资福利待遇衔接和相关财政体制调整等工作。按照市编委《关于规范区县政府机构

---

[1] 《中共中央办公厅、国务院办公厅印发〈关于推行地方各级政府工作部门权力清单制度的指导意见〉》,2015 年 3 月 25 日,人民网(http://politics.people.com.cn/n/2015/0325/c1001-26744385.html)。

设置的通知》要求：区县政府机构设置要体现各自功能特点，不要求上下对口；区县政府工作部门不超过32个，可适当预留机构名额，不再设部门管理机构。

三是建立财权事权相匹配的制度。现行区镇财政管理体制无论从时间层面还是政策导向层面上看，要按照"保需求、强统筹、利平衡、促发展、稳过渡"的思路，合理划分各镇事权与财权，将部分原区政府管理的社会事业下沉给各镇管理，将涉及百姓切身利益的民生事项划入区级管理，发挥公共财政的职能作用，保障全区基本公共服务均等化，充分调动各镇干事业的积极性，全面推进区镇经济社会协调可持续发展。健全区、镇、街道财政收入与财力分配机制，促进财权和事权相匹配。

四是深化政府信息公开，完善社会沟通机制。按照北京市政府办公厅《关于进一步加强政府信息公开回应社会关切提升政府公信力的通知》要求，为进一步加强政务公开和信息发布工作，引导公众有序参与，扩大共识，凝聚力量，切实提高政府治理能力和施政水平。健全政府决策咨询顾问制度和重大行政决策事项听取人大、政协、群众意见制度。完善决策反馈和评估机制，保障决策更加科学合理、切合实际、切合民意。拓宽群众参与决策的渠道，逐步完善基层群众代表列席政府常务会制度。深化政务信息公开，强化主动发声，多渠道推进政府信息权威发布，建立政府信息定期发布制度、政府向社会公众报告工作制度。深入推进政务民声对话，向群众传递政府的声音。

三 顺义区政府治理现代化的目标和路径

推动顺义区政府治理的现代化，就是要结合新时代以来中央、北京市委市政府的系列重要精神和战略部署，立足于顺义的区情实际和阶段性特点，借鉴和吸收过去顺义工作的成功经验，逐步形成系统完备、科学规范、运行有效的制度体系，使各方面制度更加成熟、更加定型。

地方政府治理的现代化涉及面广、触及利益深，实质上是一场自我革命。其目标的设定既有一般性，又有特殊性。一方面，顺义区符合全国地方政府建设的共同要求。十八届三中全会的《决定》提出，必须切实转变政府职能，深化行政体制改革，创新行政管理方式，增强政府公信力和执行力，建设法治政府和服务型政府。所谓建设法治政府，就是要加快建成职能科学、权责法定、执法严明、公开公正、廉洁高效、守法诚信的政府治理目标。所谓建设服务型政府，就是要建设职能科学、结构优化、廉洁高效、人民满意的政府治理目标。贯彻习近平总书记关于"建设服务政府、责任政府、法治政府、廉洁政府"重要讲话要求，李克强总理关于建设"民生政府、创新政府、廉洁政府、法治政府和简朴政府"等的讲话精神。把握和贯彻这些要求和精神，就是把握现代政府和政府治理现代化的主要特质和总体方向。另一方面，顺义区作为世界超大城市北京的市辖区、作为北京市东部发展的重要节点和国际空港核心区，在政府治理体系结构上也具有自身的特点。根据调查研究和分析讨论，课题组认为顺义区政府治理现代化的目标如下。

（一）顺义政府治理现代化目标：建设有限、有为、有责、有效政府

一是坚持法无授权不可为，建设"有限政府"。"有限政府"，即强化对行政权力的监督和制约，有效约束政府行为，是现代政府治理的核心要旨。现代政府不是全能政府、无限政府，而是有所为、有所不为的"有限政府"。相对于全能政府，有限政府要求政府全面推进政府职能转变，科学合理界定政府与市场、社会的关系。

强化对行政权力的监督和制约，有效约束政府行为，是现代政府治理的核心要旨。党的十八大以来，中央做出了全面依法治国的重要战略布局，提出把权力关进制度的笼子里，依法设定权力、规范权力、制约权力、监督权力。十八届四中全会特别提出，"强化对政府内部权力的制约，是强化对行政权力约束的重点。行政机关要坚持法定职责必须为、违法授权不可为"。现代化的政府本质上是"有限政府"，权力在法制轨道上行使才可以造福人民。政府的一切权力来自人民、源自法授。要严格规范公正文明执法，所有行政行为都要依法办事、程序正当。各级政府及工作人员要带头遵守宪法和法律，不断提高法治意识和依法行政能力，用法治引领改革发展、破障闯关、推动民生改善和社会公正。要强化权力制约和监督，筑牢法治"篱笆"、遏制权力"越线"，在法制轨道上推动政府各项工作。

二是提高人民群众的满意度，建设"有为政府"。成功的地方治理既需要有效的市场，又需要有为的政府。有为政府在不同的国家不同的发展

阶段，有不同的内涵，首先是不懒政、不怠政，其次是政府应充分发挥自身优势、明确自身定位，协调好在资源配置和经济社会发展中的"无为与有为"之间的关系，做到"有为之手"与"扶助之手"并举，实现在有限基础上的有为。"政府工作部门要按照权力清单行使职权，防止乱作为；也要积极主动履行职责，避免不作为。"①

发展是硬道理，也是现代政府治理水平的重要考量标准。在我国经济步入新常态的阶段，地方政府必须主动理顺权力关系，主动转变政府管理的方式，适应经济社会的发展。对于中国这样的发展中大国，地方政府只有把发展生产力放在重要位置，更好地提供公共服务和安全，才能不断满足人民群众的物质和精神需求，才能真正体现中国特色社会主义制度的优越性。成功的现代化国家，既要发挥"有效市场"在资源配置中的决定作用，又要使各级政府成为"有为政府"。在当前发展阶段，政府是全面深化改革的执行者和担当者，要科学谋划政府改革，敢于触及利益格局的调整，尤其要正确处理好政府与市场的关系，努力做到让市场主体"法无禁止即可为"，调动千千万万人的积极性，为地方经济的发展不断地注入新动力。要正确处理好政府与社会的关系，发挥政府主导作用，实现政府治理和社会自我调节、居民自治良性互动，及时提供公共服务，实现社会公平正义。

三是坚持法定职责必须为，建设"责任政府"。有权必有责是现代政府治理的基本要求，公共权力本质上来源于人民群众的授予，实现政府公开、透明、回应和公信力，就是要建立责任政府。

习近平总书记指出，"各级政府必须依法全面履行职能，坚持法定职责必须为、法无授权不可为，健全依法决策机制，完善执法程序，严格执法责任，做到严格规范公正文明执法"。② 责任政府是现代政府的核心要件，政府不仅应当有"权力清单"，还必须要拿出"责任清单"，这就必须积极推进责任清单工作，明确政府治理市场的任务和责任，做到"法定职责必须为"，以建立诚信经营、公平竞争的市场环境，激发企业动

---

① 《中共中央办公厅、国务院办公厅印发〈关于推行地方各级政府工作部门权力清单制度的指导意见〉》，2015年3月25日，人民网（http://politics.people.com.cn/n/2015/0325/c1001-26744385.html）。

② 习近平：《加快建设社会主义法治国家》，《求是》2015年第1期。

力，鼓励创新创造。同时，地方政府在民生建设、医疗卫生、文化教育和公共安全等方面则必须承担起责任，让老百姓更有安全感，对政府更加信任。

四是要依法有效施政，建设"有效政府"。绩效合法性是政权稳定的基础，也是现代政府治理水平的重要考量标准。面对激烈的区域竞争，政府要赢得竞争优势，就需要充分利用人力、自然资源禀赋，把握科学发展的规律，创造发展空间。

有效解决问题是现代政府合法性的重要来源，本质上就是要求建设高效廉洁的政府。政府的高效就是政策执行要有效力，在落实政策上不搞变通，有力贯彻中央和国务院的重要部署，政府言而有信、说到做到，不能"放空炮"。严格防止政府政策听着好听，落实起来处处打折受限。政府办事要有效率，改革和完善政府工作方式、方法。另外，廉洁政府也是"有效政府"的重要内容。在2014年国务院廉政工作会议上，李克强总理对政府反腐倡廉工作提出了"二十四字要求"：一是简政放权；二是管住权力；三是管好钱财；四是政务公开；五是勤俭从政；六是依法促廉。正如李克强总理指出：廉洁是公信力的基石。如果不能有效遏制和解决腐败问题，政府就会失去公信力，人民就不相信我们能够把其他事情办好，我们的一切工作和努力就有可能付诸东流。建设廉洁高效的政府，就是要切实提高政府的办事效率和服务质量，坚定干成事、干好事、干实事的决心，在竞争中抢夺制高点。

（二）顺义区推进政府治理现代化的实现路径

地方政府治理现代化直接关系到全面深化改革的目标能否顺利实现。推进顺义区政府治理体系的现代化，就是要围绕建设有限、有为、有责、有效的政府的目标，落实党中央和国务院有关地方政府职能转变和机构改革的重要精神，结合顺义实际有序推动全区政府改革。课题组认为，要构建"四有政府"，应该选定以下着力点。

一是加快政府职能转变，全面正确履行政府职能。要实现"四有政府"，就是要全面正确履行政府经济和社会管理职能。习近平总书记在十八届二中全会第二次全体会议上明确指出："转变政府职能是深化行政体制改革的核心，实质上要解决的是政府应该做什么、不应该做什么，重点是政府、市场、社会的关系，即哪些事该由市场、社会、政府各自分担，哪些事应该由三者共同承担。"按照中央全面深化改革的部署，转变职能要厘清政府与市场、社会之间的关系，也就是市场能做到的交给市场，社会可以做好的交给社会，政府管住管好应该管的事。顺义区是北京市重点发展的新城，是面向国际的首都空港枢纽，是带动区域发展的临空产业中心和先进制造业基地。要实现新常态下顺义区经济的结构调整和生产力布局优化，就是要以正确处理政府与市场、社会之间的关系为核心，不断推动全区政府职能转变。

正确处理好政府与市场的关系，就是要使市场在资源配置中起决定性作用和更好发挥政府的作用。要以顺义区政务中心建设为契机，进一步简政放权，确保简政放权真正到位、见效，推动全区政务服务体系建设，大力改善服务企业的水平。尤其是，行政审批制度改革是转变政府职能的突破口，是释放改革红利、打造区域经济升级版的重要途径。为此，要最大限度地取消行政审批事项，实行最严格的行政审批"准入制"，规范管理保留的行政审批事项、提高效率。加强对市场活动的监管，严厉打击企业的违法行为，为顺义营造良好的投资环境和发展环境。

要加强地方政府管理服务职能。政府的"放"和"管"是两个轮子，只有同时转起来，政府改革才能顺利推进。地方政府要为各类市场主体创造统一开放、公平竞争的发展环境。面对千千万万生产经营者，地方政府必须把市场监管这个职能履行到位，切实更多地采用事中管理和事后管理方式。要让市场增强竞争力，推动顺义区政府重点政策领域有所突破。为进一步推动顺义区经济结构调整和产业升级，要加强区域发展总体规划、土地利用规划、产业规划等发展战略，保障规划、政策、标准的科学制定和严格实施。放宽市场准入，给予市场主体更良好的投融资环境，提升全区产业的创新能力，在小微企业减免税费等方面有新的举措。要强化节能、节地、节水，环境、技术、安全等市场准入标准，建立健全防范和化解产能过剩长效机制，吸引优质资源向顺义集中，为顺义营造可持续的优良发展空间。

正确处理政府与社会的关系，就是要激发社会的活力，切实搞好民生保障等基本公共服务。政府的责任主要还是保住基本、补上短板、兜好底线，促进社会公正。要正确履行政府规范社会行为的职能，调解利益关系，协调社会关系，解决社会问题。健全基层综合服务管理平台，及时反映和协调人民群众各方面、各层次利益诉求。同时，要深入推进依法行政，运用法治思维和法治方式化解社会矛盾。政府的任何行为以及出台的政策规定，都必须有法有据，保证权力在法律框架内运行。

二是优化政府组织结构，理顺部门职责关系。转变政府职能必须优化机构改革。中央政府提出，地方政府机构改革，要着力搞好"控、调、改"。控，就是严格控制机构编制总量；调，就是调整优化机构编制结构；改，就是通过深化改革推动机构编制释放潜力。顺义区政府推动机构改革，就是要优化政府机构设置、职能配置、工作流程，完善决策权、执行权、监督权既相互制约又相互协调的行政运行机制。

要在严控总量的情况下，调整优化机关和事业单位机构的编制结构，该加强的加强，该弱化的弱化，特别要加强基层、加强一线，把上级机关"瘦身"与基层一线"强身"统筹考虑，把编制结构调整好。从全区实际出发推动政府机构改革。按照市委、市政府统一部署和要求，完成政府机构改革，理顺权责关系，形成精干高效的政府组织体系。

要理顺部门职责关系，明确部门职责。着力理顺全区委、办、局、乡镇、街道、社区之间的关系，强化部门协调联动，责任明确，促进有效落实，提高服务群众和企业的水平。推动责任清单制度改革，理出有关部门管理市场和社会的"权力清单""责任清单"，并且切实落实法无授权不可为，法定职责必须为的政府行为原则。要推动问责制度的完善，严格监管、严肃问责，在食品、药品、卫生、环保等关乎人民群众生产生活重大利益的事务上，切实建立对广大干部强有力的约束。要接受人民的监督，深化推动政府信息公开制度改革，完善新闻发言人制度，及时回应社会的关切，打造回应政府和透明政府，保证责任政府原则的实现。

三是创新治理方式，实现治理方式的民主化和协同化。治理方式是有限、有为、有责、有效政府建设的手段。从政府改革实践来看，治理方式的现代化对于推进政府治理现代化具有直接作用。政府治理方式转变是政府职能转变的输出方式，是政府治理现代化的直接体现。创新治理方式要求，政府依法而治、实现治理法治化；同时，实现治理方式的民主化和协同化。深化改革是科学发展的必由之路，发展阶段和社会环境的深刻变化，客观要求必须进一步加强政府自身建设、转变施政方式、提升治理能力。顺义区发展的客观实际要求不断推进政府管理方式创新，调整政府管理和服务的方式方法，改革与发展不适应的环节，更好地为区域经济社会发展提供驱动力。

针对不同功能区域的特点，要以问题为导向研究符合顺义实际的改革措施。尤其是要推进经济功能区管理机制创新、城市管理体制创新，继续深化推动全区街道体制改革，推进执法力量下沉、管理重心下沉、职能权力下沉，进一步强化基层社会治理能力。深化推进政府向社会力量购买公共服务，提高民众的满意度。将适合市场化方式提供的公共服务事项，交由具备条件、信誉良好的社会组织、机构和企业等承担。把民众的主人翁意识激发出来，把众人的聪明才智调动起来，政府少花钱或者不花钱，也能多办事、办成事。

四是强化公务员建设，建设政府治理现代化需要的队伍。公务员是推进政府治理现代化的骨干力量，是完成政府治理任务的直接承担者。建设有限、有为、有责、有效政府，需要建设一支高效的公务员队伍。这就要求完善公务员管理机制，最大限度地调动公务员队伍的积极性、创造性。

加快顺义区政府职能转变和机构改革，需要有力的组织保障和人才支持。要着力解决基层公务员队伍建设的问题，打通基层公务员的职业发展渠道，形成敢于担当、敢于负责、干事创业的良好氛围。提高基层公务员队伍的社会保障待遇，激发公务员工作积极性，改善基层公务员办公环境，缩小公务员待遇差距，保证基层公务员队伍的稳定。要改进行政作风，加强绩效管理、效能监察，强化行政问责，坚决治庸、治懒、治散，促进真抓实干。要继续加强对公务员的法治培训，优化公务员队伍结构，规范公务员调任工作。

第三章 顺义区推进政府治理现代化的实践经验

政府是国家治理的重要主体，政府治理现代化是国家治理现代化的首要之义。政府治理现代化主要包含三个方面：一是职能体系的现代化，即政府不断调适自身经济、社会治理职能，满足经济社会科学发展的需要；二是政府结构的现代化，包括政府组织结构、权力结构、资源配置结构的合理化，保障政府自身运行和职能运作；三是政府治理方式的现代化，政府职能转变只有通过治理方式的法治化、协同化、参与化转型，才能最终实现对经济社会的现代化治理。

顺义区位于北京东北方向，距市区30公里，总面积1021平方公里，其中平原面积占95.7%。全区户籍人口60.07万人，常住人口98.3万人，下辖19个镇、6个街道办事处、426个行政村。顺义作为北京东部发展带的重要节点、重点发展新城之一，是首都国际航空中心的核心区，是服务全国、面向世界的临空产业中心和现代制造业基地，已经成为北京发展速度最快、最具发展潜力的地区之一。2014年全区国内生产总值达1339.7亿元，在北京市所有区县中位列第五，仅次于朝阳、海淀、西城、东城四个中心城区，遥遥领跑远郊区县。

顺义发展成绩的取得，得益于顺义区委、区政府在多年深化改革、锐意进取的实践中，深入领会中央和市级文件精神，紧紧围绕服从、服务首都新时期城市发展战略定位和京津冀协同发展的战略，准确把握本区"经济发展进入稳中求进、提质增效的新阶段，城市发展进入完善功能、提升品质的新阶段，社会建设进入深化服务、创新治理的新阶段"的三个阶段性特征，立足于"加快推动临空经济区向首都国际航空中心核心区转型升级，推动现代制造业向创新创造转型升级，推动经济发展向投资、消费协调拉动转型升级，推动城乡发展向城乡一体化转型升级"的战略部署，依靠各级党委和政府领导高度的战略眼光和统筹意识，不断转变政府职能，优化自身结构，转变发展方式，解放思想、创新实践，在经济、政治、文化、社会、生态文明和党的建设等各领域不断突破，初步形成具有顺义特色的现代化政府治理体系，并在临空经济、人口调控、充分就业区建设、城管综合执法改革等方面，探索出了具有全市乃至全国影响力的"顺义模式"。

一 构建现代政府职能体系，提高经济社会治理水平

（一）大力推进行政审批制度改革，力促简政放权

1. 全面推进行政审批制度改革，建设权力清单

大力推进行政审批制度改革，实现简政放权，是政府职能转变的重要抓手。新时代以来，顺义区建立了区编办牵头、区发改委等九部门共同参与的行政审批改革工作部门联席会议制度，合力推进全区行政审批制度改革工作，研究制定以行政审批事项清单、固定资产投资项目审批事项清单、行政处罚项目清单为主的权力清单，全面厘清政府审批权项。2014年，顺义区对照北京市取消、下放行政审批事项，已对应取消28项，承接51项，严格贯彻落实了市级改革要求；本区行政许可事项、非行政许可类审批事项从435项削减至280项，其中非行政许可类行政审批事项仅保留78项，计划2015年全部取消，改革力度与全市其他区县相比较大。2015年，《顺义区区属单位行政审批事项汇总清单》将实现与中央和市级要求同步公开。

2. 筹建政务服务中心，探索"一枚印章管审批"

政务中心是伴随行政审批制度改革和法治服务型政府建设，而出现的一种新型政府行政运作体系和政务服务机构。在区委主要领导的大力推动下，顺义区在广泛调研，充分借鉴武汉、南京、天津、四川等地先进经验的基础上，于2013年由多部门联合成立政务筹备中心，筹备建设汇聚行政审批、便民服务、公共资源交易、城市展示、电子监察等五大功能为一体的政务服务综合平台。政务中心在实现各部门行政审批职权"两集中"，即将部门审批事项向科室集中、行政审批科室向行政审批中心集中的基础上，一方面集中统一和规范各部门行政审批权的使用和监督评议，

优化审批流程,减少扯皮推诿;另一方面,将企业注册和投资建设的审批手续等,集中下放到政务中心的审批窗口办理,清理和取消不合理的行政审批流程和审批权限,真正推动简政放权,转变政府职能,释放经济社会的自主活力。在这其中,特别值得强调和关注的是,顺义区计划在未来政务中心运行顺利的基础上,借鉴天津滨海新区的经验,进一步整合政府各部门行政审批权限,建立专门的行政审批局,启用行政审批专用章,"一枚印章管审批",实现行政审批的专业化、规范化和集约化。这一改革设想,值得进一步跟踪和长期关注。

(二) 不断优化经济职能,建设"有为"和"有限"政府

发展是第一要务,经济职能是政府的首要职能。政府在推动经济发展上的有为有力,是东亚奇迹出现的关键因素,也是中国地方经济发展的重要推手。当前我国经济社会改革已经进入深水区,经济体制改革是全面深化改革的重中之重,是国家治理体系和治理能力建设的重要内容,是包括行政体制改革、社会管理机制创新在内的重大改革领域的前提和牵引。对于地方政府而言,既要尊重市场规律,深化经济体制改革,充分激发市场活力,又要大力提高宏观调控水平,减少直接干预,增强对市场的宏观把控,实现政府在履行经济职能过程中的有为、有限和有效。

顺义区始终坚持以经济发展为第一要务,以调整产业结构、转变发展方式为工作主线,充分尊重和利用市场在资源配置中的决定性地位,完善市场体系,积极发挥政府宏观调控功能,提高政府监管和服务水平,在经济职能的履行上,不断调适"有为"与"有限"的平衡,在短短数年内,从以农业为主的远郊区县发展为以临空经济等高端产业为支柱的工业新城,创造了备受瞩目的"顺义速度"和"顺义模式"。

1. 尊重和发挥市场作用,实现产业结构大调整

毗邻国际机场的临空优势和北京都市圈城郊区位,给顺义带来巨大的市场优势和产业转型空间。顺义区紧抓这一区位优势,充分发挥和顺应市场的决定性作用,配合出台一系列积极有力的产业政策,全力推动招商引资,激发临空经济和高端制造业市场的潜在空间,从而带动了本区临空经济的大发展,汽车、电子等高端制造业的繁荣,实现了生态农业的培育,衍生了会展、金融、文化创意等高端服务业的发展,从而使得本区产业结构和发展方式在20年内实现了根本转变,造就了从农业区县转型为航空

经济核心区的"顺义速度"。

紧抓临空经济，激发市场潜力。顺义区委、区政府深入发现和发掘自身的区位和产业特点和优势，早在"九五"期间，就大力推进"空港国际化、全区空港化、发展融合化"进程，将临空经济的发展作为顺义经济的核心增长点和带动力量。在航空制造业、航空服务业发展的同时，充分利用市场集群效应，发挥临空经济的辐射功能，延伸产业链，推动会展、物流、文化创意、金融、旅游等高端服务业在顺义的发展和创新，并先后围绕机场建设了天竺保税区、国门商务区、北京航空产业园等七大经济功能园区，显著提高了集群效应和市场规模化，推动顺义向国际航空中心港方向发展。

发展高端制造业，推动实体经济转型升级。21世纪初，顺义区委、区政府认识到，制造业是核心产业和优势产业，为此，紧紧抓住市场机遇，大力招商引资，积极谋划汽车、航空、电子、机械等制造基地的建设，顺义快速完成北京现代生产基地等的建成投产，为顺义制造业发展初步奠定了基础。多年来，顺义发挥市场的集群效应和创新机制，推动顺义制造业从低端劳动型产业向技术和资本密集型发展，形成了汽车和航空两大产业集群，在扎实推进中航工业北京航空产业园、北京现代第三工厂、北京自主品牌乘用车基地建设的基础上，重点引进和发展研发设计、汽车电子、展示贸易等高端环节，形成了集研发、生产、物流、商贸、金融于一体的全产业链，促进了产业发展和繁荣，实现了本区实体经济的转型升级。

2. 提高宏观调控水平，保障经济健康有序发展

在经济发展中，基础设施和上层制度的完善不是企业或者企业家所能推动的，而必须由政府发挥因势利导的作用。一个发展成功的经济体，必然需要市场发挥资源配置的决定性作用，同时，政府也积极有为有力。因此，社会主义市场经济的发展，不仅要完善市场体系、激发市场活力，还要提高政府的服务和监管水平，理顺政府与市场的关系。顺义区政府在充分尊重和发挥市场规律的基础上，积极提高和改善自身宏观调控的功能，以科学发展观为引领，严格遵循市级发展规划，从加强企业服务和有效监管两方面着手，为顺义经济的健康有序发展创造了良好的条件。

（1）加强和改善公共服务，为企业创造良好发展环境

顺义区政府秉承服务型政府的理念，深入转变政府职能，大力改善招

商引资环境，积极为企业提供优良细致的公共服务，不断强化资金、土地规划等要素的保障力度，这是顺义区能够及时把握市场机遇，实现产业大发展、大转型的关键原因。

顺义政府大力推进园区建设，重点加强重大项目的引入和落地，想企业之所想，急企业之所急。在资金方面，通过向上争取资金、政府自筹资金、银行融资、吸引社会投资、创新项目建设模式等多种途径，千方百计开拓思路，积极破解资金难题。在土地方面，完成了区域总体规划、重点功能区以及重点镇等规划的编制工作和建设用地调整工作，优化土地资源配置，解决项目用地问题；同时，还采取多种途径盘活土地存量，提高投资强度和容积率，千方百计挖掘土地利用潜力，提高了土地集约、节约利用水平。在市政方面，重大项目配套的水、电、气、污水等基础设施建设，一步到位纳入全区大市政，做到了超前谋划，高标准建设。在人力资源方面，统筹本区人口、就业与产业发展，结合本区产业结构与企业用工需求，针对性地实施劳动力培训、招工，开展校企合作，优先实现本地劳动力充分就业，保证企业用工数量及质量，满足了企业的用工需要，形成了就业与产业的协调发展的"顺义模式"。

（2）践行科学发展观，充分发挥宏观调控职能

顺义政府坚持以科学发展观为引领，在提高经济发展的数量的同时更加注重质量的提高，充分发挥宏观调控功能，保障顺义经济健康发展。从2007年起，顺义区转变招商引资的工作思路，从"招商引资"转变为"招商选资"。对招商项目进行引入前的"全要素评价"，即由区政府牵头，根据顺义产业机构调整和新的产业定位的要求，由各相关部门对其从发改、规划、环境、能耗、就业、居住等各方面进行全方位评估，对于不再适合顺义区发展模式的基础汽车产业等严格把关，不再引进。根据这一思路，顺义建立了产业负面清单，限制或终止对产能落后、过度发展项目的引进和审批，有效遏制了市场过度发展的负面趋势，优化顺义的产业结构，促进顺义经济的转型升级。

在调整产业布局的基础上，区政府大力推进功能区整合。目前正推动15家经济功能区向"三大板块"整合。其中，临空服务板块，即北京临空经济核心区已经批复。创新科技板块，绿色生态板块在发展成型中，进一步促进产业聚集和规模化发展，规避市场风险，保障顺义经济的健康有序发展。

（3）深化经济体制改革，推动政企分开和股份制改造

深化经济体制改革，是全面深化改革的基础内容，也是提高市场治理水平的基本要枢。顺义区坚持将深化经济体制改革作为经济工作的重点，大力推进国有企业改革、政企分开、股份制改革。在大力推动15个功能区向三大板块整合的同时，克服人事、体制等障碍，对临空经济核心区的管理体制进行市场化改革，将原有的管委会和开发公司"两套牌子，一套人马"的政企不分体制，向政企分开的管理体制进行改革。开发公司将成为独立的市场法人，按照市场法规独立运作，管委会则作为市政府派出机构，副局级单位，对开发公司和园区建设进行调控和监管。政企分开、股份制改造等改革措施，大大提高了企业运行效率，减少了政府的过度干预，提高了经济运行的质量和水平。

（三）大力强化社会治理职能，坚持高标准公共服务供给

十八届三中全会指出，要"加快形成科学有效的社会治理体制，确保社会既充满活力又和谐有序"。目前，我国进入全面深化改革时期，经济社会呈现出复杂多元的"新常态"，新问题不断涌现，这些形势和任务，对于政府的社会治理体系和治理能力现代化提出了新的要求，而优化和强化政府的社会职能，由此成为政府治理的重要着力点。

顺义作为"北京远郊第一区县"，生态农业、高端制造业和临空产业等的规模化发展，带动本区工业化与城镇化迅猛推进，在强化本区社会治理复杂性和难度的同时，也为本区社会治理体制的创新提供了更大空间。

1. 健全高标准的公共服务体系，创建"大就业"模式

（1）高标准、全覆盖、多种类的社会救助体系

顺义区社会救助体系框架自2005年形成后，经过多年完善发展，现已形成涵盖生活、医疗、住房、教育、取暖、临时救助等多领域的综合性救助制度，自2005年至今，区委、区政府已投入3.98亿元，累计帮扶群众25万余人次。与全市水平相比，顺义的社会救助体系呈现出标准高、覆盖全、机制多元的领跑水平。

高标准：顺义区农村最低生活保障制度、五保户供养制度自建立以来，在保障力度上一直处于北京市远郊区县首位。特别是1999年在全市

率先建立农村最低生活保障制度后,又于 2012 年早于全市三年①实现了城乡统筹、标准统一,2013 年,农村低保发放金额高达 2789.77 万元。

全覆盖:顺义已经建立城乡最低生活保障、五保供养、医疗救助、高等教育学生救助、农村危房翻修救助、供暖救助、临时救助、政府购买商业保险救助等一系列救助制度,涵盖一般性救助、临时性救助、医疗教育住房等多领域,基本形成了全覆盖的救助体系。特别是顺义针对目前群众急需、社会关注、问题频发的"救助盲点",在全市首创大病救助(2005)、重症精神病人救助(2006)、困难群体九种大病救助(2012),大大延伸了社会救助的覆盖范围,更加针对性地满足群众公共服务的迫切需要,这些救助项目的设立,为全市和国家层面设立相关救助制度,提供了宝贵的探索经验。

多元化:在政府财政出资之外,顺义积极探索市场、社会、家庭多元协同模式。特别是 2013 年将商业保险救助制度纳入社会救助体系,充分发挥市场作用,构建多层次的风险分摊机制,提升社会救助综合保障能力。2013 年区政府投入 420 万元为顺义区居民投保农房家财保险等多个险种,2013 年仅农房家财险出险有效报案 97 起,预计赔偿金额 40 万元。城市低收入人群、农民群体和农村资产是"风险社会"中承灾能力较弱的群体,也是商业保险市场覆盖较低的群体,政府通过半救助机制,在保险市场与低收入群体之间架起桥梁,是促进两者双赢的有效举措。

(2)教育与就业:具有示范效应的"顺义模式"

教育:分权与协同的顺义模式。教育是百年基业,促进教育事业的发展、为社会提供优质的教育服务与管理,是政府社会治理职能的重要内容。与海淀等中心城区相比,顺义的教育资源和教育基础相对薄弱,但有赖于多年来在教育事业上坚持因地制宜、规划先行、勇于创新、多元协同的理念和发展道路,顺义区教育工作多年位居北京市前列,并于 2010 年被列入全国教育改革示范区。

总结起来,可以认为,顺义教育发展模式的核心是"分权"与"协同",其基本特征如下。

一是教育管理部门充分简政放权,强化中心职能。通过成立服务中心等承接教委在退休教师管理与服务、教育资产管理等方面的行政职能,减

---

① 北京市预计于"十二五"末(即 2015 年末),实现全市城乡低保统筹。

少了内部行政管理工作的负担,强化了教委的核心职能,使有限的资源达到高效率的配置。

二是"管、办、评"权力分立,教委管理、学校办学、高校第三方评教,通过"去行政化"的改革措施,大大增强了学校的活力,发展出牛栏山一中等一批明星学校、特色学校。

三是坚持大力借助中心城区高等院校的教育资源,拉动本区教育水平的提升。20多所顺义学校与北师大、首师大等学校建立长期深入合作关系,通过第三方评教、教授介入管理、人才培养等多种途径,充分发挥高等院校对顺义教育的带动作用,突破了本区高等教育资源匮乏的束缚,成为北京各区县教育工作的领跑者。

就业:顺义区高度重视就业工作,形成了政府统筹、市场配合、社会参与的"大就业"模式,享誉全国。2012年顺义已建成北京市首个"充分就业区",2013年城乡二、三产业就业率高达95%,城镇登记失业率仅为1.11%。顺义大就业模式的核心是"一统双驱五推动"。一统,即坚持就业产业统筹发展。自20世纪90年代初顺义区产业化起步阶段起,历届区委、区政府都积极以前瞻性、宏观性发展战略眼光和统筹意识,将就业工作纳入全区产业发展和城乡一体化的大局之中,把就业作为调整和优化经济结构和推进城镇化的重要抓手。双驱,即"就业先行,人才强区"双轮驱动,在规划全区产业发展的同时优先保障本区人口充分有效就业,并以提高就业质量和优化就业结构带动产业转型,从而实现"大产业、大就业、大政策、大服务、大开发"五力合一,统筹推动。

在政府统筹和引导下,市场积极配合就业工作的开展。区政府力主实施的"绿岗就业工程",将全区规模化经济合作组织转变为法人公司,全面推进"一产员工化"就业模式,将一产劳动力转变成为产业工人,实现"签合同、上保险、保工资"的正规就业,从而将农村富余劳动力转变为平等的产业工人,大力带动城乡一体化的进程。同时,区政府通过就业"三同时"制度,即"项目引进与就业需求预测同时进行、项目审批与就业安置同时进行、项目建设与就业服务同时进行",充分了解市场用工需求并牵头"校企合作"培训紧缺人才,实行"经济社会建设、用工岗位开发、公共就业服务"三位一体服务模式,促进市场需求与劳动力资源的及时有效对接,不仅优化了本区劳动力资源的配置,也创造了良好的投资环境,为企业发展提供了优良的人力保障。

在政府全方位推动下，就业工作成为全社会参与的群众工作。区政府帮助辖区内所有的行政村建立了村级就业服务站，聘用了600多名专、兼职劳动保障协管员，实现了区、街（镇）、居（村）的全覆盖，从而切实深入基层掌握群众就业需求与就业动态，扩展就业工作的参与力量。此外还积极奖励各类职业介绍机构积极促进就业岗位与就业人口的结合，并以各项优惠政策扶持自主创业，实现全社会"我为人人，人人为我"的互助就业氛围。

顺义区"大就业"模式的核心在于：通过规划统筹和政府市场协同实现就业、产业发展、城乡一体化统筹发展。这一模式突破了就业工作的滞后性和劳动力结构与产业需求脱节的难题，使就业工作成为嵌入产业发展全流程的重要环节，成为推动地区城镇化进程的重要抓手。这一套就业机制还具有相当的灵活性，能及时根据区域经济结构转型和新城建设的需要予以调整，保持本区劳动力资源的高效配置。在当前我国经济发展进入中速增长的新常态，各地就业工作普遍面临新挑战的形势下，顺义区"大就业"模式具有相当重要的借鉴和推广意义。

2. 统筹城业融合发展，创新城市管理职能

顺义区从以农业为主的远郊区县跨越式发展为以高端制造业和临空经济为主的现代化新城，仅仅用了20余年时间。作为一个快速城市化的典型案例，顺义区的发展既是中国城市化进程的缩影，也是新型城镇化的领跑样板。其城镇化进程的典型特点是"城业融合发展"，产业与城市统筹发展、互为推动，政府在不断优化经济职能的同时，也不断强化社会治理的职能，使经济发展与城镇化进程始终保持有序、高效和互为推动的良好局面，一方面，城乡产业经济的繁荣成为城镇化的强劲推动力量；另一方面，有序高效的城镇化陆续催生经济发展的配套力量和新增长点。这一发展模式对于我国当前新型城镇化的历史进程具有一定的研究和借鉴意义。

城业融合发展的道路始于20世纪90年代中期，顺义区以高度的战略眼光和敢为人先的精神，紧紧抓住了首都国际机场扩建的区位优势，快速确立了精准的产业定位和城市规划，进行了前瞻性的统筹思考，有条不紊地推进"业城双轮驱动"，使本区工业化快速推进的同时，城镇化建设齐头并进。同时，顺义区针对城镇化和城市发展所带来的新形势、新挑战，大胆创新城市管理体制和服务机制，以高效务实的姿态解决城市管理的突出问题，使新城面貌焕然一新，2012年已被确定为北京市重点发展的三

个新城之一。

（1）顺义新城：产业发展与城市规划深度融合的经典样板

顺义区依托首都国际机场这一独有资源，把推动临空经济区建设与重点新城建设相融合，着力将资源优势转化成为产业优势和城市优势。积极推动临空经济区和重点新城建设深度融合，通过高端产业功能区建设为新城建设提供产业支撑、就地解决居民就业，同时又通过新城建设进一步提升区域产业发展承载能力和综合服务能力，进而实现了产业与城市互促互荣、业强城优、宜居宜业，创出了一条以业兴城、以城载业、业城融合的发展路子。

"以业兴城"（—2005年）：紧紧围绕临空区位优势，先后建成五大产业群落和十大各具特色的经济功能区，奠定"以业兴城"的集群基础。顺义城市空间格局呈现出以中心城区为主、园区及周边为辅的点状分布特征。

"以城载业"（2006—2011年）：顺义新城被北京市城市总体规划确定为重点建设新城，以此为契机，顺义区加快城市基础设施建设和功能完善，城市承载能力显著提升，从2006年到2011年，顺义集中引进亿元以上重大项目280余项，"以城载业"成为现实。

"城业融合，和谐宜居"（2011年至今）：第三产业高端服务业迅猛发展，带动城市产业与空港城建设深入融合，立足"国际枢纽空港、高端产业新城、和谐宜居家园"的定位，"城业融合，和谐宜居"的新城初具面貌。

（2）统筹城乡一体化，加快新农村建设

顺义新城的规划建设，极大带动了顺义城乡一体化的进程。顺义区委、区政府按照"以人为本、以业为基、以城市化为引领、以创新为动力"的总体思路，依托城市化带动，强化工业化支撑，统筹城乡空间布局和产业发展，统筹推进城乡基础设施和公共服务的均等化，推进城乡社会民生的一体化，统筹城乡生态环境建设，推进体制机制创新，努力打造"北京城乡一体化重点实践区"。

工业化带动，统筹城乡产业一体化：顺义强化临空经济区的辐射作用，不断延伸产业链条，以园区发展带动临近村镇产业发展和基础设施建设，已建立北京现代汽车生产基地与杨镇在内的6组合作单位，并出台区直单位帮扶落后村镇"一助一"工程等多项共建政策，实现园区与镇村联动发展。

城市化引领，统筹城乡功能一体化：以新城建设为中心，统筹三个梯次城乡空间布局，加强高丽营、赵全营、杨镇、李遂四个市级重点镇建设，辐射带动周边镇发展。开展"5+3"工程等，大力加强农村基础社会建设。加大民生投入，首创"民政一卡通"，推进社会保障的城乡均等化。着力新农村建设，深化农村产权制度改革，促进土地承包权流转和规模化经营，创新农村党建机制，增加村民公共参与。

（3）创新城市管理机制，解决城市治理的突出问题

在快速的城市化进程中，如何更好地进行城市治理，解决流动人口管理等突出问题，是关乎市民切身利益和城市未来发展的重要课题。对于北京等特大城市而言，人口调控一直是城市治理的重要和敏感问题，也是考验政府社会治理能力的一大难题。顺义区积极探索创新城市治理机制，在流动人口管理、城管执法等突出问题上，统筹全区各职能部门、各级政府，厘清政府部门间、市场与社会间相应权责，调动全社会力量积极参与，取得了出色的工作绩效。特别是，作为迅速城镇化的京郊区县，顺义区在保持经济高速发展的同时，高效地控制了本区人口规模的增长，成为北京市人口调控工作最具特色的地区，其创立的"以产引人，以业控人，以房管人"的人口调控模式在全市推广，为我国特大城市人口调控工作提供了重要的经验借鉴。

顺义区人口调控工作的核心是人口政策与产业规划相协调，人口管理与服务相结合，形成一套"以产引人，以业控人，以房管人"的系统措施。

①实施以产引人，积极优化产业机构。注重发挥产业对人口布局的引导和配置作用，以临空经济和现代制造业为重点，依托主要经济功能区和二、三产业基地，调整产业布局，大力发展高端、高效、高辐射产业，促进本区劳动力用工结构不断优化，企业对高技术、高技能人才的需求不断增强；同时严格控制小散低劣产业发展，对不符合区域发展定位、存在安全隐患的小散低劣和"五小"企业大力清理整顿。仅通过全区统一设置再生资源收购点方式就使得从事再生资源回收的外来人口由 3000 多人精简到 832 人，减少了 70% 以上。

②实施以业控人，促进劳动力充分就业。坚持就业是民生之本，和谐之基，是人口调控工作的重要抓手。顺义区构建起政策扶持、就业服

务、技能培训、责任考核四大体系，全面促进本地人口充分就业、外来人口有效就业。一是在安排政府投资及确定重大建设项目时，通过"三同时"评估，将经济增长转变为切实的就业岗位。二是构建区、镇、村三级就业服务体系和职业技能培训体系，健全就业奖励制度，努力促进农村劳动力转移就业。三是健全对区内企业用工的管理和服务，实行空岗申报和用工登记备案，及时匹配劳动力资源，并对吸纳户籍劳动力就业进行奖励。

③实施以房管人，合理规划房地产业发展。坚持土地储备主要用于发展产业和城市基础设施建设，尽量减少经济发展对房地产业的依赖。本区房地产业发展主要解决本地群众转居安置及入区企业员工住房，同时兼顾高端地产发展，满足高端人才住房需求。进入21世纪以后，在北京房地产业高速发展的爆发期，顺义区委、区政府以可持续发展的战略眼光，坚持适度发展高端房地产业，严格控制中低端商品房开发，大力发展保障住房，坚决杜绝小产权房，防止低端房产盲目无序发展，防止人口大量涌入，促进人口资源环境协调发展。抵御了北京人口增长的大潮期，保持了本区人口规模的稳定增长。

一是将人口管理与人口服务相结合。政府充分通过"四集中""村企联管""网格化管理"等机制建设，充分调动和落实企业、居住地村镇社区等的人口管理和服务责任，使人口控制成为政府、企业和社会共同参与的工作，增强了政府进行本区人口调控的能力。同时积极加强流动人口子女教育、医疗等领域的公共服务，着力解决工资拖欠等突出问题，增强人口工作的人性化管理水平。

二是注重制度建设。顺义区历届区委、区政府均高度重视本区人口工作，在全区各单位、各级政府中形成了高度的人口工作责任意识，实现人口工作全区统筹，每年以任务书形式明确落实各部门职责，强化人口工作的考核力度。全区建立人口信息共享和协作机制，人口信息的共享程度较高，为全区各级政府、各单位开展人口工作奠定了重要基础。

3. 加强机制建设，创建社会服务管理创新指标体系

政府社会管理和服务机制，是政府进行社会建设的载体和平台，也是决定和衡量政府社会治理水平的制度基础。目前，社会建设和社会治理，作为我国政府重要的职能领域和施政方向，亟须精细统筹、合理高效、运行顺畅的制度体系予以保障，这既是我国政府职能转变对于制度创新的迫

切需求，也是打通政府与社会间壁垒，减少社会公共服务和管理需求与政府供给的不对称，实现政社关系良性互动的迫切要求。为加快这一制度化建设的进程，推动政府社会治理水平的提高，2012年底，顺义区委、区政府出台了"1+X"系列文件（《关于推进社会服务管理创新的意见》和劳动就业、社会保障、流动人口理等20个配套实施方案），一举奠定了本区政府社会治理体制建设和创新的基础。在此基础上，顺义区创造性地提出了网格化社会服务管理创新指标体系的制度设计，并制定出台了《顺义区网格化社会服务管理创新指标体系实施办法（试行）》。

从总体上来说，顺义区社会服务管理创新指标体系以"党委领导、政府负责、社会协同、公众参与、法治保障""社会管理精细化""打通经纬"和"见人见物"四项原则为指导，在覆盖全区各村、社区、企业的基本网格化管理基础上，将本区各地、各级政府、各部门涉及"推进社会服务""深化社会管理""扩大社会动员""构建社会和谐"和"促进社会文明"五大领域的社会建设工作任务精细化为工作指标，共计1060项，统一纳入动态开放的信息平台系统予以公开、跟进和考评。指标体系经"指标征集、指标确认、指标发布、指标实施、指标考评、结果运用"六个步骤，涵盖"结果、过程、保障"3个层面。考评结果不仅纳入区政府绩效考评，而且还将作为全区各级领导班子和领导干部绩效考核的依据以及区委、区政府确定便民工程、实事工程、重点工程的重要依据。

这一社会服务管理创新指标体系具有制度创新、含义丰富和成效显著的特点。

第一，有利于统筹和提高全区政府机构社会服务和管理工作的进展与成效，提高社会治理工作的精细化水平。通过指标的逐层分解、实时跟进、精细考核，激励各级政府、各单位积极落实工作任务，避免各项社会服务和管理工作流于形式、疏于监管、脱离社会公众；同时也有利于对全区社会建设和社会治理工作进行统筹把握，实际推进，提高政策的执行力。

第二，有利于密切联系群众，及时准确了解群众需求，使政府社会建设工作真正"从群众中来，到群众中去"。在指标体系的建设中，各单位必须深入基层，广泛征集群众相关需求和建议，将任务指标精细化到具体可量、具有所指的程度。同时，这一体系在指标考评中突出群众主体地位。指标综合得分主要由单位自评得分和群众评价得分两部分构成。群众评价由专业统计部门组织受众群体代表依法对相关年度指标进行打分，占60%权重。这些措施也促进了各部门以群众利益为出发点，实施和落实各项工作，切实践行群众路线。

顺义社会服务管理创新指标体系，是面对社会治理的重要任务而对于政府社会治理体制的重要创新，它既是积极利用信息化手段和网格化管理模式，加强政府运行效率、提高政策执行力的一项举措，也是促进公众参与、提高决策水平和监督力度的一种尝试，具有较高的制度效能和推广价值，值得继续关注，不断改进。

二 优化政府财政结构，提高政府运行效率

实施下沉型财政体制改革，合理配置区镇两级事权、财权。"事权下沉、财权上移"，政府间财权、事权配置失衡，是我国纵向政府权责结构的一大症结，因此，加快公共财政体制改革是政府体制改革的重要内容。十八届三中全会的《决定》提出，财政是国家治理的基础和重要支柱，科学的财税体制，优化资源配置，实现国家长治久安的制度保障。顺义区以建设权力清单制度和简政放权为契机，按照"保需求、强统筹、利平衡、促发展、稳过渡"的思路，合理调整区镇两级事权、财权配置，积极实施下沉型财政体制的改革，为建设分工合理、权责一致、运行高效的政府行政体制发挥了重要作用。

具体来说，区财政在对涉及镇村的支出项目和支出责任进行全面梳理和深入调研的基础上，将农村低保、卫生、教育等民生事项上移给区政府统筹；将部分原区政府管理的社会事业下放到各镇，并通过财力下沉予以保障。并且，计划对三类不同类型的功能镇（核心镇，重点发展镇，生态涵养镇）建立不同财政体制，针对性地激励镇街发挥各自特性。

顺义区下沉型财政体制的改革，将大大改善镇一级财力不足的困境，提高区级财政统筹力度，改善河东河西地区公共服务供给差距，促进全区公共服务的均等化；同时也有助于构建权责一致、运行通畅的纵向政府体制。无疑，政府间权责配置对于理顺政府间关系是一项关键性工作，也必然遇到许多体制和利益阻碍，顺义的改革将提供一个具有代表性的样本

案例。

三 创新政府治理方式，建设法治型、参与型、协同型政府

（一）全面推动依法治区，创新综合执法改革

1. 健全地方法规体系，大力推动法治型政府建设

先后出台《顺义区加强法治政府建设实施方案》《顺义区行政执法与刑事司法相衔接工作管理办法》《顺义区行政执法协调工作办法》《顺义区推行行政执法责任制工作实施方案》《重大行政执法行为备案办法》等一系列文件，正在研究制定《关于进一步加强政府合同监督管理的意见》，对推进依法行政进行了系统的规范。建立区政府法律顾问制度，在环境建设、违建拆除等方面出具专业意见。建立重大决策事项社会风险评估机制，对在城市建设、企事业改革改制、公共服务与管理、社会保障和涉农等五大领域的重大决策事项进行信访评估，从源头上增强依法行政的意识。

2. 创立"大城管"模式，先行探索行政执法体制改革

十八届四中全会的《决定》将深化行政执法体制改革，作为全面落实依法治国方略，推进依法行政、建设法治型政府的重要内容。其中，"理顺城管执法体制，加强城市管理综合执法机构建设，提高执法和服务水平"是当前我国行政执法体制的改革的重要任务，也是伴随城镇化发展、政府城市管理职能不断增强亟须实施的改革突破。顺义区多年来在城管执法体制上勇于探索，不断推进执法体制创新，形成了"大城管、大监察"的城市管理执法体制机制，使得本区城管执法工作走在全市乃至全国前列，成为全国行政执法体制改革的先驱。

"大城管、大监察"模式的改革初衷，是针对当时城市管理领域多头治理的格局下，行政执法权分散、责任归属不清，城管执法监察局有责无权的问题，构建跨部门的"大城管"执法机制，从源头理顺权责归属，落实行政执法的责任制。在区委、区政府领导的重视和推动下，顺义区建立了涵盖多个部门城市管理权责划分的城市管理权责清单，并建设统一的城管执法信息平台。同时，以区城管执法监察局作为城市管理综合执法机

制的核心单位，在其履职监察过程中，对于查处和发现的问题，按照归口管理原则，通过信息平台及时通告给前端相应主管部门，敦促其限期解决并列入部门考核，不能及时处理的按规定予以通报。这一模式的关键运行要枢在于：一是以区委、区政府领导权威和机制建设，辅以信息共享平台建设，实现了城市管理的跨部门协作和行政执法责任制、改变了多头治理下相互推诿的问题；二是通过加强前端执法，从源头解决问题，改变城管执法部门单独执法中因缺乏相关权限而"头疼医头、脚疼医脚"的困境。

在进行"大城管、大监察"机制建设的同时，顺义区为规范自由裁量权和严格执行罚缴分离规定，创建了案件集中审理制度，将当街执法行为与案件审理区别开来，凡罚款金额50元以上的处罚案件都集中到区案件集中审理中心规范审理，案件集中审理中心根据法律法规和判罚案例，对罚款金额进行判定、收缴并接受复议，大大规范了街头执法中自由裁量权的行使，实现罚缴分离，提高了行政执法的规范化、科学化。同时，顺义区还综合利用公安等部门的设备资源，通过网格化监管网络实现对城市管理的实时监控，既增强了执法监察的力度、规范了执法行为，也防止了暴力执法等行为的出现。

顺义区城管执法机制创新，是对我国行政执法机制改革的先行探索，具有重要的创新意义和借鉴价值。同时，我们也应该认识到，行政执法体制的改革，根本上有赖于政府权责关系的法制化和规范化，这也是国家和顺义区推进依法治理的根本路径。

3. 推进信访规范化，建设法制化的权利救济制度

健全依法维权和化解纠纷机制，构建对维护群众利益具有重大作用的制度体系，是依法治国的重要内容，也是推进社会治理现代化的重大命题。信访制度作为我国重要的权利救济制度，在保障公民权利、化解社会矛盾中起到非常重要的作用。但作为法律体系之外的一项补充性的维权制度，信访制度既是司法维权的重要补充，也长期存在制度建设落后、难以抑制法外闹访等问题。因此，十八届四中全会的《决定》特别指出，"把信访纳入法治化轨道，保障合理合法诉求依照法律规定和程序就能得到合理合法的结果"。作为"全国信访系统先进集体"和"北京市信访排查调处工作先进集体"，顺义区在建立健全信访工作机制，满足群众维权需求的基础上，努力将信访工作纳入法制化轨道，推动信访工作向规范化、制度化和法制化方向发展，对于维护本区公民权利，保障社会稳定祥和，起

到重要作用。

关口前移，源头治理：顺义区将源头治理作为信访工作的重中之重，坚持"抓小，抓早，抓好，抓了"，着重建设起全覆盖、周期性、常态化的社会稳定风险评估体系。全区每季度举行一次全方位、地毯式的社会矛盾纠纷排查活动，建立区级矛盾纠纷项目库和相应台账。特别是从2009年起，顺义区开始实施涉及群众利益重大决策、重大工程社会稳定风险评估制度，特别是在城市建设、企事业改革改制、公共服务与管理、社会保障和涉农等五大领域，明确规定重大决策必须经过信访评估，从而从源头杜绝了隐患项目的上马。

加强多部门协同，强化责任落实。一是落实并创新领导接访制度，接访前由信访部门梳理把关；接访中推行"区领导挂帅、相关部门负责、信访干部协调、信访人来访"的"四方碰头、联合办公"机制，大大提高了信访效率；接访后跟进"八单督办"①，多管齐下，促进解决方案的落实。对于重大信访案件，采取领导包案，落实责任机制。二是加强多部门协同，区政府制定出台了《重大信访疑难问题联席会议制度》《顺义区关于落实信访工作"属地管理、分级负责、分类处理、联动化解"机制的实施办法》等文件，建立了多部门的协同机制，并在信访工作中普遍推广"四分法"责任认定机制，促进信访工作的规范性和效率性。三是建立严格的责任倒查追究机制。将信访工作纳入目标考核体系，年终实行"一票否决"，切实推进问题的解决。

贯彻群众路线，促进社会融合。将信访工作与党的群众工作、政府的社会管理工作有机融为一体，切实维护群众合法权益，密切党群干群关系，促进社会融合，才是信访工作的本质和核心。顺义依托本区在农村地区推行的"1+1+15"党建网络，在社区推进"五个结合"②群众工作模

---

① "八单督办"：在领导接访、决策后，由信访办填写督办单，分别送达区委书记、区长、专职副书记、常务副区长、区委政法委书记、区纪委书记、组织部部长及责任单位。责任单位按时限和标准结案后，向上述领导汇报处理结果，并向信访部门进行反馈，由信访部门存档销案。

② "五个结合"：即坚持信访工作与社区党建、社区服务、社区宣传教育、居民自治、三调合一（人民调解、司法调解、行政调解）相结合，进而形成和强化"街道、社区、楼、门"四级工作网络，实现街道干部包社区，社区干部包楼，楼长包单元，楼门长包户，确保信访问题小事化解在楼门，大事不出社区。

式，及时了解群众需求，化解群众矛盾。用群众工作统揽信访工作，在信访工作中贯彻群众路线，了解群众，依靠群众，以促进社会融合为最终目标，是顺义信访工作取得显著成绩的关键。

（二）大力推进政府信息公开，建设"参与型政府"

现代化的政府必然是开放的、民主的政府，是能容纳公民有序参与和合法监督的政府，这是我国人民当家作主的社会主义国家性质的必然要求，是现代政权获得执政合法性的必然要求，也是我国政府转变治理方式，实现民主治理、科学决策的重要目标。党的十八大报告突出强调要"推进权力运行公开化、规范化，完善党务公开、政务公开、司法公开和各领域办事公开制度……让人民监督权力，让权力在阳光下运行"。这一精神与近年来我党全面践行群众路线、狠抓党风廉政建设的目标是一致的。在新时期，顺义区在贯彻落实上级改革精神和法律法规的基础上，以政府信息公开和公民有序参与为两个抓手，全面推进"透明政府"和"参与型政府"建设。

建立健全政府信息公开制度，是保障群众知情权、参与权的制度基础，是实现民主决策、科学决策的制度保障，也是政府转变职能、加强公共服务水平的重要推手。为此，顺义区专门研究出台了《关于进一步加强政务公开和信息发布工作 积极推动推进社会沟通互动的实施意见》（以下简称《意见》），全面规范和指导本区政府信息公开工作，使政府信息公开成为顺义区政府加强自身建设，提高治理水平的重要抓手。

在《意见》指导下，顺义区从四个方向全面推进，强力推动本区政府信息公开工作，取得了显著的成果。一是强化政府主动发声，推进政府信息权威发布工作的制度化建设。包括建立政府信息定期发布披露制度；利用顺义网城等媒体发布平台，建立政府工作向社会公众报告制度。特别注重生态文明、城乡环境建设、民生保障、政府行政管理改革等重点领域信息公开。二是放宽视野、丰富方式，多渠道加强公民参与。特别是探索建立了基层群众代表列席政府常务会议制度，通过顺义网城报名系统，接纳基层群众列席政府常务会议，打通公民参与高层决策的通道，让群众从政策制定的"门外汉"变为真正的"参与人"，目前这一工作已举办3次，邀请参会群众29人；利用本地电视台、广播、顺义网城等媒体，开创"电视问政"、网络在线访谈等方式，实现以区长为带领的各政府部门一把手定期与网民实时互动,加强交流、了解民情、化解隔阂、加强监督。三是严格规范重大决策和重点项目公开征询意见的要求与流程,充分利用听证会、网络公示等信息公开和舆情收集渠道的作用,提高决策的民主性、科学性。四是完善保障措施,加强信息公开管理制度建设。包括加强组织领导、统筹协调、发布审核、渠道整合、信息化保障、业务培训、督查指导等一系列保障措施。

(三) 引导和发展社会自治,推动协同治理

在市场经济快速发展的新形势下,计划经济时期的"大政府、小社会"模式,已无力满足多元化的公共服务需求,同时市场和社会自我管理和服务的能力虽不断增强,但缺乏正确引导和有序利用。因此,现代政府治理理论大力倡导协同治理,即政府改变传统管控性的治理方式和单一的公共服务供给模式,充分引导和发挥市场、社会等多元主体在公共服务供给和自我治理方面的功能,使公共治理的资源得到最好配置,治理绩效得到最佳优化。顺义区是近年来北京市产业发展和城市化进程最为迅猛的区域之一,政府既面临着短期内高速增长并日趋多元化的公共服务供给压力,也面临着市场和社会多主体自治力量迅速增强的优势。区委、区政府在中央和市级精神的指导下,打破政府自身壁垒,充分引导和发挥市场和社会主体在公共治理中的重要功能与各自优势,并在社会组织培育与管理、引导基层自治等工作上勇于探索,涌现出一系列凝聚群众智慧和政府创新精神的好经验。

1. 创新社会组织管理模式,推进公共服务购买

积极培育社会组织,发挥社会自治力量,拓宽公共服务的供给渠道,是新时期社会建设的重要内容,也是转变政府治理方式的重要抓手。顺义区作为"全国社会组织建设创新示范区"候选单位之一,在对社会组织的积极培育、合作和监管中,探索出一系列创新机制。

(1) 优化社会组织的培育和专业服务环境

探索四类社会组织直接登记制度。2013年制定《顺义区社会组织直接登记管理办法》,探索对行业协会商会、科技、公益慈善、城乡社区服务等四类社会组织实行直接登记,简化社会组织注册的行政审批,目前,该项改革的进度在北京市处于领跑地位。

建设专业的社会组织孵化中心。顺义区专门建设了1500平方米的社

会组织培育发展中心，充分发挥中心的孵化、培育、展示、培训等服务职能，并在全区六个街道推广社会组织服务中心建设，形成政府社会组织服务机构的多级覆盖，成为全区社会组织萌生发展的"摇篮"，弥补了社会组织创建初期普遍面临的资源匮乏、经验不足等弱势。区民政部门还专门组织社会组织用人招聘会，满足社会组织发展的用人需求，也搭建了社会组织容纳居民就业的平台。

将社会组织培育与产业规划相结合。在北京市制定的枢纽型社会组织的认定范围下，顺义区进一步按照国民经济行业工农商学类别下再分类，特别是按照本区产业发展规划，大力培育汽车、会展等支柱和新兴产业的行业协会，并按照农业规模化和新型城镇化的发展战略，鼓励各乡镇大力发展各具特色的农村经济合作社等涉农组织、社区社会组织，使社会组织的培育与本区国民经济社会发展相协调，更有针对性地发挥社会组织的积极作用。

（2）创新社会组织监管机制，加强社会组织规范化建设

创新备案体系。开创性地在各街道、镇建立社区社会组织联合会，以联合会为龙头，统筹本区域社会组织服务与管理工作，形成了完善的社区社会组织培育监管体系。

创建三方协管体制。首创登记机关、业务主管单位和属地政府相协调配合的三方协管机制，将属地管理纳入社会组织管理体系，将社会组织管理纳入对镇、街道的绩效考核，明确了属地政府在社会组织管理中的责任。

创建执法监察队伍。设立顺义区社会组织执法监察队，在业务主管单位和镇、街、村、居建立了社会组织基层联络员队伍，不断完善执法监察机制和管控体系。

引入第三方评估。出台《顺义区社会组织评估工作实施方案》，明确评估程序和具体指标，建立第三方评估机制。2013年经过培训和单独视导，共完成159家社会组织的评估机制，评估完成率达94.6%。

（3）建设政府购买公共服务的制度机制

初步建立规范化流程。自2012年以来，顺义区大力推进向社会组织购买公共服务，两年来共完成购买项目120余个，累计金额达3000多万元。在流程机制上，初步建立了政府职能部门、乡镇、街道、社区申请购买项目，社区社会组织联合会初审，局长办公会筛选确定，并由第三方评

估审核相应社会组织供给能力与资格，从而达成购买合作的制度。

建设供需项目库，促进政府与社会组织供求对接。目前顺义民政局正在积极完善政府委托职能项目库和社会组织服务项目库，集中梳理政府职能部门准备交由社会组织承接的职能、社区建设亟待开展的项目和百姓的强烈需求纳入项目库管理，充分整合政府、社会组织以及社会资源，实现两个项目库的有效对接。

2. 积极引导基层自治，打造基层多元共治格局

城市社区和农村是社会治理的单元细胞，随着农业现代化、新型工业化、城镇化、信息化的推进，原有城市和乡村基层治理格局加速转型，矛盾和需求复杂多样，构建新型基层治理模式已经成为刻不容缓的现实需要。同时，社区和村庄作为居民和村民进行基层自治的基本单位，在自我管理和自我服务上存在极大潜力，要发挥这些潜力，尤其需要政府的充分引导和培育。而对顺义区而言，这方面的需求更加强烈，这是因为：一是从农业区县向工业区县快速转变的城镇化进程，对城乡基层有效治理提出紧迫的要求；二是作为首都区县承担着较重的维稳压力，如何在发挥基层自治与加强基层稳定之间达成最佳平衡是其面临的重要挑战。为应对这些挑战，顺义区深入挖掘网格化管理经验，在各街乡自发试点、创新的基础上，形成了北小营"1+1+15"、裕祥花园"五色管理法"等多个基层自治模式，其中北小营"1+1+15"模式，不仅在全区推广，也在全市乃至全国范围内产生了一定示范效果。

空港街道"裕祥花园"社区建设经验："裕祥花园"是顺义区的试点社区，经过半年社区建设的试点，初步形成了由街道、职能部门、社区党组织、社区企业、居民共同参与的社区治理体系。一是以社区民警为核心、一名社区居委会工作人员、一名党员、一名居民代表、一名志愿者、一名楼门长共同组建了多维度、全覆盖的社区治理网络，使松散多元的社区有序有效组织起来，为社区自我管理奠定基础。二是空港街道着力加强顶层设计，针对居民和社区既有公益社团设计了一套激励机制，即将其按照功能和活动内容分类为"红绿金粉蓝"五色组织进行激励和培育，建立"五色组织十大荣誉称号考核体系"和"五色公益服务协会"，极大鼓励和支持了本社区的自治组织发展，凝聚了全社区的人心人力，实现了居民之间的和谐共处。

北小营"1+1+15"模式：2011年，顺义区北小营提出并推广了党建

的"1+1+15"模式，即"一名党员代表+一名村民代表+15户村民"，其操作方式就是：党委干部包片儿，党员村民代表包户，直接与每户村民建立联系，形成"三级联创"的网络化基层治理模式。这个模式将基层党建和群众路线相结合，既能充分发挥基层党组织和党员干群的领导和服务作用，又能广泛承担群众意见和需求的上传和反馈，也能起到上令下达、推广落实的执行作用，实现村庄治理中民主、效率与方向的有机结合，成为全区乃至全市推广的经验模式。

天竺"一述两评"模式：在"1+1+15"三级联创的制度基础上，天竺镇党委进一步创建了对村级领导班子"一述两评"机制。"一述"即要求村党委书记公开向镇考核组和所在村党员代表、群众代表述职述廉，接受评议，并对本班子成员工作进行自我评价。"两评"一是指由镇党委主要领导和各职能科室负责人组成20名镇考核组成员，对村两委工作进行无记名打分，列入考核，二是由镇党委随机抽取10名党员代表和10名村民代表出席参加所在村两委述职汇报会，对两委工作进行问责和评议。这种上级党委、上级职能部门、党员群体、基层民众共同参与、多元一体的监督机制，转变了基层政权的责任导向，使得基层社会治理由封闭的行政工作向社会工作转变，实现对上级负责和对民众负责的统一，实现民主决策和科学决策的统一。

总体来看，顺义的基层社会治理创新模式以网格化治理模式为主要架构，以网络化联结、多主体嵌入、多功能载体为特点，将基层党建、政府管理、群众自治等要素进行有效整合，在使党政工作牢牢落实到基层的同时，也引导了群众的自我治理，凝聚了社会自治的力量，将党、政府、社会力量贯畅联通、形成合力，共同推动基层的协同治理。这一整合性的治理模式，既有中国传统村庄半自治模式的特点，又一定程度上满足了现代政府协同治理的需求，有效缓解了地方政府面临的严峻维稳压力。不断调适这一框架下各方主体的地位与功能，增强这一组织机制和形式对基层群众的吸引力和对各方利益需求的平衡能力，是顺义区进一步发掘这一框架潜力，继而有效推进社会治理创新的着力点。

第四章　顺义区政府治理的问题与不足

一般来说，政府治理能力是政府治理体系的因变量。要优化政府治理能力，必须先从完善治理体系着手，科学诊断政府治理体系的主要问题。十八届三中全会《中共中央关于全面深化改革若干重大问题的决定》和四中全会《中共中央关于全面推进依法治国若干重大问题的决定》都是以问题为导向的。对政府治理问题本身的梳理是推进政府治理现代化的依据。只有科学把握政府治理体系的问题，才能为优化政府治理体系和提升政府治理能力，从而建设"有限、有为、有责、有效""四有政府"提供决策支撑。

在新时代，在推进政府治理现代化过程中，顺义区政府还面临许多治理问题。在这些问题中，有些问题是全国区县、北京市区县都存在的普遍问题，有些问题也是顺义区政府治理自身的特有问题、特色问题。要实现顺义区政府治理现代化，必须从现存的各种问题着手，聚焦问题、制定对策方案。为科学把握顺义区政府治理面临的主要问题，在"有限、有为、有责、有效"等政府治理现代化目标指引下，本课题运用专题访谈和问卷调研相结合的研究方法，分析得出政府治理在职能转变、结构优化、治理方式及队伍建设等四个方面的主要问题。

一　政府职能转变尚未到位

政府职能转变问题是顺义区政府治理的首要问题。《2013年顺义区政府工作报告》指出，"政府自身工作还有很多不足，职能转变还不到位，治理理念、施政方式仍不适应发展阶段和社会环境变化要求，行政效能和治理能力需要不断提升"。事实上，推进政府职能转变，也是我国全面深化改革、推进政府治理现代化的重点难点命题。[1]

---

[1] 王浦劬：《转变政府职能的六大理论问题》，《国家行政学院学报》2015年第1期。

(一) 公共服务职能亟待强化

总体而言，顺义区已经初步建设起高标准、规范化的基本公共服务体系，也涌现出了一些成功的经验做法。这一点，在问卷调查结果中也有所体现。根据问卷调查结果，受访者对顺义区公共服务整体满意程度的评价，回答"非常满意"的比例为6.2%，"比较满意"的比例为38.1%，"基本满意"的比例为41.4%，三者合在一起比例高达85.7%（见表1-4-1）。这说明总体上顺义区公共服务在多数受访者心中，还是受到认可的。

同时，我们也应该看到，顺义区公共服务总体水平相对不高。根据北京市社会科学院研究报告[①]，2012年，顺义区的公共服务绩效排在倒数第五位。当然，造成这种情况的因素是多方面的：作为城市发展新区，"处于发展过程之中，公共服务资源不如城市功能核心区与城市拓展区，再加之流动人口的不断涌入不仅降低了人均享有水平，而且给环境带来了巨大压力"，多方面的因素决定了顺义区公共服务排名相对靠后。

表1-4-1　　　　您对顺义区公共服务的整体满意程度是

	人数（个）	百分比（%）
非常满意	60	6.2
比较满意	371	38.1
基本满意	403	41.4
不太满意	113	11.6
非常不满意	17	1.7
未回答	9	0.9
合计	973	100

面对城市化进程中人口增长和人民群众生活水平提高对改善公共服务需求的日益增长，顺义公共服务总体供给能力有待提升，政府公共服务职能还需要进一步强化。当前，顺义区基本公共服务与科学发展的要求仍存在差距和问题，主要体现在以下几个方面。

第一，供需矛盾突出，有效保障不够，医疗卫生等公共服务的短板效

[①] 施昌奎：《北京公共服务发展报告（2013—2014）》，社会科学文献出版社2014年版，第38—39页。

应表现明显。

问卷调查结果显示,"医疗卫生(41.2%)""教育(25.6%)""住房保障(12%)"及"环境保护(8.1%)"是当前顺义区最为迫切需要改善的四项公共服务(见表1-4-2)。《2013年顺义区政府工作报告》也指出,"公共服务供给与需求还不适应,尤其是优质医疗资源短缺,基层服务设施不完善,群众生活还有许多不便"。"看病难"问题依然存在,基层医疗卫生服务能力尚需进一步提高。一些受访者认为,城市化进程过快是造成顺义区医疗水平低下的一个重要原因。

同时,优质教育资源不足,存在教育均衡性问题。在学前教育方面,入园难、"名校入学难"矛盾突出。除了存在入园难外,教育公共服务还存在着教育均衡性问题。教育均衡性问题主要是指义务教育阶段的教育机会、师资等方面的考察。此外,作为郊区县,顺义区文化设施非常欠缺,公共广场、参观、展览、剧院等需求都没法实现。群众文娱需求得不到满足,场所不足,豆腐渣工程很多,设计差,功能少,资金投入短缺。

表1-4-2　　您认为顺义区目前最迫切需要改善的公共服务是?

	人数(个)	百分比(%)
医疗卫生	401	41.2
教育	249	25.6
住房保障	117	12
环境保护	79	8.1
就业服务	41	4.2
公共安全	27	2.8
市政基础	27	2.8
文化体育	17	1.7
其他	8	0.8
未回答	7	0.7
合计	973	100

第二,公共服务发展活力欠缺,供给模式单一。

顺义区公共服务发展方式还没有实现根本转变,重供给、轻需求,重数量、轻质量,重投入、轻管理,重外延扩张、轻内涵发展等问题依然存在,基本公共服务的均等化工作依然任重而道远,公共服务提供的方式和效率都有待于进一步提高。尽管自2012年以来,顺义区大力推进向社会组织购买公共服务,两年来共完成购买项目 40 个,累计金额达 500 多万元。但是,整体而言,顺义区目前在公共服务的渠道比较单一,主要以政府提供为主,社会组织参与的范围有限、规模较小、方式单一等。政府投入在尚不能完全满足基本需要的同时,又承担了一些可以通过社会力量和产业发展解决的任务,因而一定程度上弱化了顺义区特定方面公共服务的供给。

第三,公共服务新理念、新做法认知和掌握不够。

关于公共服务市场化改革认知情况的问卷结果表明,对于此类当下比较流行的新理念新方法,顺义区工作人员还是比较陌生的。回答"不太了解"的比例高达 49.4%、"从未听说"的比例为 2.7%,两者合起来高达 52.1%,而回答"基本了解"的比例则为 35.1%,比较了解的比例为 10.2%,非常了解的比例仅为 1.5%(见表 1-4-3)。

表 1-4-3　　您是否了解公共服务市场化改革的相关理念内涵?

	人数(个)	百分比(%)
非常了解	15	1.5
比较了解	99	10.2
基本了解	342	35.1
不太了解	481	49.4
从未听说	26	2.7
未回答	10	1
合计	973	100

在 2011 年《北京市"十二五"时期社会公共服务发展规划》中已明确确定"政府主导、社会参与"的基本原则。然而,问卷调查结果显示,当被问及在公共服务过程中,政府和社会组织之间的关系定位时,仍然有 9.8% 的人员选择了"政府完全处于主导地位"(见表 1-4-4)。

表 1-4-4　　您认为在顺义区公共服务提供过程中,政府和社会
组织之间比较理想的关系是?

	人数(个)	百分比(%)
政府完全处于主导地位	95	9.8
政府为主,社会组织为辅	591	60.7

续表

	人数（个）	百分比（%）
政府和社会组织地位基本相同	88	9
社会组织为主，政府为辅	170	17.5
社会组织完全处于主导地位	10	1
未回答	19	2
合计	973	100

关于外包的问卷调查显示，认为"不太有必要"和"没有必要"的选项中占主导的几个领域，按照比例排序，分别是：社会治安管理（70.30%）、教育（68.90%）、医疗服务（51.10%）、扶贫与社会救助（51.10%）、就业服务（49.80%）、养老（39.40%）、文化体育（35.30%）、垃圾处理（24.60%）、城市绿化（23.00%）（见表1-4-5）。这说明，对于外包这一较为先进的做法，在受访者当中还是比较生疏甚至是排斥的。同样的情况也出现在关于"私营化"这一问题回答上，受访者当中，认为可以采用"民营化"这一做法，排名最高的前两位，分别是垃圾回收、公共娱乐设施，比例也仅为24.00%和22.80%（见表1-4-6）。

表1-4-5　　　　您认为如下公共事务，政府是否有必要把有关工作外包给社会组织？　　　　（单位：%）

	很有必要	有必要	小计	不太有必要	没有必要	小计	不知道	未回答
养老	17.50	36.40	53.90	14.10	25.30	39.40	4.90	1.80
扶贫与社会救助	12.20	29.10	41.30	20.50	30.60	51.10	5.10	2.50
医疗服务	14.60	26.80	41.40	17.90	33.20	51.10	4.80	2.70
垃圾处理	20.20	48.80	69.00	11.10	13.50	24.60	4.50	1.80
城市绿化	18.90	51.60	70.50	11.00	12.00	23.00	4.50	2.00
社会治安管理	9.20	14.00	23.20	21.50	48.80	70.30	3.90	2.60
教育	9.00	15.80	24.80	22.20	46.70	68.90	4.10	2.20
就业服务	11.70	32.10	43.80	18.80	31.00	49.80	4.40	2.00
文化体育	16.10	41.80	57.90	14.60	20.70	35.30	4.60	2.10

表 1-4-6　　您认为现阶段顺义区在下列哪些领域可以
采用民营化的供给方式？　　　　　　（单位:%）

领域	百分比
垃圾回收	24.00
公共娱乐设施	22.80
公共卫生	14.20
公共交通	12.00
公共通信	11.90
社会救济	5.90
基础教育	4.00
供水	3.60
其他	0.90
消防	0.70

第四，有效把握居民的公共服务实际需求是影响公共服务提升的最主要原因。

我国目前正处在从"生存型社会"向"发展型社会"的过渡发展阶段。从根本上来说，当前我国社会正面临着日益突出的两大矛盾：一是经济快速增长同发展不平衡、资源环境约束之间的突出矛盾；二是公共需求的全面快速增长与公共服务不到位、基本公共产品短缺之间的突出矛盾[1]。从宏观层面而言，顺义区公共服务的深层次原因，必然也受制于这两个方面的约束和影响。更为具体的影响因素，就可以落脚到制度、财政、人员等等因素之上。比如，公共服务供给中没有形成规范的分工和问责制；城乡二元分割公共服务制度安排，进一步拉大了城乡差距；公共服务多元社会参与机制和有效的监管机制尚未形成；政府转型滞后，在公共服务供给中存在错位、越位和缺位等现象。

在这些因素之中，究竟哪种影响因素是最为重要的呢？问卷调查结果显示，当被问及"您认为影响顺义区政府公共服务水平的主要因素是什么？"时，高达31.6%的受访者选择了"没能真正把握居民的实际需求"，20.8%的受访者选择了"相关的管理制度不够科学"，14.7%的受访者选

---

[1]　中国（海南）改革发展研究院：《中国基本公共服务建设路线图》，世界知识出版社2010版，第5页。

择了"缺乏足够的财力保障",12.4%的受访者选择了"公共服务的供给成本居高不下",选择"领导不够重视"和"工作人员观念保守,排斥新理念和新方法"的受访者比例均为10%。这里尤其需要关注的是第一项"没能真正把握居民的实际需求(31.6%)。这说明顺义区政府缺乏有效的公众需求表达机制,忽视了公众的偏好差异,在以往的政策制定过程中,对于居民需求的真正把握尚未完全到位。而公众作为公共服务供给的接受者和评判者,对公共服务供给的好坏最具发言权,却往往由于自身组织化程度低,缺少畅通的沟通渠道,而不能够便捷有效地表达自己的需求偏好。显然,在这一方面,顺义区政府还有很大的改进空间。

表1-4-7 您认为影响顺义区政府公共服务水平的主要因素是?

因素	人数(人)	百分比(%)
没能真正把握居民的实际需求	606	31.6
相关的管理制度不够科学	399	20.8
缺乏足够的财力保障	282	14.7
公共服务的供给成本居高不下	238	12.4
领导不够重视	191	10.0
工作人员观念保守,排斥新理念和新方法	191	10.0
其他	9	0.5
合计	1916	100.0

(二) 市场监管职能有待提升

在针对顺义区政府政策效果的主观评价中,有66.7%的受访者认为顺义政府的地方经济政策效果很好或比较好,说明政府的经济调节职能得到了有效发挥。但是,有总计15%的受访者认为食品监管、环境污染治理及医疗卫生等政策效果"不好",说明市场监管职能一定程度上还存在缺位现象。

环境、食品监管等领域政策执行效果偏弱。相对于经济政策和社会治安管理政策,区政府的环境污染治理政策、食品监督管理政策、医疗卫生政策和社区建设政策执行效果偏弱。根据问卷调查结果显示,公务员对区政府的经济政策(很好的回答比例占有效问卷的17.2%,比较好的比例占49.5%,两项之和为66.7%)、九年义务教育政策(很好的回答比例占有效问卷的 32.9%，比较好的比例占 50.3%，两项之和为 83.2%）和社会治安管理政策（很好的回答比例占有效问卷的 15.3%，比较好的比例占 54%，两项之和为 69.3%）的执行效果较为满意。对于这三项政策，受访公务员的回答选项中，比较好和好两项相加之和均超过了 65%，相应的一般、不太好和不好三项相加之和均低于 35%。

相对于上述三项政策，环境污染治理政策（一般的回答比例占有效问卷的 38.8%，不太好的比例占 10.4%，不好的比例占 3.5%，三项之和为 52.7%）、食品监督管理政策（一般的回答比例占有效问卷的 42.5%，不太好的比例占 10.6%，不好的比例占 6%，三项之和为 59.1%）、医疗卫生政策（一般的回答比例占有效问卷的 43.8%，不太好的比例占 14.8%，不好的比例占 5.7%，三项之和为 64.3%）和社区建设政策（一般的回答比例占有效问卷的 41.5%，不太好的比例占 8.1%，不好的比例占 3%，三项之和为 52.6%）的执行效果偏弱。对于这四项政策，受访公务员的回答选项中，一般、不太好和不好三项相加之和均超过了 50%，相应的比较好和好两项相加之和均低于 50%。

表 1-4-8　您认为顺义区政府下列政策的执行效果如何？　　单位:%

顺义区政府下列政策执行效果如何？	很好	比较好	一般	不太好	不好
地方经济政策	17.2	49.5	29.1	1.5	1.0
普及九年义务教育政策	32.9	50.3	13.6	0.8	1.1
社会治安管理政策	15.3	54.0	24.8	3.4	0.9
环境污染治理政策	11.7	34.1	38.8	10.4	3.5
食品监督管理政策	10.5	29.2	42.5	10.6	6.0
医疗卫生政策	8.6	25.8	43.8	14.8	5.7
社区建设政策	10.0	36.0	41.5	8.1	3.0

（三）经济发展职能有待优化

第一，产业政策缺乏统一性、一致性和稳定性。在淘汰落后产能的过程中，政府采取"一企一策"，对于有的企业是依法行政，有的是赎买，有的是通过补贴政府关停并转，但是还有一部分属于尚未彻底实现依法行政。另外，某些情况下，还存在政府需要"倒逼"或者"逼退"产业的特殊情况。这时候，一般体现为政府制定政策，通过诸如能源消耗、环保等限制性政策，迫使企业在成本提高的情况下退出或进行调整。在这个过程中，往往出现政策门槛前后不一致或者经常变动，政府监管标准前宽后严的情况，这些情况，某种程度上会降低政府信用和政策效力。

第二，城镇基础设施和城市规划需要加强。随着一批项目落地，市政配套工作相对滞后，例如汽车整修物流的拥堵，水电气热的需求，都是政府治理需要直面的问题。目前，市政配套建设的发展速度落后于产业发展的速度，吸引投资的政策，大项目落地后，区县承载能力不足问题逐渐显现。城市规划和建设落后经济发展，产业发展的速度估计不足，落地项目配套缺乏统筹。政府一些总体规划有欠充分科学，某些项目出现重复建设。同时，政府治理系统科学和综合程度有待提高。比如燕京桥的烂尾，还有三塔服装厂，还有医疗滞后，还有河东河西不平衡，都是当年政府领导没关注，作为不够而遗留的问题。

第三，产业功能整合力度不够、科技创新能力不强。顺义区产业目前还缺乏集聚效应，缺乏较具规模的产业科技园区。14—15个经济功能区，使得产业相对分散，集群效应不高。这其中涉及较大的利益协调问题，因此具有较大难度。尤其是区域整合与周边乡镇的区域划分形成利益交叉的错综复杂的局面，使得这一问题的解决更加困难。此外，顺义区现有高新技术企业不到200家，科技创新能力还不强。

（四）办事流程和效率存在问题

第一，政府办事流程有待精简。调查显示，民众对政府办事效率的不满意主要集中在政府职能部门的行政审批程序烦琐，尤其集中在工程建设审批程序方面，各个环节手续比较复杂，期限较长。政府行政审批改革滞后已经成为办事效率低下的主要原因。这种现象，也在一定程度上反映了政府治理中存在政府职能越位、缺位、交叉扯皮问题。

第二，政府办事效率成为迫切需要解决的问题。在公务员受访者选择的迫切需要解决的问题中，政府办事效率成为主要选项（356位公务员受访者认为顺义政府办事效率低，见表1-4-9）。政府运行效率低的原因是多方面的。一是公职人员工作责任机制尚不健全，包括工作规范化建设不足、问责机制缺位、监督机制缺失等。二是激励机制尚不健全，包括薪酬待遇偏低、不同部门和人员的工作量与晋升和薪酬关联性不强，公务员缺少工作积极性，尤其对工作繁重的基层公务人员。三是纵向区镇两级、横向多部门间权限划分还不清晰,权责尚不明晰,由此导致办事拖沓甚至踢皮球等。

表1-4-9　您认为顺义区政府在改革中,迫切需要解决的主要问题有哪些?

问题	频数	百分比(%)
社会自治程度低,政府过多参与社会事务管理	265	9.9
政府干预市场过多	175	6.6
政府法治化程度较低	221	8.3
政府公共决策随意性较大	242	9.1
政府办事效率较低	356	13.4
政府机构臃肿	231	8.7
政府运行行政成本过高	194	7.3
条块分割的管理体制	163	6.1
公务员积极性不够	405	15.2
公民参与公共事务管理程度较低	398	14.9
其他	14	0.5
总计	2664	100.0

总体而言,由于顺义区政府职能转变尚未到位,还没有达到"有限"和"有为"政府的标准,由此影响政府治理能力的提升,应该是产生这些问题的主要原因。

二　政府治理结构需要优化

(一)区政府与基层政府的权责关系优化

从区级政府及其下级政府治理权力配置来看,基层政府层级之间的事与权严重不匹配,乡镇政府责任大,职权小,政府治理多数停留在县级以上人民政府,基本不提镇级,导致上级政府不是很了解情况,但有决策权;下级基层政府了解情况,但是没有决策权;基层政府还没有执法权,限制其日常工作有效开展。因此,基层政府权责之间出现严重不相符的情形。

1. 区政府与镇政府间事权责任关系未完全理顺

在对顺义相关政府单位负责人的访谈中,有公务员提出:"基层政府的事与权之间存在严重不匹配,责任很大,职权很小";"基层政府事权和职权之间出现严重不相符的情形"。顺义区共有19个镇,6个街道办事处。问卷调查结果显示,多数受访公务员(占受访公务员总体比例为46.8%)认为区政府与镇政府之间在事权关系方面的理顺程度为一般(见表1-4-10)。区政府与镇政府之间事权关系未完全理顺的原因是:基层事权过度集中在区政府层面;在管理体制上没有明确区分区政府和镇政府、街道办等政府层级间的管理权限和职责等。

区镇之间权责配置不合理,具体表现为:一方面区级应该统筹的职能和工作没有到位,造成乡镇之间重复建设、资源竞争等问题,区级政策制定与基层政策执行脱离,没有打通"最后一公里",例如全区各村普及体育文化设备的项目因后续管理缺位而成为鸡肋,没有发挥应有的作用;另一方面乡镇无力承担繁多职能,导致效率低下,成效不彰。

表1-4-10 区政府与镇政府之间在事权关系方面的理顺程度

评价标准		频数	百分比(%)	有效百分比(%)	累计百分比(%)
选项	很好	105	10.8	11.2	11.2
	较好	341	35.0	36.4	47.5
	一般	439	45.1	46.8	94.3
	不太好	37	3.8	3.9	98.3
	不好	16	1.6	1.7	100.0
	总计	938	96.3	100.0	100.0

2. 街道和区政府职能部门之间权责关系不顺

问卷调查结果显示,多数受访公务员(占受访公务员总体比例为52.9%)认为街道和区政府职能部门之间不协调(见表1-4-11)。在对顺义相关政府单位负责人的访谈中,有公务员直接提出:"街道办与职能部门关系不顺,街道职能不清晰,街道办过于强调服务,协调无权限。在条块分割治理格局下,利益部门不放手(主要是指条),但是各种事务又是属地管理,这就使得街道办事处工作很困难。街道办事处作为区政府的派出机构,它与属地范围内区级机构的下属机构(如派出所)的关系,并不很清楚。街道办事处本该代表区政府统筹和监督下属机构,但实际上却反过来了,他们经常来考核街道办事处,使街道办事处变成了这些下属机构的下属机构。人力和财力都集中在职能部门,但事情都交给街道,人、财没有随着事情下来。"

随着顺义城区经济社会快速发展，城市化进程明显加快，街道办承担的社会公共事务工作逐渐增长，区政府各部门大量的业务工作通过街道社区去落实和完成。由于管理体制机制的原因，街道办事处在运行过程中与区政府部门之间一定程度上存在职责不清、关系不顺的矛盾和问题，街道办事处与区各有关部门事权没有合理界定，一定程度上影响和制约着街道的建设和发展。

表1-4-11　　　　　　街道和区政府职能部门之间不协调

评价标准		频数	百分比（%）	有效百分比（%）	累计百分比（%）
选项	很严重	60	6.2	6.3	6.3
	比较严重	153	15.7	16.1	22.4
	一般	504	51.8	52.9	75.3
	不太严重	167	17.2	17.5	92.9
	不严重	68	7.0	7.1	100.0
	总计	952	97.9	100.0	

3. 政府财政预算体制存在结构性分配问题

财政改革滞后，导致财政分配结构出现不平衡现象。

一是区内各镇之间财政的横向平衡问题。在1994年分税制改革时确定基本模式下，顺义区2004年核定的基数10年没有调整，许多镇有了非常大的发展，比如仁和镇发展非常迅速，许多钱沉淀在本镇里，还有些镇却特别穷，财政资金远远不足，财政统筹能力变差，对乡镇的激励作用也变差。但是，财政方面改革阻力很大，2009年已经做了方案，但是因为富裕乡镇的阻力，没有成功实施。

顺义区也在探索对区镇财政体制进行改革。区委、区政府领导也提出要进一步下沉财力，试图对三类不同类型的功能镇（核心镇，重点发展镇，生态涵养镇）采取不同的财政体制，激励不同功能的镇街发挥不同的作用，具体实施尚需时间。

二是区级财政与基层财政的纵向平衡问题。旧体制下，往往由区做出决定、由镇干活，基层财政激励弱，导致乡镇资金困难。在顺义，街道办事处属地的税收不按比例返还给街道办事处，街道办事处用一分钱也要向区财政局打报告,由此使得好些事干不了,比如某一个楼栋着火焚烧了,没有人管,最后找到街道,但是街道没有资金处理,长期得不到处理,影响政府形象。现在的状况是人力和财力都集中在职能部门,但事情都交给街道。人、财没有随着事情下来。问卷调查结果显示,多数受访公务员(占受访公务员总体比例为45.5%)认为,区政府与镇政府之间在财权关系方面的理顺程度为一般(见表1-4-12)。

区政府与镇政府在理顺财权关系的程度方面存在问题的原因是:政府财政管理体制集中,镇政府和街道没有独立财权,因此在财政中的分成比例偏低,但是镇政府和街道承担管理辖区内广泛的社会公共事务,财政支出较大,基层财权与事权不匹配。

表 1-4-12　　　　　　区政府与镇政府的财权关系理顺程度

	评价标准	频数	百分比(%)	有效百分比(%)	累计百分比(%)
选项	很好	104	10.7	11.1	11.1
	较好	324	33.3	34.7	45.8
	一般	425	43.7	45.5	91.2
	不太好	65	6.7	7.0	98.2
	不好	17	1.7	1.8	100.0
	总计	935	96.1	100.0	
	未回答	38	3.9		
总计		973	100.0		

(二) 区政府职能部门之间的权责关系优化

1. 政府部门之间存在相互推诿、职责交叉重叠问题。

问卷调查结果显示,有34.6%的受访公务员认为职能部门之间互相推诿现象比较严重,这个比例远远大于应答者认为职能部门之间互相推诿现象不严重和不太严重的比例(见表1-4-13)。有31.2%的受访公务员认为部门之间职责交叉重叠比较严重,这个比例远远大于认为部门之间职责交叉重叠现象不严重和不太严重的比例(见表1-4-14)。

在访谈中,有受访者举出部门推诿的例子,比如小区私占绿地,园林、城管等都有很多理由不管,最终只能让属地管理。科技管理部门积极努力解决科技企业在引进人才、户口、子女教育、卫生交通、企业和办公的"最后一公里"等实际问题，但由于职能所限，不能很好地彻底帮助解决这些问题，尽管科技管理部门曾经尝试和职能部门沟通协调，但效果甚微。有些职能部门对属地管理支撑不够，压力推挤在街道和小区。政府部门相互推诿、部门之间职责交叉重叠问题产生的根本原因是：部门之间职责界定不清，跨部门公共事务管理责任没有理顺。

表1-4-13　　　　　　　　职能部门之间互相推诿严重程度

评价标准		频数	百分比（%）	有效百分比（%）	累计百分比（%）
选项	很严重	119	12.2	12.4	12.4
	比较严重	333	34.2	34.6	46.9
	一般	350	36.0	36.3	83.3
	不太严重	115	11.8	11.9	95.2
	不严重	46	4.7	4.8	100.0
	总计	963	99.0	100.0	

表1-4-14　　　　　　　　部门之间职责交叉重叠严重程度

评价标准		频数	百分比（%）	有效百分比（%）	累计百分比（%）
选项	很严重	75	7.7	7.8	7.8
	比较严重	301	30.9	31.2	39.0
	一般	403	41.4	41.8	80.8
	不太严重	136	14.0	14.1	94.9
	不严重	49	5.0	5.1	100.0
	总计	964	99.1	100.0	

（三）区政府职能部门之间的协同优化

1. 政府部门间的协同性较差

在政府治理过程中，政府存在一些内部协调问题，导致部门之间的协同能力较差。总体上看，顺义区政府部门间相互协调配合程度呈现中等和一般状态。问卷调查结果显示，有32.3%和33.9%的受访公务员对政府各部门之间相互协调程度的总体评价是一般、中等（见表1-4-15）。区政府部门间相互协调配合存在问题的原因是：政府部门之间没有经常性开展跨部门协调合作活动44.7%受访公务员认为政府部门有时开展跨部门协调、合作，（见表1-4-16）；缺乏跨部门协同合作的体制机制等。

表1-4-15 您对顺义区政府各部门之间相互协调程度的总体评价是

评价标准		频数	百分比（%）	有效百分比（%）	累计百分比（%）
选项	非常好	33	3.4	3.4	3.4
	很好	231	23.7	23.9	27.3
	中等	328	33.7	33.9	61.2
	一般	313	32.2	32.3	93.5
	不好	63	6.5	6.5	100.0
	总计	968	99.5	100.0	

表1-4-16 您所在的政府部门开展跨部门协调、合作的情况如何？

评价标准		频数	百分比（%）	有效百分比（%）	累计百分比（%）
选项	经常开展	314	32.3	32.5	32.5
	有时开展	435	44.7	45.0	77.5
	很少开展	196	20.1	20.3	97.8
	没有开展	21	2.2	2.2	100.0
	总计	966	99.3	100.0	
	未回答	7	0.7		
总计		973	100.0		

2. 政府部门间信息共享障碍比较严重。

问卷调查结果显示，累计40.3%的受访公务员认为政府部门间信息不共享的程度是很严重、比较严重，只有21.4%的受访公务员认为政府部门间信息不共享程度不太严重、不严重（见表1-4-17）。这一问题在对顺义相关政府单位负责人的访谈中也得到多次证明，例如有受访者提出："住房建设部门在审核保障房申请人资格时，牵扯到公安局等部门，无法调取个人信息，只能通过社保、公积金来倒查收入"；"部门之间存在部门信息壁垒"；"信息共享机制不健全，包括国税、地税、工商、编办、民政等，不能协同"等。造成政府部门之间信息共享程度不高的主要原因是：保护部门既得利益；缺乏共享理念和意识等（见表1-4-18）。

政府部门信息共享机制不健全，包括国税、地税、工商、编办、民政等部门之间信息不能协同、共享。一是推行网格化管理技术时存在职能叠加现象。政法委有自己的网络，城管有自己的网络，视频、摄像头各是各的，高层的职能部门之间并没有共享基础设施和数据的共识，但是到基层（即街道、社区），都是同一个人或同一拨人负责接手上级下达的信息收集、数据传递等具体工作，这就会造成"叠加"的情形：一方面，信息源可能相同，最终汇集而成的数据库可能也是相同的，但最终要归到不同的"终端"，而这些终端之间并不共享各自的数据库，因此，"数据库"之间存在叠加；另一方面，各自搭建收集信息的硬件基础、信息平台，也未必没有投资方面公共投入的叠加。此外，对于基层负责对接这项工作的实际工作人员而言，他们要对不同的职能部门重复相同的工作内容，也是一种叠加。二是住房建设部门在审核保障房申请人资格时，牵扯到公安局等部门，无法调取个人信息，只能通过社保、公积金来倒查收入。三是部门之间存在部门信息壁垒，很多事情往往停留在主管部门的沟通上，而没有落实到具体的人身上。

表 1-4-17　　　　　　　政府部门间信息不共享的严重程度

评价标准		频数	百分比（%）	有效百分比（%）	累计百分比（%）
选项	很严重	99	10.2	10.3	10.3
	比较严重	293	30.1	30.5	40.8
	一般	363	37.3	37.8	78.6
	不太严重	125	12.8	13.0	91.6
	不严重	81	8.3	8.4	100.0
	总计	961	98.7	100.0	

表 1-4-18　　　目前政府部门之间不能实现信息共享的最根本原因是

原因		频数	百分比（%）	有效百分比%	累计百分比（%）
选项	保护部门既得利益	384	39.5	39.8	39.8
	技术方面存在问题	133	13.7	13.8	53.6
	缺乏共享理念和意识	296	30.4	30.7	84.3
	宏观管理体制的制约	81	8.3	8.4	92.7
	会出现管理风险	62	6.4	6.4	99.2
	其他	8	0.8	0.8	100.0
	总计	964	99.1	100.0	

三 政府治理方式亟待转变

十八届四中全会通过的《决定》明确要求,推进依法行政、加快建设法治政府,要建立职能科学、权责法定、执法严明、公开公正、廉洁高效、守法诚信的法治政府。政府治理的法治化是建设有限政府的首要内容,政府职权法定(法定职责必须为、法无授权不可为)是限制政府权力、建设有限政府的题中之义。

(一) 政府治理法治化程度不够高

第一,法律执行缺乏严肃性和监督保障。法律和政策的执行松一阵、紧一阵,弱化了其严肃性。同时,法律监督乏力。以人民代表大会为例,人大是监督机构,但是从中央到地方,一级比一级软,刚性逐级衰减,以致最该发挥监督效力的机构,实际上监督无力。比如,在土地使用方面,如果有人情介入,看似没有违法,但是可能有失偏颇。此外,在大秩序和大环境影响下,整体缺乏对法律的尊重。

政府效能和依法行政之间实际上也存在矛盾。如上级政府下达的政治工程、民生工程的任务,往往限期完成,这就导致地方政府违法开工、强制拆迁,程序性、合法性和透明性差,进而引发群众不满,同时给地方基层政府带来很大资金压力。比如,保障房大面积建设,地方政府要达成任务,不可能按法律程序去走。一旦违法开工,又会造成很多后续问题。

第二,政府的执法能力和执法水平较低,尤其是在针对个人的执法方面。以建设管理部门为例,建委主要行使建筑领域的执法权,包括违章建筑、违法施工等。"罚企业好罚,因为建委有资质审批权,但是对个人的行政执法就很困难。"像小广告问题,这么多年就解决不了,原因如下。第一,各部门之间各自为政,缺乏整体性,而且执法权过度分散。一个小事项有好几个部门牵扯,主管领导还都不同,做不起来,一直没有办法管。比如,小饭桌,牵涉到各种部门,但实际上各部门都不管。第二,职能部门执法强制力跟不上。比如城管执法,对于门前三包等管理、罚款要通过法院等。第三,在执法的舆论压力比较大的条件下,政府部门执法取证意识不强,导致执法依据不足。

第三,行政执法的强制力较弱,基层政府依法行政的能力有待加强。

问卷调查结果显示,在对顺义区行政执法进行综合评价的时候,较为突出的问题(普遍存在、偶尔存在)排名前四项是:行政执法不力,违法行为得不到及时遏止、查处(44.4%);基层执行人员素质偏低,执法能力较弱(38.2%);执法行为缺乏有效监督(37.4%);行政执行经费难以得到有效保障(35.5%)。在针对顺义区部分单位的访谈中,有干部表示,"过去十年,过于强调服务,政府的管制力相应地变得软弱。基层很多问题都是立法和执法不到位造成的,基层司法的强制力不够"。基层政府在处理千头万绪的时候需要随时揣摩上级的心意,改变对具体规则的执行。老百姓信访不信法,有法不依,执法不力。

问题	普遍存在	偶尔存在
行政执行不文明、存在简单粗暴的执法行为	3.909%	20.70%
行政执行经费难以得到有效保障	11.30%	24.20%
行政执行不公平、存在私下执法的现象	4.90%	19.90%
执法行为缺乏有效监督	8.60%	28.80%
基层执行人员素质偏低,执法能力较弱	8.10%	30.10%
执法程序不透明、不公开	5.30%	20.90%
执法行为不够规范,未按法定步骤和程序作出行政行为	5.60%	25.40%
行政执法不力,违法行为得不到及时遏制、查处	11%	33.40%

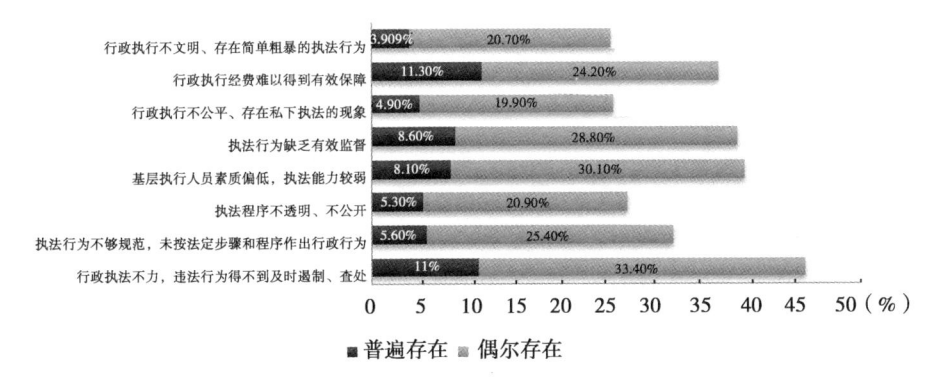

图 1-4-1　在您所在部门的工作中,行政执法方面是否存在如下问题?

第四,行政执法体制有待理顺,基层综合执法权改革亟待推进。根据访谈记录,目前顺义区有执法权的职能部门存在多头管理和执法体制不畅的问题。行政执法体制存在的问题主要体现在两个方面。一是执法权限配置不合理,行政执法权过度分散。顺义区共有 37 个行政执法部门,行政执法案件每年超过 10 起的,也就只有 4 家。各部门之间各自为政,缺乏整体性,执法权过度分散。二是基层政府缺乏执法权,责权不对等。在一线服务群众,直接和老百姓打交道的基层政府没有执法权,导致直接发现问题不能依法及时制止,往往会限制日常工作的开展。之所以存在这样的问题,主要原因在于行政执法权的直接实施者与基层社会、管理主体还存在一定的距离,因此难以及时发现违法行为,存在被动等待的状况。执法机构不能下沉的状况不能仅仅依靠观念教育来加以解决。

第五,行政权力监督实效不佳,制约权力运作机制不健全。根据问卷调查结果，顺义区政府依法行政的主要障碍包括：权力制约和监督机制滞后，导致某些权力滥用（20.8%）；政府权力运行的公开度和透明度不高（18.1%），领导干部以权压法，以言代法（12.6%）。在访谈中，调研组也发现，不少干部认为，行政执法之所以落不到实处，行政监督不到位是经常被提到的原因。由于缺乏外在的压力和监督，政府行为往往呈现对上级负责的倾向。一些干部认为，"许多部门的行政审批权都是隐形的，有很多遮掩的手段。比如下放到事业单位或者中介机构，所以很难摸清权力底数，也难以改革"。"牵扯的部门和层次太多，权力盘根错节，导致推动难度很大。"这些现象都表现出法治政府建设中的难点，即监督机制和政府公开机制的不健全。

在对行政权力的监督渠道方面，受访者认为作用较差的前三项是：行政机关的自身监督（21.3%）；人大代表或政协委员的监督（18.4%）、群众信访、举报（12.6%）。一些干部表示，"人大是监督机构，但是从中央到地方，一级比一级软，刚性逐级衰减，导致最后发挥监督效力的机构实际的监督力很弱"。"区县人大只是依法监督，工作起来没有资源，也没有权威。""政府的依法行政还有很大的空间，人大只是每年做一次执法检查的报告，实际上权大还是法大、人治还是法治的问题还没有得到根本解决。"由此可见，保证法律的实施并非行政部门自己的事情，必须建立起完善的监督制约机制。应该说，这些监督渠道之所以不畅，很多涉及我国政府管理中的一系列痼疾，并非顺义区独自可以解决的。

表 1-4-19　　　　　　　顺义区政府依法行政的主要障碍是？

	障碍	回答 频数	比例（%）	占案例的比例（多选）（%）
选项	民众法治观念淡薄，执法难度大	351	16.8	37.0
	相关法律规范不合理	252	12.1	26.6
	权力制约和监督机制滞后，导致权力滥用	434	20.8	45.8
	领导干部以权压法、以言代法	263	12.6	27.7
	政府权力运行的公开度和透明度不高	378	18.1	39.9
	基层执法力量资源保障不足，难以保障有效执行	390	18.7	41.1
	其他	16	0.8	1.7
	总计	2084	100.0	219.8

表 1-4-20　　　　在顺义区行政权力运行的监督过程中，
您认为哪些渠道效果较差？

	渠道	回答 数量	比例（%）	全案例的比例（多选）（%）
选项	人民法院等司法机构的监督	231	12.4	24.9
	人大代表或政协委员的监督	341	18.4	36.7
	群众信访、举报	233	12.6	25.1
	广播、电视台的监督	165	8.9	17.8
	网络曝光、新媒体	232	12.5	25.0
	行政机关的自身监督	395	21.3	42.5
	党的纪检监察机关的监督	230	12.4	24.8
	其他	29	1.6	3.1
	总计	1856	100.0	199.9

第六，政府治理相关立法和政策制定的科学性有待提高。一些基层治理领域的法律、法规陈旧，不能适应变化的现实。比如，集体资产的处置中，集体土地收益能否分配问题，如果按照现行的法律和政策，不仅不能分配，还要保留集体经济制度，保留集体资产。对于拆迁补偿，补偿款放在村委会。按照既有法律，不允许把补偿款分到村民。但是，实际上，不分钱反倒引发社会矛盾。法律与现实的不对接。一些基层乡镇部门也认为政府治理遇到法律问题：一个是无法可依；一个是强制力不够。基层很多问题是由于立法和执法不到位造成的。"让住豪宅的人给住不上房的人制定政策。"城市管理部门工作的最大难点问题，应该说是法规与实际情况脱节。同时，缺乏完善的法律系统，有些法律操作性较差，有些事情立法滞后、无法可依。

政府法规政策制定的科学化水平有待提高。问卷调查结果显示，顺义区公务员认为本部门制定的规范性文件主要存在的问题包括：第一，未能及时修改和更新，不能适应社会经济发展需要（占总样本的 20.5%）；第二，未公开征求管理对象的意见（占总样本的 15%）；第三，具体规定不合理、不规范、不完整（占总样本的 10.8%），另外，还存在部门利益主导法规制定过程，不同部门之间、上下级文件相抵触的情况。在针对公务员的访谈中，不少干部表示，"有些领域无法可依，法规陈旧，管理手段落后，不能适应变化的现实"。"具体文件执行起来比较难，北京市部分委办局的文件规定存在差别，不同部门之间存在冲突。"部门文件不规范是由多种原因造成的，最主要在于政府决策的专业化程度较弱，没有把管理对象的意见充分纳入决策过程。

表1-4-21　　　所在部门制定的规范性文件是否存在以下问题？

	问题	回答 频数	百分比（%）	多选百分比（%）
选项	在内容上与同级其他部门的文件规定相抵触	67	5.4	7.3
	上下级之间的文件规定相抵触	60	4.8	6.5
	具体规定不合理、不规范、不完整	134	10.8	14.5
	未能及时修改和更新，不能适应社会经济发展需要	255	20.5	27.7
	未公开征求管理对象的意见	186	15.0	20.2
	部门利益主导法规制定过程，部门利益法制化现象严重	66	5.3	7.2
	不存在以上问题	452	36.4	49.0
	其他	21	1.7	2.3
总数		1241	100.0	134.7

（二）政府社会治理方式亟待改进

第一，社会治理中缺乏有序有效的公民参与渠道，公共政策的决策过程缺乏有效接纳和整合民意的机制。

首先，在当前的政策制定机制中，民众意见尚缺乏常规、有效且有序的整合渠道，群众路线落实不足。在问卷中关于"您认为顺义区政府在改革中迫切需要解决的主要问题有哪些？"的选择项下，有高达41.9%的被访者选择了"公民参与公共事务管理程度较低"。在"您所在单位在做出涉及公众相关的重大决策时，最主要采用下列哪种方法？"的选择项下，高达84.3%被访者选择了"领导集体讨论决定"，相形之下，仅有37.3%的被访者选择"召开听证会或座谈会"，17.7%的被访者选择"通过网络等征询意见"。

其次，公众参与不足也体现在当前干部考核体系中，民众满意度所占分量不足。在访谈中，某乡镇书记认为当前的考核体系偏重GDP发展，不符合本镇以生态涵养为主的实际，也缺乏对基层民众满意度的考核，特别是医疗、环境等公共服务满意度方面的比重。而在问卷"您认为顺义区政府最需要加强投入的领域是什么"的选择项中，医疗、教育、环境、公共交通、公共安全排名前五，远高于"经济发展支出"。这显示出民生是公众对于当前顺义区政府职能结构的最大偏好，特别是医疗服务一直是顺义地区公共服务的短板，民众对医疗服务的需求最为强烈。

第二，政府管理与社区自治良好互动、协同治理的局面还没有形成。随着计划经济下单位制的瓦解和城镇化的加快，社区成为城市管理的基本单位。一方面是政府职能转型尚未完成；另一方面是基层自治的能力和机制尚未完善，当前社区治理呈现青黄不接的复杂局面，具有明显过渡特征。"您认为顺义区政府的作用应当如何调整？"的选择项下，高达41.8%和39.1%的被访者选择"适当增加"政府对社会组织和公民个人事务的管理。"您认为在社区治理和建设中，政府与社区的关系应该如何？"的选择项下，48.4%的被访人选择"政府主导，居民和社会组织适当参与"，而44.1%的被访人选择"以社区自治为主，政府适当引导"。

第三，基层社会治理效果过于理想化，监管成本过高，难以评估效果。顺义区自2010年开始学习北京市大兴区开展了村庄社区化的管理，最初设想都很理想，旨在整合治安巡逻、法律宣教、违章建筑、流动人口登记管理等职能，推进多层次、多领域的依法治理。但是，在实际工作中，这项工作更多强调了地方治安的内容，牵头单位都是公安局、司法局，联合行动难以落实，统筹各部门的能力有所欠缺，真正有效解决问题还是比较难。

在与顺义区部分单位公务人员的访谈中，也有干部表示，一些村庄的资金使用监管难度较大，各个口报上来的基层巡防队员的数量有重复，存在"变相领工资"的现象。上级政府的监管难度比较大，登记不登记，巡逻不巡逻实际上很难考核。上级政府部门打捆发钱，除了扣钱，很难制约基层。顺义区每年在村庄社区化投入4600多万元，区财政每年给基层专项经费640万元，主要通过以奖代补方式保证资金使用效率。综治督导的结果和村庄社区化资金挂钩，分阶段进行考核，缺乏多元化的监管手段，监督成本较大，综治维稳的资金使用效率无法进行准确评估。课题组认为，执行效果之所以较差，根本上是由于政府"自上而下"、部门化地推进政策，乡镇作为基层社会治理的具体执行者，将"村庄社区化管理"

当成一项阶段性、单一化的任务，并没有形成一套常规化的"日常工作"。硬件设施建设完成后，基层社会治理的结构并没有发生根本性的改变，这就严重制约了社会治理的效果。

（三）治理方式科学化机制未有效发挥

从我们的问卷调查中，发现大多数部门都存在相应的制度和机制来推动政策执行。根据问卷调查，设立了部门绩效考核机制的占48.2%，设立了岗位目标责任制的占23.6%，设立了奖励机制的占5.2%，设立了监督与惩罚机制的占5.0%，没有相关制度和措施的占14.3%。另外，问卷调查结果显示，公务员认为影响政府执行力的最重要因素是：监督机制不健全（22.4%）、执法人员素质低（16.6%）、法律不配套（16.2%）和激励机制不足（12.8%）。公务员认为影响执行因素的最主要因素是制度因素，这些制度因素包括监督机制、法律制度和机制制度等。一方面，公务员普遍认为需要各种制度和机制来保障政策执行；另一方面，公务员又普遍认为，影响政策执行力的关键因素还是制度和机制。

这说明，尽管存在各种制度和机制来推动政策执行，但是这些制度和政策发挥的作用并不十分理想。尽管各个部门都存在绩效考核制度和机制来推动政策执行，但是这种绩效考核制度和机制发挥作用的绩效欠佳，对官员的考核基本上也只是走形式，考核完之后，考核结果也不影响官员的晋升和提拔，所以，官员对绩效考核制度和机制并不十分重视。由于欠缺科学有效的治理机制，街道和社区政策执行能力偏弱。根据问卷调查结果，公务员对自己所在的部门的政策执行程度评级较高，而对自己所居住的街道和社区的政策执行力的评价相对一般。

表1-4-22 公务员对自己所在部门、所居住的街道和社区政策执行力的评价比较

	很好	比较好	一般	不太好
您认为，您所在的部门的政策执行力的总体评价？	26.1	51.2	19.5	1.7
您对您所居住地的街道办事处的执行力的总体评价	8.7	32.2	42.2	7.1
您对您所居住地的社区居（村）委会执行力的总体评价是	8.4	28.6	40.3	9.6

图 1-4-2

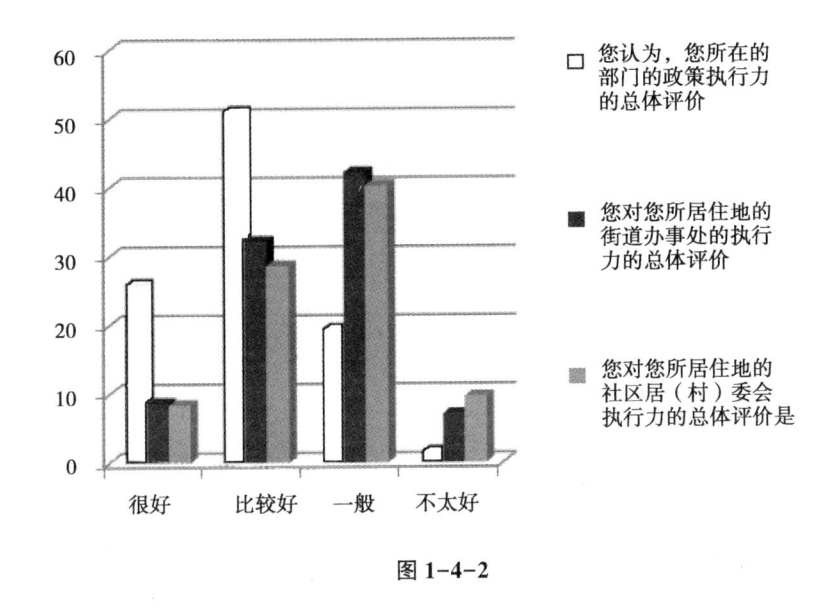

第一，街道和社区直接面对居民，街区的管理和服务，是居民能够直观感受到的服务。每个人都生活在具体的街道和社区，街区的环境、卫生、治安和道路交通直接与每个人的生活息息相关，所以，即使被调查者是公务员，在这里，他们也是服务的对象。涉及自己的部门，他们则是管理者和服务的提供者。街道和社区主要还是提供服务，大家普遍感觉政策执行一般，说明下一步政府的服务职能要进一步加强。

第二，在对顺义街道办事处负责人的访谈中，一些负责人指出街道办事处工作面临的困难："一是条块分割。利益部门不放手（主要是指条），但是各种事务又是属地管理，街道办事处工作很困难。二是资金困难。在顺义，街道办事处属地的税收不按比例返还给街道办事处，导致街道办事处用一分钱也要向区财政局打报告。好些事干不了，比如某一个楼栋着火焚烧了，没有人管，最后找到街道，但是街道也没有资金处理，长期得不到处理，影响政府形象。概括起来就是责权利不对等，有这个责任，没有这个权利，好处上边拿走了，难办的事都留给了街道。主要就是利益部门（主要是指条）不放手。"

四 政府队伍建设有待强化

(一) 公务员队伍积极性较低

公务员开展工作的积极性不高。目前,公务员的激励机制较弱,尤其是顺义区公务员工资较其他城区低很多。问题突出的是副处级干部,几乎没有晋升的空间。本区县公务员的整体素质比较低,尤其是改革前进入体制的大量低学历人员。镇级政府机构的工作人员积极性不高,更多是一种日常工作惯性。此外,一些部门人力不足,一个执法平台上至少需要2个人以上,但是,实际上人力严重不足。相形之下,本区亟须高端人才的引进工作进展相对缓慢,比如医疗人才的引进相当缓慢。

在访谈和问卷调研中,公务员积极性不高、激励机制不足是普遍反映的问题。尤其是基层公务员,往往一人身兼多职,承担几乎"无限责任",薪酬待遇却较同等条件区县偏低。在回答"您认为顺义区政府改革中迫切需要解决的问题是什么"时,高达42.6%的人选择公务员积极性不足。目前区政府为公务员队伍提供的培训和进修机会较少,不能满足较多公务员的要求。在这方面,调查数据显示,约34.2%的受访者认为区政府提供的培训和进修机会一般,约35.6%的受访者认为培训和进修机会比较少(见表1-4-23)。在对区党政干部的访谈中,一些受访者也反映,区县公务员的整体素质比较低。

表1-4-23　　　　　　　受访公务员培训及进修机会

评价标准		频数	百分比(%)	有效百分比(%)	累计百分比(%)
选项	非常多	22	2.3	2.3	2.3
	比较多	125	12.8	13.0	15.2
	一般	333	34.2	34.5	49.7
	比较少	346	35.6	35.9	85.6
	没有	139	14.3	14.4	100.0
	总计	965	99.2	100.0	

(二) 公务员晋升渠道不够通畅

目前，区政府公务员缺乏晋升机会，这一定程度上反映了区党政干部人事制度还有待完善。问卷调查结果显示，在受访公务员面临的各项压力中，职务晋升、日常工作量、所承担责任及家庭负担最主要的四项压力来源，分别占到19%、17.5%、17.5%、14%。（见图1-4-3）

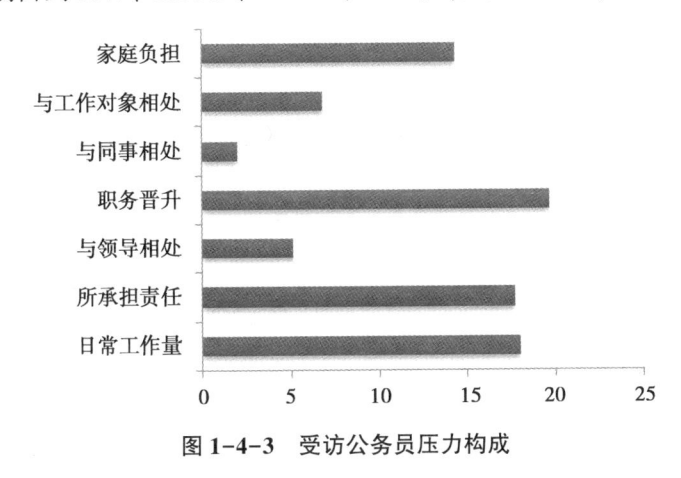

图1-4-3 受访公务员压力构成

以"压力很大"一项为例，职务晋升压力居于压力排行榜首位（见图1-4-4），一定程度上反映了干部人事制度中存在着缺乏晋升机会的问题。

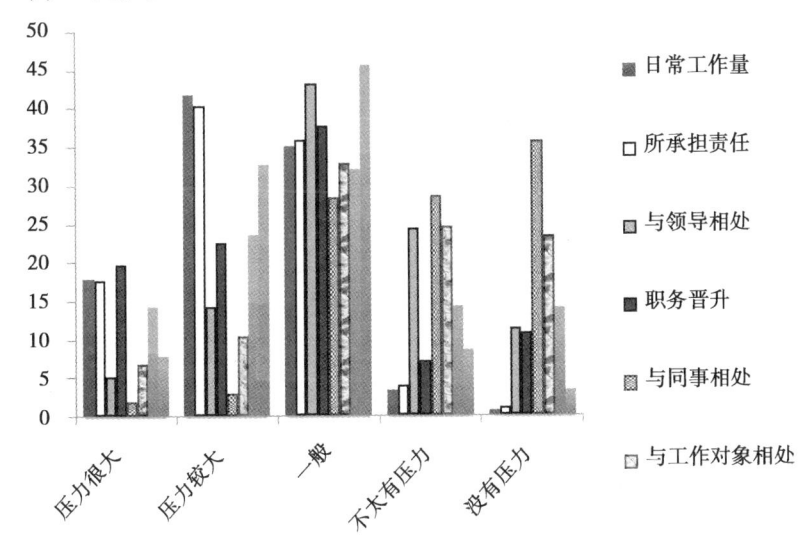

图1-4-4 受访公务员压力来源结构

同时，对公务员工作满意度的调查也显示，职位晋升困难（44.1%）仅次于收入过低（65.9%），在公务员对当前工作不满意的原因中位居第二（见图1-4-5）。

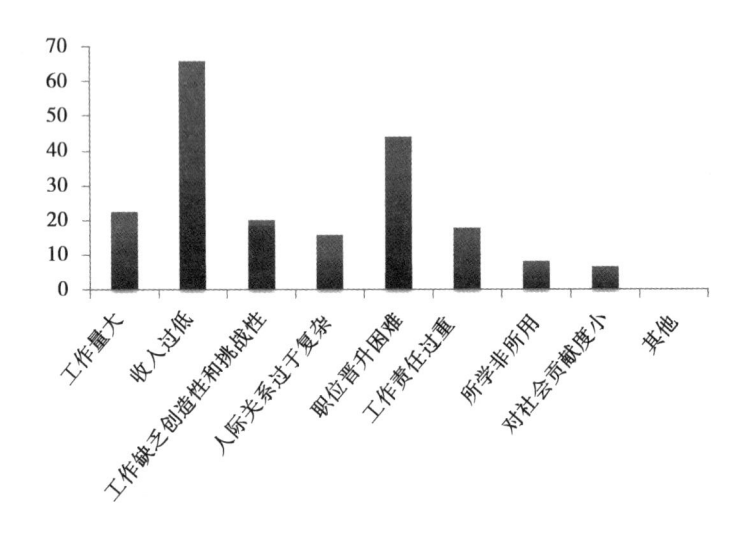

图1-4-5　公务员对目前工作不满意的主要原因

在访谈中，公务员工作积极性不高也是受访者经常提及的一个问题。部分受访者认为，在顺义区目前的公务员队伍建设方面，激励机制太弱。现有机制对人的考核和评价并不很科学，缺乏很好的体制机制以激发个人的积极性。对于很多公务员而言，缺乏晋升的空间，受访者提到，"对这一点最在意的是副处级干部"。因此，如何改革和完善现有区党政干部人事制度，使得党政干部"能干好、能上升、能流动"，是一个亟待解决的问题。

此外，基层政府领导政绩考核问题也是政府治理面临的重要问题。政府治理要求群众路线，但实际上，政府考核实施的其实不是群众路线，而是上层路线。例如，培训服务的考核，经济发展指标的确立，在实际运行中，都是按照上级意志形成的。上级指标一级压一级，经常产生弄虚作假和指标泡沫。如何形成以社会需求为导向而不是以政府决策者的主观设想为导向的政策动议模式？这是中国政府治理的一个问题。此外，基层领导的任期需要稳定一些，比如乡镇领导，时间太短不能深入了解和开展工作。

第五章　地方政府治理现代化的可借鉴经验

近年来，顺义区在解放思想、创新实践，全面推动政府职能转变、创新治理方式、优化政府组织结构，积极探索构建符合顺义地方特色的现代化政府治理体系方面做出了卓有成效的探索和实践。本部分选取与顺义区地方政府治理密切相关的两个方面，即政府职能转变和治理方式创新，分别就加强推进行政审批改革、加强政府宏观调控、创新社会治理职能、政府购买公共服务、推进基层自治这几个主要方面简述其他地方政府的典型做法，总结成功经验，以期在比较的基础上对顺义区未来治理改革提供一定启示。

一　推进行政审批制度改革，实现政府简政放权

新时代以来，顺义区在改革行政审批制度，促进政府职能转变方面取得了较大进步，建立了多部门共同参与的行政审批改革工作部门联席会议制度，合力推进全区行政审批制度改革工作。同时，顺义区研究制定以行政审批事项清单、固定资产投资项目审批事项清单、行政处罚项目清单为主的权力清单，全面厘清了政府审批权项。虽然成效显著，但是顺义行政审批制度改革仍然需要进一步巩固和深化，为此，本报告简要介绍广东顺德和天津滨海新区的行政审批改革经验，希望对顺义有所借鉴意义。

1. 广东顺德政府行政审批制度改革创新实践经验

顺德是我国行政审批制度改革的排头兵。顺德的行政审批制度改革是以其大部制的"硬件改革"为基础的。但是，顺德没有停在"硬件改革"上，而是迅速配套推进审批制度"软件改革"，从而把政府部门从重审批、轻服务的工作定式中解脱出来，回归核心职能，使大部制改革从"物理反应"向"化学反应"升华。顺德的改革事实上分三步走：一是从

深层次反省剖析哪些事项是有价值的，哪些事项是没价值的；二是取消没有价值的审批事项，可以交给社会组织的交给社会组织；三是重构监管体系，将重心放到后期监管上。

一是建立"权力清单"。顺德整理发布企业经营审批事项目录汇编，梳理出18大行业共计221个审批事项。对于有志于创业的市民或投资者来说，有了这份"权力清单"，就不会再被特定政府部门"牵着鼻子走"，就可以清楚地知道自己涉足的行业需要办理哪些许可，会受到哪些监管。通过这份目录，投资人可对投资项目进行事前评估，避免盲目投资，对投资后将接收到的监管也会有预期，从而更加科学、合理地做出投资决策。同时，职能部门的权力边界和监管职责也更加公开明晰。

二是简政放权。在权力清单的基础上，顺德将区属16个机构中有审批权的13个机构实行审、管分离，集中设立审批服务科，集中进驻区行政服务中心，集中压减和行使审批权，念好"减""放""转"的"三字经"。一是"减"。压缩和减少审批事项。先后"砍掉"254项各类审批权。二是"放"。向镇街下放了包括400项行政许可职能在内的3197项管理事项，使镇、街在产业发展、城市建设、社会管理、市场监管和公共服务等方面享有更大权限，强化基层的微观管理和服务能力。三是"转"。主动向市场和社会转移职能事项，促进政府职能不断"瘦身"。区各部门在陆续向行业协会、商会等社会组织转移政府职能事项31项的基础上，向社会转移90项专业性较强、与企业和群众密切相关的职能转移事项。

三是构建服务型政府。顺德积极促进公共治理主体向多元转变，培育大量优质社会组织，参与社会管理服务。顺德区机动车维修行业协会仅有6名专职工作人员，共承接顺德区环境运输和城市管理局的3项政府转移职能，有效管理全区1000多家三级以上汽修厂、每年10万台次的营运车辆维护任务，不仅减轻了政府监管压力，而且取得了很好的监管效果。目前，顺德社会组织已达1000多家，并承接了120多项政府职能，多元的公共治理主体格局初步形成。

四是发挥"乘数"效益，改革催生"好市场"。2015年李克强在政府工作报告中指出，要"用政府权力的'减法'，换取市场活力的'乘法'"。顺德"审改"即是从"减法"入手，以"乘数"显效。"乘数"效应之一，市场活力充分迸发。顺德以商事登记制度改革和投资领域改革为突破口，实现商事主体资格与经营资格相对分离，促使部门从"以审代管"向"依法规管"转变；放宽注册资本、经营场地和经营范围的限制，极大激发了社会投资创业潜能。"乘数"效应之二，本土企业归属感不断增强。本土企业普遍看好顺德的未来潜力，扎根顺德的信心不断增强，企业以顺德作为总部基地和上市公司注册地，吸纳全球资本和资源跨越发展的氛围日益浓厚。"乘数"效应之三，激发了基层的活力和服务能力。顺德是一个组团结构的城市，以镇域经济为主，10个镇街形成"一镇一品"的专业镇格局。镇街既是顺德经济发展的主战场，也是社会建设的主阵地。顺德"简政强镇"事权改革，向镇街下放包括行政许可在内的3197项执行和管理类事项，使镇街在社会管理、市场监管和公共服务方面有更大的权限和自主权，激发了基层的活力和服务能力，使其从"一镇一品"的专业镇向特色产业、特色公共服务并存的魅力小城转变。放权后，各镇街突出自身优势，不仅打造出广东工业设计城、"物联天下"等一批产业服务平台，还建成一批社会综合服务体，满足了不同群体的服务需求。

顺德行政体制的内在逻辑非常清晰：通过持续不断的自我否定和自我变革，逐步理顺政府与市场、政府与社会的关系。从其具体过程来看，顺德的行政审批制度改革着重于高效化、标准化、集中化、社会化和信息化，主要有三大亮点。

亮点一：审管分离建行政审批首席代表制。将原有各部门的行政服务窗口进行大调整，一个大部门原则上只设一个办事窗口，改变了过去市民需要跑多个部门窗口办事的模式。进而改革提出了"审管分离"的做法，将通过"三集中三到位"，形成"决策权、执行权、监督权既相互制约又相互协调"的格局。即"将部门内原来分散在各个科室的行政审批权向一个科室集中，将已经集中的行政审批权向首席代表集中，将首席代表向该区行政服务中心集中"，原则上要求行政审批职能100%向一个科室集中到位、行政审批权100%向首席代表授权到位，行政审批事项进驻中心100%到位。

亮点二：转移审批服务转给社会组织。顺德率先提出向社会放权和转移部分职能，将公民、法人和其他组织能够自主解决、市场机制能够自行调节、社会组织通过自律能够解决的事项转移出去。为此，顺德将制定向社会转移服务与管理事项目录，创造条件依法将行业管理与协调、社会微观事务服务与管理、技术与市场服务等功能转移给具有资质条件的社会组织。政府部门在其职权职责范围内，在一定期限内，通过购买服务等方式将有关可由社会组织承担的行政审批及其他行政管理事项移交社会组织履行职责。

亮点三：评价体系引入公众评估审改成效。顺德区吸收香港咨询机构相关经验，将其引入决策咨询机构，让社会各界人士在政府决策之前充分参与表达各自利益诉求。顺德提出"以公众为中心"，建立高效、透明、低成本行政审批流程，同时引入公众评价机制来评判行政审批。此外，顺德还计划建立"区行政审批制度改革咨询和评审委员会"，负责对各单位审改工作方案及推进情况进行咨询和评估。

2. 天津滨海新区行政审批制度改革创新实践经验

与顺德行政审批改革相比，天津也有其不同的实验和创新。除了简政放权之外，天津的改革更多地突出体制机制的创新，由此为其他地区改革审批制度提供了可借鉴的经验。

天津的经验集中体现在以下几个方面。

一是体制创新，一枚印章审批。滨海新区作为国家综合配套改革试验区，全面推动审批与监管分离，将滨海新区发展改革委员会、经济信息委员会、建设交通局、环保市容局等18个部门的216项审批职责连同部分审批工作人员划转行政审批局，实现一部门一站式审批，启用统一的审批局行政审批专用章，实现一枚印章管审批，将行政审批局划入新区政府序列，定编138人，内设十个处室和汉沽、大港两个分中心，对开发区、保税区、高新区、中新生态城、东疆保税港区五个功能区，实行业务指导，形成"1+2+5"的滨海新区审批服务架构。天津市垂管和市区双管九个部门审批处，及消防、海洋、渔政三个延伸窗口整体进驻，最大化为新区企业群众提供便利。

二是机制创新，一个窗口流转。滨海新区行政审批局面对投资和服务贸易便利化改革，积极实行行政审批流程再造，打破按部门设置审批窗口的固定方式，按照企业办事事项和一个窗口流转的改革理念，建立车间式流水线审批管理方式，现场审批率达到100%。对审批工作人员，采取车间式管理模式，实行定岗、定员、定责、定制和绩效考核，每个审批窗口和后台均安装了视频、音频监控设备，实现全程监察，有效保证服务质量。同时，对简单事项实行立等审批，对联办事项实行一个窗口办理，对关联审批实行一章多效,对网上审批实行一次领证,对踏勘验收实行统一勘验,通过一个窗口流转闭环式审批服务模式,实行让数据和信息多跑路,企业和群众少跑腿。

三是企业设立一天办结"四证一章"。滨海新区行政审批局一口式服务平台整合工商、质检、税务等部门之间的信息,用一套系统办理四个部门的审批,滨海新区行政审批局企业设立的第一单,从递交申请材料到拿到工商营业执照等四证一章用时不到一天。

四是投资项目大幅压缩审批时间。滨海新区行政审批局对企业投资项目、政府投资项目实行一窗统一接件,同步绩效登记,审批和自然时间双锁定,全程帮办服务的"四位一体"运行机制,强化现场和集中办理。企业投资项目从项目备案或核准取到开工证,全程办理累计自然时间由140天缩减到70天以内,核准类项目90天以内;政府投资项目从立项到取得开工许可证累计审批时间为25个工作日,累计自然时间为70天。

五是创新举措推进两个便利化。滨海新区行政审批局开通24小时便企服务热线、24小时便民服务热线、24小时网上办事大厅,成立68人的专业化帮办服务队伍,采取政府买单,无偿帮办的方式,无偿为新区企业和群众提供项目咨询、生活求助、现场打印、复印、数据信息录入等服务,为推进新区投资和服务贸易和生活服务两个便利化提供最为便捷的服务。

3. 借鉴和启示

广东顺德和天津滨海新区的行政审批改革各有特点、各有侧重,都为其他地方行政审批制度改革提供了可借鉴之处。改革的目的就是要实现政府的自我解放、自我提升,使政府部门逐步从具体事务中解脱出来,把工作重心转移到政策研究、标准制定和行业监管上来,转到构建服务型政府上来。审批事权取消、下放和转移后,要把不该管、管不好的事项还权给市场和社会,让企业和群众得实惠。而在这个过程中,政府不是"审改"的受损者,恰恰相反,实际是改革的受益者。顺德政府通过"自我解放",不仅可以"腾出"一只手来抓好监管,还可"腾出"另一只手来"升级"政府服务。

顺义区在政务中心筹备中原已对天津滨海新区有所借鉴,计划进一步整合政府各部门行政审批权限,建立专门的行政审批局,启用行政审批专用章,"一枚印章管审批",实现行政审批的专业化、规范化和集约化。

但是深化行政审批制度，未来仍然需要在加大对现有审批项目的清理力度、进一步缩小审批范围、促进政府职能转变、优化审批流程、规范审批程序，以及完善行政法制监督、实施依法监督、健全审批责任制等方面着眼和努力。对照顺义的相关情况，应该说，这也是顺义政府治理现代化需要进一步深化和完善的重点方向，也是可以进一步从体制机制上借鉴天津经验的地方。

同时，政府的权放出去或转出去，能不能实现转（放）得出、社会接得住且接得好，也关系到"审改"成败。顺义目前的行政审批改革在简政放权和政务综合体建设方面都取得了很好的成绩，但今后如何更好地发挥社会组织承接政府功能，建设行政审批的公众评价机制和加强审批监督，则可以从顺德的改革中吸取可用的经验。

二 加强和改善宏观调控，促进区域经济转型升级

顺义政府在政府宏观调控和促进区域经济转型升级方面已有较为成功的尝试，从以农业为主的远郊区县发展为以临空经济和高端制造业为支柱的工业新城，并朝着"国际航空中心核心区"迈进，创造了备受瞩目的"顺义速度"和"顺义模式"。在这个过程中，顺义区政府在推动国企改革，政企分开、股份制改造，建立现代企业制度和市场体系等方面都取得了一定的经验。

在下一步的产业深化改革和升级发展中，顺义区除了弘扬自己的经验之外，还可以进一步借鉴其他地方政府在产业升级方面的经验和做法。为此，本项研究报告特此介绍浙江省湖州市和温州市政府关于促进经济发展的做法，期望对顺义进一步做好转型升级有一定启示。

1. 湖州市政府主导经济转型升级创新实践经验

近年来，当经济转型升级、转变经济发展方式成为各地方政府的指导思想后，政府主导投资的规模和领域都发生了显著的变化。这种变化集中体现为：在投资的规模上，突出引进大项目；在投资的领域上，突出结构调整、产业升级、科技创新等衡量经济发展质的目标实现；在投资平台建设上，突出打造产业集聚新空间。浙江省湖州市就是在政府主导下实现产业调整、经济转型升级的典型例子。具体而言，在政府主导的经济转型升级上，湖州的实践创新之处体现在以下几个方面。

（1）充分发挥政策导向作用，为转型升级增强引力

一是探索分类引导机制。对重点骨干企业引导其充分发挥整合资源的能力，鼓励其整合本地资源，更要整合外地资源，为本地产业链的延伸、产业竞争力的提高做出更大的贡献；对大量中小企业通过多种形式定期培训宣传、上门指导等，让其尽早了解世界产业发展的方向、国内产业政策导向以及适合产业内升级或产业间升级的不同选择路径。

二是优化集中投向机制。坚持长时间集中精力、财力支持符合国家产业政策导向、符合主导产业培育方向的大企业、大项目。在清理原有普惠政策的基础上，建立"导向明确、受惠集中、促进转型"的政策引导机制，完善政策、金融、土地等有限资源的配置。

三是建立转型倒逼机制。对那些乐意投资民生领域、积极实行节能减排、坚持技改创新的企业，给以适当的财税优惠；而对那些"三高一低"的企业，严格征收资源环境税。建立严格的转型升级倒逼机制，引导企业从不愿转型到乐意转型。

（2）突破"四大"建设瓶颈制约，为转型升级增实力

以"四大"建设（即大平台、大项目、大企业、大产业）作为政府抓好转型升级的切入点。其中，大平台是基础，大产业是关键，大项目是抓手，大企业是主体，四者互相依靠、互为促进、缺一不可。

一是强化既定规划的贯彻执行。严格执行大平台规划中已经确定的产业发展定位、空间布局、基础设施建设以及公共服务平台建设等。各县区打破行政区划界限，将地理相邻、产业相近的乡镇工业园区进行产业布局整合，构建合理的区域产业分工体系，实行优势互补和联动发展。明确各大平台开发模式和管理体制，建立严格的项目准入制度，甚至把规划的执行纳入干部考核指标体系中进行严格考核。

二是规范重大项目引进和推进机制。统一建立并完善重大项目引进评估决策机制、项目推进服务机制、项目落地有序机制、问题项目退出机制等一系列制度。实现项目引进中科学评估、有效对接、协调服务和全面推进，杜绝高污染项目、高能耗项目的落地和问题项目的产生，使项目引进和建设逐步实现标准化、规范化和程序化，提高项目引进的针对性和有效性。

三是力推重点特色产业规模化建设。明确重点特色产业的发展方向，对重点特色产业，致力于聚集发展、高端发展，推动产业链的完善及其衍

生,加快壮大产业规模,全力争创新的竞争优势。

(3) 深化调整干部考核机制,为转型升级添动力

一是调整县区综合考核指标设置。按照"转什么,考什么"的原则,调整县区考核指标设置中"经济转型升级"这一"一级指标"的内容设置,突出教育经费占国民经济的比重、研发经费占 GDP 的比重以及土地节约、集约利用的实绩分析等质量型指标分值。二是探索设置"政绩成本"指标。考核指标中设置政绩成本,纠正某些领导干部不正确的政绩观。所谓政绩成本就是指干部为取得某项政绩所付出的代价,包括经济成本、环境成本、政治成本、机会成本等。如果一项政绩中过多地花费了大量人力、物力和财力,甚至造成环境恶化,损害社会利益,那么,考核时就要以零分甚至负分来评定。

(4) 加快完善中心城市功能,为转型升级聚合力

针对中心城市的首位度相对较低,难以集聚产业转型升级所需要的高端要素的问题,湖州市从以下方面着手。一是加快提升中心城市的经济功能。只有当推动城市成长的主导产业或主导经济部门的规模和集聚度达到一定数量级以后,它才会对城市以外地区产生辐射力和吸引力。所以在推进城市化的过程中,一定要首先重视产业的集聚发展。二是优化中心城市的制度环境。破除束缚生产力发展的体制性障碍,打破城乡分离的人为樊篱,促进农村剩余劳动力顺利转移;择时对现行生育政策等争取加大微调力度,保持劳动力增长源泉,以缓解全市人口老龄化不断加重所带来的劳动人口增长率逐年下降的态势。积极探索吸引高素质人才的社会保障体系,增强人才引进的竞争力。三是改进政府的协调和管理职能。加强各部门间政策的协调,减少职能交叉、政出多门。加强城镇体系规划和城镇规划工作,提高城市规划的前瞻性和科学性,进一步加强和巩固城市规划执行力,维护城市规划的权威性。

2. 温州市政府的"有为"与"无为"

如果说湖州的经验在于政府在产业转型中所发挥的引导性作用,那么,浙江温州市政府的经验则集中体现在政府如何在"有为"和"无为"之间进退有度,适时地明确自身定位,理顺与市场的关系,促进民营经济的发展和壮大。在"温州模式"的产生和形成阶段,政府在降低温州民营经济的经营成本方面发挥了重要的作用。随着温州民营经济的进一步发展,温州政府进一步改善民营经济发展的外部环境,努力降低企业经营成

本，保持和增进温州模式竞争力的作用日益凸显，成为我国地方政府理顺政府和市场关系，促进经济转型升级，尤其是促进民营经济发展的一个典型案例。

一是降低民营经济风险的"无为"。在温州个私经济和民营经济发展的初期，许多做法是不符合当时所谓政治经济学理论的，经常会引来"姓社姓资"的争论，从一定程度上说，温州的市场经济是在与计划经济法律制度和政策的冲突和突破中发展起来的。但是当时的温州市政府顶住了打压、打击个体私营经济的政治压力，顺应人民生活、经济发展形势需要，给予民营经济充分的发展空间。政府的"无为"，根本上适应人民群众物质需要和发展经济的需要。时任温州市市长钱兴中曾说过："在温州，凡理论与实践发生矛盾时，先服从实践。"因此，个体工商业、服务业、家庭工厂、挂户经营，买卖合同、长途运输、雇工经营、合股经营等，只要上面不管，就都让它发展。政府的"无为"为民营经济的发展提供了重要的外部环境，降低了民营经济产生和发展的风险，推动了"温州模式"的产生和发展。可以说，没有这种"无为"，就没有"温州模式"。

二是营造外部环境的"有为"。温州的民营经济是老百姓为解决吃饭问题，在一无资源、二无资金、三无技术人才这样的基础上发展起来的，因其管理成本低、专业化分工高和政府的"无为"而富有竞争性，但是民营企业发展的外部硬件环境并不怎么好。而温州政府在改善民营企业经营的外部软、硬件环境方面作了积极努力，对提高温州产品的竞争力起到了非常重要的作用。

第一，突破政策或者率先改革的"有为"。温州政府顺应经济发展的需求，先后出台了许多在全国率先改革的法规和措施，如中国首份（批）个体工商执照和首个关于私营企业的地方性法规，首家实行利率改革的信用社和首个股份合作制的城市信用社，首家股份合作制企业和首个股份合作制企业的地方性法规，等等。特别值得一提的是，当私营、个体经济尚不被国家政策认可甚至被各地歧视的时候，政府允许他们大量地"挂靠"在集体经济上；当广东等地把个人股份制企业定位于私营经济时，温州的管理部门却创造出"非驴非马"的名称——股份合作企业，并给它登记为集体经济的性质，这使得温州的民营企业提前几年获得了放手发展的环境条件。

第二,产品质量问题逼出来的"有为"。20世纪80年代末,温州产品的形象和声誉一度出现危机。为此,温州政府转入加强监管职能,严厉打击假冒伪劣,开始全面整顿,加强质量管理。与有些地方政府对当地产品的地方保护主义,阻拦外地产品进入当地市场不一样,温州政府在外出水陆交通要道设立检查站,对皮鞋、低压电器等部分产品出境实行准运证制度,严堵假冒伪劣产品流向外地。在此基础上,进而提出"质量立市"的口号,在全国率先制定"质量立市"地方性法规,引导广大民营企业树立质量意识,最后终于使温州产品的声誉得以恢复和提高。

第三,无米之炊式的"有为"。在全市的基础设施建设中,温州政府大胆改革传统的投资融资体制,运用市场机制,使社会投入成为基础设施建设资金筹措的主渠道,如让民间(受益者)出资、民间和外商共同投资等多种形式来筹措建设资金。无钱的温州政府硬是把应属行政行为的市场建设活动转变为企业行为,社会投入成了基础设施建设筹措资金的主渠道,在一定程度上改善了企业的外部环境。

3. 借鉴和启示

顺义政府在经济宏观调控和引导产业转型方面已经取得了较大的成效。在政府经济职能的履行上,顺义以调整产业结构、转变发展方式为工作主线,充分尊重和利用市场在资源配置中的决定性地位,完善市场体系,积极发挥政府宏观调控功能,提高政府监管和服务水平,在短短数年内,从以农业为主的远郊区县发展为以临空经济等高端产业为支柱的工业新城,创造了备受瞩目的"顺义速度"和"顺义模式"。

但是经济转型升级不是一朝一夕的,未来顺义仍然可以借鉴其他地区在经济转型过程中体制和机制方面的设计,使得经济转型更平稳,成效更显著。

湖州和温州的实践对于顺义的启示在于:地方政府主导经济转型的现象不可能在短时间内改变,关键是如何避免主导过程中的缺位、错位和越位,更大程度地发挥地方政府主导经济转型的积极作用,力求使政府主导经济转型的行为符合科学发展的原则、符合当地实际的原则、符合有所为有所不为的原则。

湖州的做法在明确政府在经济转型中的主导地位、正确处理政企关系,以及完善经济转型的相关配套制度和机制设计方面。其中,如何实现政府政策引导、投资集中、转型倒逼,如何建设大平台、大项目、大企业、大产业，如何把经济转型纳入领导干部考核体系，如何通过中心城市的发展拉动产业规划和转型，都对顺义区政府未来更好地发挥宏观调控功能、推动经济转型升级具有启发作用。

如果说湖州的经验在于政府在产业转型中"如何有为"，"怎样有为"，浙江温州的经验则在于政府在发展经济中应该"何时有为""何处有为"，即如何适时地明确自身定位，理顺与市场的关系。对于顺义而言，政府应该继续探索如何在经济转型中发挥良好的引导性作用，也应该在未来继续探索如何为企业创造更好的外部环境，做到该作为处作为，有所为有所不为。

三 优化城乡管理与公共服务，加强社会治理职能

顺义区政府治理的一项重要内容是统筹城业融合发展与城乡一体化，强化城市管理职能。就顺义区当前的实际情况而言，比较突出的有：为应对城镇化挑战首创的"以产引人，以业控人，以房管人"的人口调控模式；城市管理方面的"大执法、大监察"城管综合执法体制；社会救助方面的"大病救助""重症精神病人救助"最低生活保障标准城乡统筹、"民政一卡通"；教育、就业等公共服务领域的"大就业"模式、"充分就业区"；社会管理服务领域的村、社区、企业的基本"网格化管理""社会管理服务创新指标体系"；等等。但是随着社会治理任务的不断复杂化，顺义政府仍然需要探索更加优良的社会管理方式，引入更加具有信息化、网络化、协同化等色彩的管理模式，促进公众在社会管理中的参与，提高决策水平和监督力度。为此本报告介绍厦门海沧和宁波海曙两地在优化城乡管理和公共服务，加强社会治理职能方面的做法，以期对顺义有所借鉴意义。

1. 厦门海沧区推行协同参与，建立治理互动平台

海沧市是一个初步步入中等收入阶段的地区，然而基层治理的民主参与相对匮乏。基于此，海沧政府在现有的治理基础上，进一步打造互动功能的治理平台，促进社会治理方法的改进。海沧的主要做法体现在以下三个方面。

一是网格治理平台。海沧全区全面推行网格化治理，以网格小区为单位，充分发挥社区、业委会与居民间的联动作用。具体做法是，将全区划

分为3个镇（街）级网格、39个城乡社区级网格、299个城乡单元网格，把社区服务管理内容全部纳入网格。社区"两委"成员全部下沉到网格，整合原社区"六大员"为网格管理员，落实一专多能、一岗多用要求，负责网格内所有事务，同时将社区各类志愿者整合成网格助理员，每个网格配备1—2名网格管理员和若干名网格助理员。同时，海沧区正在探索依托三级网格化平台，进一步推进"三网融合"工程，将互动从服务扩展到治理，将社区选举与社区测评与居民的电脑或手机终端连接，使居民能够利用自家电脑、自己的手机参与到社区政治治理当中，实现了社区选举便捷化和社区监督就地化。

二是参事议事平台。随着经济水平和生活水平的提高，群众的政治权利意识逐渐增强，参事议事的需求增加。基于此，海沧以社区为单位，探索群众和社会组织的参事议事路径，打造有效的参与平台，将通过网格管理、信息化平台收集到的居民需求集中到海虹同心合议厅协商处理。从而搭建起社团组织和社区居民代表参与议事的平台，实行"三议三公开"机制，即居民提议、小区代表商议、议事会开会决议；决策决议公开、实施过程公开、办事结果公开。

三是外来人口综治平台。为进一步增强外来人口对厦门的归属感、认同感，海沧区积极探索"新厦门人"的综合服务机制，搭建起外来人口的综合服务平台。各个村（居）不断探索"新厦门人"服务中心，力求为外来人口提供系统性、综合性的服务。治理互动平台的建立对于推进基层民主意义重大，尤其是对于外出务工人口较多、人口流动性较大的地区影响深远。治理互动平台的建立，有利于解决"人难召、会难开"的难题，有利于在新时期下推进基层民主，更有利于提升基层的治理水平。

2. 宁波海曙区社会管理综合创新试点

海曙区社会管理综合创新试点围绕改善民生、加强服务管理、促进和谐社会、按照综合性试点、项目化管理的思路，形成了具有自身特色的社会管理体系，在社会治理方面走在全国的前列。

一是抓民生。这首先体现在推进社会矛盾预防化解方面。海曙建立县区社会矛盾联合调度中心，探索推行医患纠纷、交通事故、劳动争议以及物业纠纷等多元化调解模式，颁布实施全国首个地方性法规，畅通群众利益诉求表达和回应渠道，建立社情民意调查中心，全面实施重大事项社会稳定风险评估制度，有效预防和减少了社会矛盾纠纷。其次，海曙还致力于创新基层公共安全监管体制。建立食品药品质量追溯机制，完善食品安全风险分析机制，健全立体化社会治安防治防控体系，安装视频监控探头，金钟开展整治街容街景，整治交通秩序，改造背街小巷，通过在发展中努力追求发展质量好、民生服务好、城乡环境好、社会和谐好，以民生的和谐平安促进了社会管理的改善。

二是抓服务。一方面，着力构建公共服务平台。建立各级行政服务中心、司法行政法律服务中心、社会应急联动智慧中心、乡镇社会服务管理中心、社区公共服务中心、8718企业公共服务平台，拓展提升81890社会管理平台功能，构建政府主导、社会参与、多渠道多样化的便民公共服务平台，提供一站式、一条龙便民服务，提升了公共服务水平。另一方面，着力扩大公共服务对象。完善流动人口服务管理工作体制，出台社会保险、积分落户、义务教育等"1+20"基本公共服务政策措施，探索"新老市民共建共享融合模式"，促进了流动人口融入城镇；规划推进安置帮教场所建设，完善救助关怀等社会政策，探索社区化管理、社会化服务机制、构建集教育、管理、收治、安置、救助于一体的工作体系，帮助特殊人群顺利回归社会；成立宁波市心理咨询治疗中心，推广社区未成年心理辅导室，建立心理咨询师专职队伍，开通心理援助热线等，积极开展社会心理服务。同时，着力扩展服务领域。成立企业社会责任评估中心，制定社会责任评估地方标准，建立形成企业社会责任评价体系。建立网上发言人、网络评论员和网络志愿者三支网络管理队伍，形成集预警、研判、处置、服务四大功能于一体的网络舆情研判导控服务平台，发挥了引导网上舆论、服务百姓民生的作用。

三是抓基层。首先是创新基层社会服务管理体系。推进乡镇和城乡社区综合服务管理平台建设，建立以社区联合党组织、社区便民服务中心、协商议事组织三位一体的新型社区组织体系和运行机制，深化基层和谐促进工程，推行网络化管理、组团式服务模式，划分全市管理网络，组建各类服务团队，完善互联、互补、互动的社会管理网络，形成了"管理到户、服务到人"的工作格局。其次是推动社会力量参与社会管理。培育发展城乡基层社会组织，建立市、县两级志愿者服务指导中心，发展城管义工、平安志愿者、巾帼志愿者等各类志愿者队伍，依靠社会力量管理好、服务好所有"社会人"。再次是推进社会服务管理信息化，依托"智慧城市"建设，研发建立基层社会管理综合信息系统，并在全市、全省推广运行，开通系统账号，录入重点人员、场所、组织、出租房等各类信息，构建全面覆盖、动态跟踪、联通共享、功能齐全的智能社会管理信息平台，提升了社会管理的科学化、信息化水平。

3. 借鉴和启示

顺义在统筹城乡融合发展，创新城市管理职能方面取得了重大的成效。从以农业为主的远郊区县跨越式发展为以高端制造业和临空经济为主的现代化新城，顺义的快速发展成为新型城镇化的典型代表。顺义区城镇化的典型特点是"城业融合发展"，产业与城市统筹发展、互为推动，虽然顺义在创新城市管理体制和机制方面已经积累了很多自身经验，但是未来，进一步加强社会职能，提高社会管理水平仍然是顺义政府工作的重中之重。

在本报告所介绍的两个案例中，海沧区把握大城市社会管理特点，注重整体性规划，实行项目化管理，推进社会管理理念、制度、体制、机制方法创新，对顺义区的社会管理如何体现时代性、把握规律性、富于创造性提供了有益启示。海曙区则从抓民生、抓服务和抓基层三个方面探索更加优良的社会管理方式，引入更加具有信息化、网络化、协同化等色彩的管理模式，促进公众在社会管理中的参与，提高决策水平和监督力度。顺义区如果在已有的关于城乡管理和社会治理的成功经验基础上，融合和借鉴这些地区可用的社会治理体制和机制设计，将会更进一步提高自身社会治理的能力和水平。

四　推进政府公共服务购买，提升公共服务质量

积极培育社会组织，发挥社会自治力量，拓宽公共服务的供给渠道，是新时期社会建设的重要内容，也是转变政府治理方式的重要抓手。顺义区作为"全国社会组织建设创新示范区"候选单位之一，在对社会组织的积极培育、合作和监管中，探索出一系列创新机制，包括优化社会组织培育和专业服务环境，创新社会组织监督管理机制加强社会组织规范化建设，建设政府购买公共服务的制度机制等，本报告为此介绍深圳和上海两地政府购买公共服务的相关做法，以供顺义借鉴。

1. 深圳市政府购买社工服务的做法

深圳市是我国响应民政部号召，开始创新社会工作，采取政府购买社

会服务的地方之一,其中深圳市的社工服务购买是我国政府购买公共服务的典型成功案例。它的创新经验主要体现在以下几个方面。

一是建立政府购买的规范体系。以其他规范性文件为主、法律为辅,为了推动政府购买社工服务的开展,深圳市委、市政府出台了《关于加强社会工作人才队伍建设推进社会工作发展的意见》(简称《意见》),启动了深圳市政府向社会组织购买社工服务工作。《意见》出台后,市政府相关主管部门先后组织制定了《政府采购社工服务合同》《社工机构行为规范指引》《政府购买社工岗位需求规定》,明确了购买社工的具体操作措施。政府购买社工服务制度体系基本形成。

二是规制模式上实行民营化和市场化。深圳参与政府购买服务的社工服务机构共34家,全部是自主设立、自主管理的民间组织。政府和社工机构的关系是平等的合作关系,双方按照购买协议享有权利履行义务,政府根据购买协议实施契约化管理,社工组织根据协议提供服务,接受政府监管。为了实现公共服务的市场化,提升公共服务的质量和效能,2007年,深圳首次以市场化运作的方式购买社工服务,市民政局安排其直属的11个试点单位与3家社工机构面对面洽谈,并授权各试点单位自行选定服务机构。从2009年开始,深圳将购买社工服务纳入政府采购中心的招投标系统,完全按照市场化机制运行。

三是注重监管和评估。深圳市政府专门制定了有关政府购买社工服务的监管和评估办法。主要内容有:一是社工主管部门要求社工机构每月报送相关工作情况,以掌握机构动态;二是对机构财务状况审计,并对各机构财务报表进行比较与分析;三是对社会机构进行综合评估。评估主体包括深圳市社会工作协会、市区各级主管部门、具体使用社工服务的用人单位、香港督导、机构社工5个部分,并设立了社工机构自评的环节。评估共涉及7个方面的内容,分别是:基础设施管理、人力资源管理、业务管理(提供服务方面)、内部管理、财务管理、对外管理和服务量及服务成效。评估结果向社会公开。

四是完善配套制度,创新社会组织管理体制。为配合政府购买服务工作的实施,2008年深圳市委、市政府颁发《关于进一步发展和规范我市社会组织的意见》(简称《意见》),创新社会组织登记管理制度。《意见》规定,工商经济类、社会福利类和公益慈善类社会组织直接由登记管理机关登记,同时,对社区社会组织实行登记和备案双轨制。登记管理体制的创新,为培育和发展社会组织提供了宽松的环境。同时,《意见》降低了社会组织的登记门槛。会员由行政法规规定的 50 个以上降低到 20 个以上,注册资金由原规定不低于 3 万元降低到 1 万元,社区民办非企业单位开办资金降低到 2 万元以上。

2. 上海市政府购买公共服务的探索实践

上海市从 1988 年就开始政府购买就业岗位、购买培训成果和中介服务的实践。尤其是 20 世纪九十年代以来,政府在社会公益领域较大范围尝试推行政府购买社会组织服务,开展了内容丰富、层次多样、不同区县各有特色的政府购买公共服务实践,提供了可兹借鉴的丰富经验。上海市政府购买公共服务实践内容主要包括如下几个方面。

(1) 传统便民服务项目精致化,新型服务多样化。以静安区为例,为更好发挥民间组织的作用,静安区政府通过授权委托,把为老年人服务十助(助医、助餐、助聊、助乐、助浴、助学、助游、助急、助困、助洁)作为重点购买项目,购买社会专业组织的服务,形成点面结合、种类齐全、民有所呼、我有所应的为老服务格局。目前开设的为老服务有上门服务、套餐服务、居家养老服务等。在套餐式服务中有就餐、沐浴、扦脚、理发、洗衣等,就餐服务包括为困难老人烧午饭、流动车送菜送物。此外还有老年维权、老年教育、中老年交友沙龙、老年人保健知识讲座、老年人旅游等,形成服务系列化、配套化,做到老人大事不出门,小事有人管的服务格局。

(2) 选择性支持社会公益组织、行业协会等的成立与发展。如上海市信息委根据实际需要,为有关协会的成立提供适当的开办资金(一次性拨给 50 万元),并已形成具体制度安排使之制度化、常态化。普陀区政府在市财政局的支持下,安排专项资金用于支持协会发挥作用,如支持协会开展统计工作、建立培训平台、推进行业诚信建设、开展行业调研、支持具有行业推动性和影响力的协会出版物、开办产业论坛、推进行业自律建设以及搭建信息平台等。

(3) 政府培育、成立非营利性专业化的社会中介组织,并直接购买其服务。以浦东新区为例,政府以优质公办资源为母体,积极培育并支持成立了上海福山教育文化传播与管理咨询中心、上海东方之光学前教育咨询中心、上海冰厂田教育管理咨询中心等 7 个管理咨询类机构,接受浦东新区社会发展局(简称社发局)委托管理公办优质学校和薄弱学校。支持成立上海浦发教育评估中心等评估类教育民非机构，委托其论证东沟中学管理方案和新成立的民办幼儿园的招标投标文件等。成立浦东新区体育总会（社团法人性质），发挥行业管理作用，负责管理、指导区内各体育单项协会，组织开展有关体育协会、俱乐部的工作、活动等。

（4）支持专业社会工作的发展。2003 年底，上海市社区青少年事务办、市社区矫正办、市禁毒办分别和阳光青少年事务中心、新航社区服务总站和自强社会服务总社 3 家民间组织签订了政府服务采购合同，为社区闲散青少年、社区服刑人员和社区戒毒人员提供服务。卢湾、浦东等区成立了社会工作者协会，开展对社工的培训、资格审定、推荐上岗、后续管理等工作，为不少居民区社工站和社会输送了一批专职社工，实行专业化服务。浦东新区政府还投资兴建市民中心，由浦东新区社工协会进行运作和管理，供社会团体免费使用。

（5）委托社会力量举办、管理社会事业。从 2005 年起，浦东社发局引进民办非企业性质的上海成功教育管理与咨询中心管理新区郊区学校东沟中学；以契约方式委托新城教育事务所，按照安全、规范、质量的要求，对全区 23 所民工子女简易学校实行监管；委托上海蓝十字医院管理投资有限公司管理公办的浦南医院，在上海率先实行了委托社会专业医疗管理公司管理公立医院的模式。

（6）创新民间组织社会化管理机制。随着上海市的民间组织数量增长迅速，政府对民间组织的管理及民间组织与政府的沟通成为现实问题。对此，普陀区长寿路街道的经验是成立民间组织服务中心，而静安区的特点在于社会组织联合会关键作用的发挥。民间组织服务中心是一个扎根社区街道的基层民间社团，由街道以购买服务的方式主导成立，所有资源由政府买单，民间组织服务中心凭借政府的资源和公信力，全权负责辖区内所有民间社团的服务、协调、管理、预警等事务，对社区内的社会组织实施枢纽式管理。静安区则于 2007 年 8 月成立社会组织联合会，接受政府委托，对政府购买公共服务的项目发布、资格论证、合同管理、监督检查、经济核算等实施全程管理。

3. 借鉴和启示

比较深圳和上海两地的政府购买行为，可以看到，两地都已经初步建立起较为全面的政府购买公共服务体系，包括了行政性服务与管理类、社区服务与管理类、行政事务与管理类等比较全面的公共服务购买内容。同时，初步形成了政府购买公共服务的机制。两地政府在购买公共服务的运行机制上的共同点就是，政府动员社会力量参与甚至主持政府购买服务及其过程管理。这也是值得其他地方政府借鉴的地方。尽管深圳和上海两地在政府购买公共服务方面提供了较为可行的经验，但是两地仍然存在一些共同的问题，这也是顺义区政府购买公共服务改革今后应该吸取教训和加以改进的地方。

一是购买服务的资金来源问题。各级政府用于购买公共服务的资金包括税收收入与行政事业性收费和彩票公益金收入等非税收收入。迄今为止，较少有政府把购买服务的资金纳入公共财政框架，更多的地方政府尚没有把购买服务资金纳入统一预算管理，从而使得政府购买服务的制度化、规范化水平处在较低的水平上。

二是社会组织的成长问题。政府购买公共服务需要充分的、多样的社会组织参与竞争。从现在的情况看，政府对社会组织开放的资源还比较有限，参与购买的社会组织不仅数量少，而且规模小，充分的竞争市场还没有形成。社会组织普遍缺乏经验，对政府的依赖性比较强。

三是政府购买公共服务中的灰色地带。政府购买公共服务要花费大量的公共财政资金，在制度规范尚不健全的情况下，极易滋生腐败现象，甚至会形成政府与某些民间组织合谋侵害国家财产。

四是政府购买社会服务的监管问题。政府购买公共服务工作具有较强的专业性，目前的政府官员还不具备实施严格的合同管理的能力。一些地方虽然已经局部试行第三方监督评估，但对第三方的监督以及社会评估机构的行业自律等制度建设都还有待加强。

五　优化城乡基层自治，助推政府治理民主化

城市社区和农村是社会治理的单元细胞，社区和村庄作为居民和村民进行基层自治的基本单位，在自我管理和自我服务上存在极大潜力，尤其需要政府的充分引导和培育。顺义区从农业区县向工业区县快速转变的城镇化进程日益加快，因此对城乡基层有效治理提出了更为紧迫的要求。同时，作为首都区县承担着较重的维稳压力，如何在发挥基层自治与加强基层稳定之间达成最佳平衡是其面临的重要挑战。近年来，顺义区开创了以网格化管理为代表的一些基层治理经验，形成了独具特色

的基层自治模式,但如何在网格化治理的框架下进一步发掘基层治理的潜力,推进社会治理的进一步创新,仍然是一个重大的课题。本报告将简要介绍厦门海沧和上海浦东的基层自治经验,以为顺义区的改革创新提供参考。

1. 厦门市海沧区的"网格化微自治"

厦门市海沧区以"网格化微自治"为支撑,改进社会治理方式,让社会治理的触角真正延伸到社区的"最后一公里",着力构建形成"纵向到底、横向到边、纵横交错"的社会治理新体系,实现"党委领导、政府引导、社会协调、群众参与"的"共同缔造、互动共治"新格局,是基层自治方面值得借鉴的一个成功案例。海沧区改革主要针对三个问题:一是外来人口迅速膨胀,社会治理面临挑战;二是新城区新社区迅速崛起,公民主体意识面临缺失;三是政府长期包办公共服务,基层组织自治面临弱化。其主要经验总结为以下几个方面。

(1) 突出微社会治理,变"纵向到底"为"纵横交错"

以往社会治理比较重视建制社区的管理,自上而下的网格化管理体系比较完善,但"自下而上"的协商民主缺失,海沧区按照便于宣传发动、便于自治的原则,在社区基础上下沉一级进行实验和探索治理经验。

一是农村社区突出自然村的治理。自然村是宗亲和熟人社会,便于发动宣传和达成利益共同体,通过培育自然村村民理事会非营利组织,让他们参与村庄自治,构建与社区党支部、居委会的沟通互动平台,解决政府解决不了的村庄矛盾、居民服务等问题。二是城市社区突出小区的治理。利用海沧网格化、信息化城乡全覆盖的优势,探索建立"格主"模式。即在全区39个社区划分299个城乡单元网格(城市社区106个网格,农村社区193个网格)的基础上,每一网格的社区居民自行推选该网格内的一位热心群众作为"格主",负责收集和处理该网格居民对社区事务的诉求,并由网格员担任"格主"助理,协助"格主"开展工作。这一机制在网格内部建立起横向联系,改变了以往由居委会简单主导社区事务安排,社区居民被动接受的局面,提高了社区居民参与处理社区事务的效率。三是外来人口突出居住区的治理。设立"新厦门人服务综合体",并专门设有会议室、办公室,鼓励外来务工人员成立"同乡会",反映居民诉求,参与小区治理和居民服务。通过微社会治理的探索,较好地解决了横向到不了边的治理难题。

(2) 构建多方参与机制，变"单一管理"为"多元治理"

一是构建三级互动平台。打造社会事务服务中心、调解中心、应急中心、求助中心及协商中心"五大中心"一体的"政务综合体"；同时通过建立区、镇（街）、村（社区）各级牵头协调机制，创造性地将区级网格化指挥中心与区级政务服务中心联合设置，将"五个中心"纳入其中，实现全方位服务，及时响应百姓个性化、多样化需求，为落实基层服务搭建坚实的机构载体。二是激活社区自治组织参与。设置党代表工作室和党群服务窗口，分别在一些镇街及党代表比较集中的村居设立党代表工作室，在比较成熟的社区广泛吸纳辖区非公党支部成立大党委。成立了居民自治"孵化器""社企同驻共建理事会""社区同驻共建理事会""同心合议厅"。三是带动八大群团组织参与。充分发挥基层工会、巾帼文明岗、青年团员等作用，搭建"家长里短妇女互助会"、新市民关爱联盟、房前屋后环境整治志愿队、邻里守望平安促进会等创新载体，进一步发挥工、青、妇、侨等各类群团组织、协会人员的力量和作用，有效互动，参与共同缔造。积极探索社区社会组织登记与备案相结合的管理制度，采取"先发展、后规范，先备案、后登记"的办法，大力扶持和培育兴趣类、互助类、公益类、维权类、服务类等具有导向作用的社会组织。

(3) 打造人性化互动平台，变"生人社区"为"熟人社区"

为破解城市社区居民对门不相识的难题，让他们迈出家门、融入社区，通过打造社区公共交流活动空间、开展各类活动，把"生人社区"变为"熟人社会"。一是拓展公共空间。通过"以奖代补"的方式，兴建综合性文体馆等公共空间建设，对这些公共空间的打造，让老百姓做主，听老百姓的意见，大家出工出力，建成后认养认管，群众也在共谋共建共管中彼此熟悉了解，增进互信。二是倡导志工行动。对于外来员工聚集的台资台企，建立"台胞义工培训基地"，实行"台胞志工+社工+义工"服务模式开展志愿服务。三是实施"四个关爱"。建立健全关爱弱势群体、外来人员、环卫工人、公交司机四大特殊群体的长效机制，为弱势群体、边缘群体兜住底线，夯实基层群众基础，使和谐因素尽可能增大，把消极因素解决在萌芽状态。

厦门市海沧区依托"四化"管理城乡全覆盖，"区—镇（街）—村（居）"三级联动的网格化体系，完善区级—镇街—村居三级便民服务体系，推动简政放权、还权于民。把社会服务输送到基层治理的每一个角落，同时通过信息化、网格化手段形成互动的回路，及时反映和协调群众各种诉求，建立"纵向到底、横向到边、纵横交错"的社会治理服务机制。厦门海沧的案例在基层自治为顺义社会治理提供了宝贵的经验。

2. 上海市浦东区北蔡镇"自我管理"

上海市探索将部分实施成本较高的行政管理转为群众自治的自我管理，有效整治了部分社会管理顽症。其中最有代表性的就是浦东新区北蔡镇的"民主管理""自我管理"创新实践。北蔡镇从自身实际出发，在村（居）现有的民主管理和民主自治做法基础上，提出村（居）民主管理"六民六步法"，同时积极探索并推行居民区社区事务协调"1+X"以及村（居）民自我管理的管理方法，在基层建设和管理方面取得了显著成效。

第一，"六民六步法"规范民主管理。"六民六步法"，即通过"民主提事、民主议事、民主理事、民主决事、民主监事、民主评事"六个步骤规范重大事项的民主决策管理程序。在处理一起企业违规用地时，从村委会班子提议到村民代表大会最后决策，一切按照"六步法"的程序来走，公开透明。在拆除企业违规建筑时，全村民意让身为该村村民的企业主无话可说。在涉及村集体资产的"经济账"时，"六民六步法"就显得更加重要。杨桥村一集体所有的厂房因年久需要维修，租赁该厂房的私人企业提出自己出钱维修，村委会从所有权问题考虑，提出集资维修的方案，按照"六民六步法"的程序，召开党员议事会与村民代表座谈会听取意见，在确定提议后，提交村民代表大会表决，通过后由村民主理财小组负责监督集资维修的全过程。维修经费全部由民主理财小组监督记账，并向村民全程公开。规范的民主决策程序和扎实的落实工作，也让群众更加信任村干部，干群关系更加融洽。

第二，"1+X"模式为居民办实事。"1+X"模式是指在居民区党组织统筹协调下，由居委会、物业公司、居民自管小组、社区警务站等社区单位共同参与，运用协调会、听证会、评议会的功能，推进社区共治。

"自我管理"激发自治活力。在外来人口管理上，北蔡镇杨桥村建立外来人口管理小组，由外来人口群体中有威望的群众担任管理员，由村委会发放聘书，并签订相应的管理责任书。在治理街边占道经营等问题时，北蔡镇对镇区道路沿街店面实行"门责制"自我管理，将过去的"罚"变为"奖"。对申请自律管理获得良好以上的街面单位责任人给予奖励，评选星级达标单位，考核不合格的商铺给予通报批评，责令其限期整改。"门责制"取得良好的自我管理效果，相较于聘请大批协管员所产生的行政开支，对于商户的物质奖励更加合算。

3. 借鉴和启示

创新社会治理，加强基层建设是顺义区高度关注的问题。顺义的基层社会治理已经基本上形成了以网格化治理模式为主要架构，以网络化联结、多主体嵌入、多功能载体为特点，将基层党建、政府管理、群众自治等要素有效整合的治理模式。厦门海沧和上海浦东的案例在基层自治的基本理念上与顺义是一致的，所不同的是，海沧不仅强调多元治理主体的动员，更注重人性化治理平台的构建，上海浦东则围绕社区共治和自治，注重整合社会力量，发挥社区骨干和领军人物作用，同时着力于在基层自治中通过民主管理的程序规范来保障各治理主体作用的发挥和民主决策的达成。这些做法的目的都是在使党政工作牢牢落实到基层的同时，充分地引导群众的自我治理，凝聚社会自治的力量，将党、政府、社会力量贯畅联通、形成合力，共同推动基层的协同治理。

第六章　推进顺义区政府治理现代化的基本对策

深刻领会党的十八大、十八届三中全会、十八届四中全会、国务院《2015年政府工作报告》、北京市委市政府全面深化改革精神，在此基础上，运用政治学、公共管理学和经济学等学科基本知识，借鉴国内外政府治理现代化的实践，结合顺义区情实际、发展形势和当前主要矛盾，课题组认为应以构建有限、有为、有责、有效政府为目标，从职能转变、结构优化、治理方式创新及队伍建设等路径出发，全面深化改革，推进顺义区政府治理体系和能力现代化。针对政府治理的主要问题，从职能转变、结构优化、方式创新及队伍建设等"四有"政府实现路径出发，推进顺义区政府治理体系和能力现代化需要采取如下四个方面的举措。

一　大力推进政府简政放权，全面推进政府职能转变

顺义区政府治理方面的主要问题是：办事效率较低、公共服务职能亟待强化、市场监管职能有待提升。究其原因，政府职能转变不到位是制约顺义区政府治理效能提升的根本因素。为此，提升政府治理效能的总体思路是：以全面推进政府职能转变为目标，以深化行政审批改革和推进政府简政放权为突破，大力推进投资项目审批改革，高起点、高标准、高质量地建设政务服务中心，健全政务服务体系，建设"有效政府"。

（一）按照"减少、简化、强化、优化"原则，推进行政审批改革

行政审批制度改革，是简政放权的"主抓手"，是推动政府职能转变的"突破口"。作为区级政府，应按照"减少、简化、强化、优化"的原

则，减少政府行政审批事项，包括取消和清理行政审批事项、纠正和承接行政审批事项、向基层政府下放行政审批事项。建立"一张申请表""一份承诺书"备案制度，承诺办理时限，并实行"超时默许"，简化行政审批程序和手续。强化行政审批事后监督和全过程监控，建立行政许可监管平台，设置音视频监控系统，实时监控窗口的办事过程。优化行政审批政务服务条件和发展环境。

第一，在区政府层面，探索集中行使行政审批权。

目前，顺义区正在建设的行政服务中心是在不改变各政府部门审批权、收费权的前提下，将不同部门的行政审批权集中到中心来实施。政务服务中心建设集中方便公众，提高了办事效率。政务服务中心形式上把各有关部门的行政许可事项集中到了一个中心，但总体上来说，各部门只是实行审批地理位置的转移而没有实现审批权力的转移，依然会存在窗口授权不到位的问题。所以，今后顺义区政务服务中心建设的长期方向应当是相对集中行政许可权，实现审批权力、人员、事项"三集中"，解决授权不充分的问题，根本上提升政府审批效率。国内集中行使行政审批权的典型案例是成都市武侯区，武侯区政府成立全国首个行政审批局，主管全区行政审批事项办理工作，获得第三届"全国行政服务创新论坛（经验）"一等奖。未来在进一步厘清各部门行政审批权责的基础上，可探索建立区行政审批局，启用行政审批专用章，实现行政审批职能的专业化、规范化、集约化。

第二，深化项目审批制度改革，对投资项目实行"一条龙"办理机制。

要解决投资项目审批周期较长、审批效率不高问题，还需要通过深化项目审批制度改革加以解决。集中投资项目审批主体，通过建立多部门联合审批，优化政府固定资产投资项目审批流程，大幅缩短审批时间。发挥中介服务机构专业优势和作用，加强对中介服务机构行政审批服务的监管，提高中介服务质量，减轻企业负担。

第三，加快建设政务服务中心建设，提升中心服务水准和管理水平。

全面整合区内政务服务资源，加快建设政务服务中心（市民之家）。做好政务服务信息化平台建设，促进信息共享。整合政府现有信息化系统，实现区政府政务服务中心与各部门、基层政府信息系统的衔接，逐步实现网上接件、受理、办理，实现政府部门之间的信息共享。制定专门的政务服务中心管理办法，通过建立电子监察系统和制定绩效考评体系，提高政务服务质量和水平。

（二）加强市场监管和调控，推行负面清单管理，建设监管型政府

正确处理政府和市场关系是全面深化改革、促进市场经济发展的要求。党的十八届三中全会提出："经济体制改革是全面深化改革的重点，核心问题是处理好政府和市场的关系，使市场在资源配置中起决定性作用和更好发挥政府作用。"这既是对我国过去几十年改革发展历史经验的高度概括，也为深化经济体制改革和行政体制改革确定方向。强调理顺政市关系，事实上在于强调政府与市场的互强。现代市场经济中，不可能没有政府的作用，问题的关键是，政府发挥什么样的作用，以及如何发挥作用。结合顺义区情，可在以下方面探索进一步改革和理顺政府与市场关系的具体有效措施。

第一，把更多的精力放到强化市场监管和公共服务。

创新监管方式、转变监管理念。积极探索从以规范主体活动资格为主向以规范主体活动和评估活动结果为主的转变，变"重审批、轻监管"为"宽准入严监管"。对于已经取消下放的政府审批事项，逐项制定监管措施，履行监管职责。整合分散的市场监管机构，在工商、质监、食品药品等领域探索实行"大监管"，推进监管机构整合。完善监管机制，建立科学规范的抽查制度、责任追溯制度、经营异常名录和违法经营者黑名单制度。广泛运用现代科技和信息技术手段实施监督，构建起政府监管、行业自律、社会监督的监管体系。推动监管队伍下沉，把主要监管职能下放至一线市场监管所。

第二，建立并且有效运行负面清单制度。

负面清单管理制度是划分政府与市场边界、推进政府职能转变的"抓手"。从投资负面清单管理出发，给企业投资列负面清单。依据《北京市新增产业的禁止和限制目录（2014年版）》，制定配套措施，结合自身实际研究产业准入相关负面清单制度，细化限制类产业的范围和举措。完善"全要素评价"和"企业产业负面清单"制度。由区政府牵头，根据顺义产业机构调整和新的产业定位的要求，由包括发改、经信、规划、能源、计生、环保等在内的各个部门对新进入的产业从发改、规划、环

境、能耗、就业、居住等各方面进行全要素评价，对于不适合顺义区发展模式的产业严格把关，不再引进。

第三，顺势而为，优化宏观调控和产业结构转型升级。

将政府主要职能定位为"转变方式、调整结构、控制风险"。区政府应进一步避免直接抓投资、上项目、指定技术路线及产业发展规划，致力于加强政策引导、基础设施建设及优化投资环境。目前，区产业结构存在两个突出问题。一是过度依赖支柱产业。北京现代和索爱电子作为全区工业发展的龙头，产值占据全区工业产值的50%，造成"一业独大"、风险集中的产业格局。二是产品功能分区亟待整合。全区十五家经济功能区分布较为分散，缺乏大的规模工业园区，需要合并重组，以形成具有集合优势和竞争力的产业功能区。区政府应围绕调整产业结构转型升级，进一步探索在土地审批、开发主体审核、投融资环境改善以及体制机制建设等方面的作用和角色定位。

扶持中小型企业及创新型企业发展。在课题组的问卷调查过程中，有高达37.5%的被访人认为政府应该增加对私营企业的帮助和管理。访谈中，某镇经贸科负责人提出"希望多帮助小微企业，在政策上，贷款上，审批上都扶持一些，这也是乡镇经济的希望"。因此增加对私营企业，特别是创新型小微企业的扶持，对于繁荣社会经济，培育新的经济增长点，带动就业和社会发展等，具有重要意义。

第四，引入混合所有制，推进国企改革。

近年来，国企改革一直是顺义改革的重点，但国企改革目前更多地停留在建立现代企业制度、建立现代法人制度等方面，还没有触及混合所有制的改革，这将是下一步改革的重点。问卷"顺义区政府的作用应当如何调整"的选择项下，29.2%的被访人选择"适当增加"对国有企业的管理，高于其他选项。目前在临空经济核心区已经开展政企分离，管委会与开发公司的分离，访谈中临空经济核心区的被访人，希望管委会作为政府的派出机构，能够"获得更大管理权，发挥更大宏观调控功能，在规划、招商等决策上，促进转型升级。但不要过多参与企业微观管理"。此外，在国企的混合所有制改革等方向上，区委、区政府应该以点带面，积极推动，撬动国企活力，带动新的经济增长点，促进经济结构转型升级。因此，进一步优化国有企业股权结构，推动下属企业引入其他所有制的产业资本、社会集合资本、私募股权等战略投资者，提高国有资本的运营效率和效益等。另外，在建立完善的市场导向的高级管理人员选聘制度、业绩考核和薪酬等方面进行新的改革尝试。同时，对于部分盈利能力较弱的顺义区属国有企业，应考虑建立退出机制或者整合机制，推进国企内人事选聘制度改革，强调政府官员和企业管理人员的区分。

第五，推进投融资体制改革。

顺义区目前已经有推进社会资本参与基础设施及社会事业项目的投资、建设和运营的成功案例，除了镇级再生水厂 BOT 融资项目已开工建设之外，社会资金在平原造林、河道治理、污水处理、市政道路、供热中心、垃圾处理、养老设施建设、地铁站点交通枢纽综合开发等领域已具有一定的作用。

当前，顺义正在实施新型城镇化发展战略。政府通过政府和社会资本合作模式向社会资本开放基础设施和公共服务项目，可以拓宽城镇化建设融资渠道，形成多元化、可持续的资金投入机制，有利于整合社会资源，盘活社会存量资本，激发民间投资活力，拓展企业发展空间，提升经济增长动力，促进经济结构调整和转型升级。推广运用政府和社会资本合作模式，也是加快转变政府职能、提升顺义区政府治理能力的一次体制机制变革契机。

（三）以政府购买公共服务为创新，强化政府公共服务职能

第一，创新政府公共服务供给方式，尤其是通过购买等创新形式，大力推进公共服务社会化、市场化供给，推动力量介入公共服务。

将适合市场化方式提供的公共服务事项，交由具备条件、信誉良好的社会组织、机构和企业等承担。要在准确把握公众需求的基础上，制定政府购买服务指导性目录，明确政府购买服务的种类、性质和内容，并试点推广。政府可通过委托、承包、采购等方式购买公共服务。要按照公开、公平、公正原则，严格程序，竞争择优，确定承接主体，并严禁转包。严格政府购买服务资金管理，在既有预算中统筹安排，以事定费，规范透明，强化审计，把有限的资金用到群众最需要的地方，用到刀刃上。建立严格的监督评价机制，全面公开购买服务的信息，建立由购买主体、服务对象及第三方组成的评审机制，评价结果向社会公布。对购买服务项目进行动态调整，对承接主体实行优胜劣汰，使群众享受到丰富优质高效的公共服务。

顺义区在政府向社会力量购买公共服务方面还处于试点阶段，今后需要进一步从以下方面推动政府向社会力量购买公共服务：一是增加总体购买量，投入购买服务专项资金、政府实事项目资金；二是加强各部门协

调。按照《顺义区关于政府向社会力量购买服务的实施意见及工作方案》，加强部门联动，由财政部门牵头，民政、编制、工商、社会建设、监察、审计等部门参加，形成各负其责、齐抓共管的工作格局；三是追求更加严谨的购买工作程序，进一步完善购买程序、预算管理、绩效管理等环节的工作，逐步建立购买服务的制度保障，形成与区域经济社会发展水平相适应、高效合理的公共服务资源配置体系和供给体系。

对于区内已经涌现出来的一些成功试点经验，例如天竺镇的老年助残券发放制度、养老服务、村庄环境、村庄安保等，应该进一步推广。同时，推动公共服务购买也应加快对财权的下放。可进一步推广和完善空港街道试点，实现财权从职能部门到街道办事处的下放，以使街道办事处具备独立的财政能力，实现公共设施和公共服务的购买。此外，应加大力度，引入第三方评估和监督机制。现有顺义治理经验中关于乡镇危房评估、聘请专业会计机构进行低保户药费报销等优秀经验可进一步推广完善。

第二，加大医疗卫生公共服务投入，弥补医疗公共服务"短板"。

大力鼓励民营资本进入医疗卫生服务领域，探索引进民办医疗机构，深化政府向社会购买公共卫生服务。大力引进基层医疗卫生人才，改变基层卫生人少活多激励不足状况。提高对学前教育的投入，构建学前教育公共服务体系。拓宽服务渠道，在公办学前教育资源紧缺的情况下，研究向民办幼儿园购买服务。重视户籍人口、流动人口教育均衡性问题。加强对科技创新的扶持力度，提高区域科技创新能力，加强科研创新与产业发展融合力度，助力本区产业转型升级。

二 理顺区政府与基层政府关系，优化政府治理结构

顺义区政府治理结构的主要问题是：政府间事权、财权及责任分配尚未完全理顺；区政府职能部门间协同性不够好。解决政府治理结构性问题的总体思路是：以推行责任清单制度为形式，健全政府部门职责体系；优化区政府与镇政府事权、财权关系，厘清街道办与职能部门职责关系；完善政府间财政管理体制，提高部门间协作意识和能力，深化部门信息公开共享，建设"有责政府"。

（一）理顺政府间事权关系，提升政府的纵向执行力

第一，区政府下放事权，增加镇政府、街道办的事权，并配置管理责任。

在区政府管理的事权中，选择能够下放到基层的一些项目（如行政服务类、公共资源交易类）等，通过直接授权、委托授权和内部调整管理权限等方式对镇政府、街道办下放管理事权。国内向镇政府下放事权的典型案例是广东中山市，该市通过助推简政强镇推进了事权下放，我们认为，顺义区政府治理改革可借鉴中山市的有益做法和经验[①]。我们的问卷调研显示，45.9%的公务员受访者赞成这一方案，认为区政府应该下放事权，增加镇政府的事权责任（见表6-1）。

在下放管理事权过程中，必须配置相应的管理责任，明晰法律责任和行政责任。对委托下放的事权，区政府放权单位对承接单位实施行政行为的后果承担连带行政和法律责任；基层承接单位及其工作人员，就其行政行为承担相应的责任。对直接放权的事权，基层承接单位及工作人员就其行政行为承担相应的行政和法律责任。按照"有权必有责、用权受监督、侵权要赔偿、违法要追究"的要求，健全事权下放后的责任追究制度。将区政府和基层政府的管理事权逐步规范化、法律化，以落实十八届四中全会通过的《决定》关于推进各级政府事权规范化、法律化的要求。

表6-1　　　　　　如果要理顺区政府与镇政府的事权关系，
您比较赞成以下哪种对策方案？

	对策	频数	百分比（%）	有效百分比（%）	累计百分比（%）
选项	上收镇政府事权，由区政府集中行使	103	10.6	10.8	10.8
	区政府下放事权，增加镇政府的事权责任	438	45.0	45.9	56.7
	保持目前的事权管理现状	115	11.8	12.1	68.8
	不清楚	290	29.8	30.4	99.2
	其他	8	0.8	0.8	100.0
	总计	954	98.0	100.0	

---

① 中山市先后出台的政策是：《中山市市属部门和镇区事权调整若干规定》《中山市简政强镇事权调整后镇区行政执法疑难问题协调处理工作制度》《中山市行政机关行政应诉规则》《中山市重大决策程序规定》。

第二,以块为主,由街道办履行属地管理职责,理顺区政府与街道关系。

进一步理顺区政府部门与街道办事处的关系,合理划分职责权限和管理事权。在统一领导、分级负责、重心下移、强化基础的原则指导下,由街道办履行属地管理职责,把区政府部门管不好、管不了的事务,交由街道管理,并给予相应的工作和管理权力。66.7%的受访公务员赞成以块为主,由街道办履行属地管理职责,而不是以条为主,弱化街道办职能(见表6-2)。区委、区政府在明确区级部门与办事处的责权区划基础上,建立和完善相应的考核、监督机制。国内街道办履行属地管理职责的典型案例是石景山鲁谷社区街道管理体制创新,在街道层面上正式成立鲁谷社区,在社区内构建党的领导、行政管理和社区自治相结合的三套组织体系,该地区的做法已被国内部分省市街道管理体制改革借鉴。

表6-2　在理顺职能部门与街道办事处关系中,您比较赞成以下哪种对策方案?

	对策	频数	百分比(%)	有效百分比(%)	累计百分比(%)
选项	以块为主,由街道办履行属地管理职责,实现责权利统一	649	66.7	69.1	69.1
	以条为主,弱化街道办职能,由职能部门开展行业管理	178	18.3	19.0	88.1
	维持现有的街道办与职能部门的管理现状	102	10.5	10.9	98.9
	其他	10	1.0	1.1	100.0
	总计	939	96.5	100.0	
	未回答	34	3.5		
总计		973	196.5		

第三,增加镇政府等基层政府事权、决策权,配置管理责任。

在区政府管理的事权中,选择能够下放到基层的项目,通过直接授权、委托授权和内部调整管理权限等方式对镇政府、街道办下放管理事权。理顺区政府与街道关系,由街道办履行属地管理职责,把区政府部门管不好、管不了的事务,交由街道管理,并给予相应的工作和管理权力。

将区政府和镇政府的管理事权逐步规范化、法律化，探索通过两级政府梳理权力清单、职能部门与镇街协商签署备忘录等形式，规范某些争议权责的归属。

第四，建立政府责任清单制度，将政府间事权的相关责任细化。

深入研究制定政府部门及工作人员"责任清单"，细化责任、制定责任目标、分解责任内容、细化责任要求。在责任清单基础上，建立追责机制、问责机制，使责任可落实、可考核、可追究，坚决避免因权力过于集中而出现"一支笔""一言堂"现象。合理划分区、镇及街道办之间的管理责任和权限，探索建设规范的权责清单，对各级政府的职能范围做出梳理；坚持以责定权，保证部门责、权统一，切实增强基层部门履职的积极性。

（二）完善政府间财政管理体制，实现事权与支出相统一

第一，区政府下放财权，实现财权重心下移。

在财权与事权相称的原则下，需要进一步理顺区政府与镇政府的财政关系。伴随着事权下移，区政府财权也应该实现重心下移。区政府可以建立财政转移支付制度，赋予镇级政府较大的财政权，实行财政体制倾斜政策，合理提高对镇级的财政分成比例。例如，在镇范围内收取的规费和土地出让金，除规定上缴部分外，地方留成部分向镇倾斜。在处理区政府与镇财政关系方面，可参考的案例是重庆市巴南区，按人权、事权、财权相统一的分级管理原则，实行区政府与镇政府分税制财政体制。在处理区政府与街道财政关系方面，可参考上海市普陀区街道（镇）财政管理体制改革，创建街道财政。

第二，采取必要措施，平衡镇与镇之间的财力差距。

尽管改革阻力很大，为有效缓解顺义区镇间财力不平衡状况，区政府应该及时科学调整财政管理体制，合理配置资源。在区级层面建立财力平衡机制，上解富裕镇的财力，适当加大对乡镇财政转移支付补助的力度。统筹安排，逐步缩小镇与镇政府之间财力差距，促进镇间经济协调发展。我们的问卷调查显示，近半公务员受访者赞成采取措施平衡镇与镇之间的财力，反对这一措施的受访公务员比例仅为25.7%（见表6-3）。

建立和完善功能镇相互区分的分类化、差异化政府绩效考核体系。优

化考核体系，建议聘请第三方设计更为合理和具有针对性的测评指标与抽样体系，增加群众收入增长情况，医疗、教育、治安、社会保险、环境等公共服务满意度等所占比重，特别是对河东落后镇街，不应以单一的GDP指标考评并决定公共财政的支出结构，应尊重其自身发展条件和要素，尊重民众的实际需求。

表6-3　如果区政府采取措施平衡镇与镇之间的财力，您的看法是？

	看法	频数	百分比（%）	有效百分比（%）	累计百分比（%）
选项	赞成，这样有利于提高不发达镇的财力，实现财力平衡	484	49.7	50.7	50.7
	反对，这样会降低发达镇的发展积极性，削弱发展激励	250	25.7	26.2	76.9
	维持现状，保持各镇之间财力差距	178	18.3	18.7	95.6
	其他	42	4.3	4.4	100.0
	总计	954	98.0	100.0	
未回答		19	2.0		
总计		973	100.0		

（三）建立跨部门协同机制，提高部门协同治理绩效

提高大局意识和整体意识。克服本位主义思想，打破"一亩三分地"思维，破除部门主义的行政文化，把本部门、本地区的工作放到顺义发展的大局中考虑。第一，由区政府积极牵头和协调推进跨部门协同；培育领导者跨部门协同理念，增强跨部门协同的主动性、创造性。跨部门协同的实现主要由两个要素来决定：部门所属政府的牵头和协调（该因素获得21.4%的最多数公务员受访者的认同，见表6-4）；政府部门自身的主动创造。因此，首先要依托自上而下的行政协调机制，推进跨部门协同决策；同时，优化平级部门协调机制，形成跨部门自主协同。一是在区政府层面建立和完善部门间联席会议制度，通过明晰部门之间的管理责任，引入直接从事跨部门协同的业务局、处参加联席会议，提高联席会议制度的务实性。二是优化部门牵头制度，针对跨部门公共事务，及时确定牵头负责部门，同时，要有效吸纳其他部门的积极参与。三是培育部门领导者协同理念等。

表 6-4　您认为，要大力推进政府部门之间协调合作，最重要的条件是？

	条件	频数	比例（%）
选项	上级牵头和协调	579	21.4
	部门领导者具备协同理念	418	15.5
	公务员具有协同合作技能	117	4.3
	合理分配部门利益	226	8.4
	明晰部门协同合作的职责	530	19.6
	强化部门协调的监督	241	8.9
	建立跨部门协同激励机制	269	9.9
	营造协同组织文化	73	2.7
	建立跨部门信息系统	247	9.1
	其他	4	0.1
	总计	2704	100.0

第二，在建立健全部门职责体系基础上，建立跨部门事务责任分担机制。科学界定政府部门职责，尽可能减少部门职能交叉重叠。需要从源头着手，对各级政府部门的职能、职责进行科学的界定和划分，尽可能划清部门之间的管理职责范围。除采取传统自上而下进行部门职责划分外，还可以采取自下而上的划分方法，广泛应用工作分析、职位分析等现代人力资源管理技术手段，科学合理划分各部门的管理职责。清晰地描述各部门职责，对各部门职责进行梳理，对于交叉重叠的职责进行部门业务流程再造，优化部门之间职责流程设计。

建立跨部门公共事务责任分担制度，明确部门治理责任。对于不能划清的部门职能范围，必须明确相关政府部门在这些职能范围的责任，确定谁是主体责任部门、谁是次要责任部门。主体责任部门和次要责任部门都是为协同治理负责的部门，次要责任部门并不意味着不承担管理责任，两者只是在承担责任的大小程度上存在差异。多个职能部门合作时，任何一个部门出现问题，任何一个环节没有衔接好，都可能使最终的结果与公众的需求出现很大差距。当跨部门协同走向失败或者侵害公共利益，依据事前设定的责任归属，处理相关责任部门。如果没有相应的责任归属设计，一旦跨部门协同活动出现问题，上级部门难以确定"打板子打谁"，从而出现"谁都打不着"不了了之的结局。跨部门协同合作的案例可参考广州黄埔区创新流动人口管理服务的做法，成立党委和政府领导挂帅的流动人口管理工作领导小组和出租房屋管理领导小组，由政府办、维稳及综治办、公安、国土房管、计生等20多个部门组成。

（四）深化信息共享，破解部门协同"信息孤岛"问题

优化电子政务管理，在区级政府层面成立机构或领导小组推进跨部门信息共享，实现部门电子政务互联互通。虽然完全实现顺义区政府部门之间信息共享在很大程度上还受到上级政府乃至中央政府部门管理体制的制约，但是，区政府在实现部门之间信息共享还是可以开展许多有益工作。

一是加强顺义区电子政务和信息化建设的顶层设计，成立跨部门的政府信息化和电子政务管理、协调机构，克服部门管理的局限性。二是集中信息管理部门、发改部门、财政部门、科技部门等分散化的电子政务审批职能，在审批建设环节，加强部门电子政务信息的互通互联，减少部门间电子政务系统重复建设。三是探索建立政府部门间信息共享的利益补偿机制、部门间信息共享激励机制等。四是加强互联网政务信息数据服务平台和便民服务平台建设。

在推进政府部门信息共享过程中，受访公务员赞成这些对策方案，例如，成立专门机构推进跨部门信息共享（占总体比例为38.4%）、在区级层面成立信息共享领导小组（占总体比例为22.7%）、建立定期的跨部门信息共享机制（占总体比例为21.7%，见表6-5）。相关推进政府部门信息共享的案例可借鉴海淀区政府建立跨部门网上协同办公和辽宁省政府纠风办协同应用的有益做法。

表6-5 在推进政府部门信息共享过程中，您比较赞成以下哪种对策方案？

	对策方案	频数	百分比（%）	有效百分比（%）	累计百分比（%）
选项	成立专门机构推进跨部门信息共享	369	37.9	38.4	38.4
	在区级层面成立信息共享领导小组	218	22.4	22.7	61.1
	建立定期的跨部门信息共享机制	209	21.5	21.7	82.8
	推进牵头部门主动实施信息共享	144	14.8	15.0	97.8
	维持现有的信息共享现状	12	1.2	1.2	99.1
	其他	9	0.9	0.9	100.0
	总计	961	98.7	100.0	

（五）大力实施政务公开，强化对行政权力的制约和监督

第一，以落实《北京市政府信息公开规定》为契机，打造阳光政府。

坚持和深化以公开为常态、不公开为例外原则，除了涉及国家安全及其他法律规定的不宜公开的领域和项目，其他都要推行全过程、全方位的政务公开。推行行政执法公示制度。推进政务公开信息化，加强互联网政务信息数据服务平台和便民服务平台建设。成立常设的政府信息公开办公室（而非仅仅如领导小组那样的协调机构），由专人进行网站的维护、资料更新（包括公开场所的资料）以及协调依申请公开等工作，该常设办公室的级别应当略高于一般政府职能部门，统筹、监督及协调各部门的信息公开工作；在依申请公开的技术层面，接到申请后，工作人员应当及时对申请进行编号，并就受理等事项告知申请人。该编号伴随申请始终，申请人可以依据编号对申请受理的进程予以了解[1]。以权力清单制度为例，该制度的灵魂在于信息公开。可以尝试对权力清单中的每个权力事项进行编码记录后，便能设计一套网上运行系统。上海、南京的网上政务大厅已经做出有益尝试："通过输入办事序列号和身份证号查询办事进度情况，在线受理栏目可以清晰查到某项行政事项的代码、办理机构、收费情况等，并可直接网上完成表格填写、法律依据查询等操作[2]。"要在顺义区继续深化政府信息公开制度建设，充分发挥顺义网城在监督和制约行政权力上的作用。

第二，推进行政公开，强化对行政权力的制约和监督。

加强党内监督、人大监督、民主监督、行政监督、司法监督、审计监督、社会监督、舆论监督制度建设，努力形成科学有效的权力运行制约和监督体系，增强监督的合力和实效。尤其是，要加强对政府内部权力的制约，推行行政执法公示制度，构建常态化的监督制度。顺义区要从区情实际出发，不断完善人大、政协的监督职能的发挥，充分发挥人大代表的质询权；完善政府内部的层级监督和专门监督，改进上级机关对下级机关的监督。国内在推动行政权力监督方面有很多不同的做法。如浙江省杭州市

---

[1] "中国法治政府评估"课题组：《中国法治政府评估报告（2013）》，《行政法学研究》2014年第1期。

[2] 尹卫国：《要"权力清单"也要"权利清单"》，《中国监察》2012年第1期。

桐庐县采取电视问政的方式来推动政府履行诺言，依法履行权力。充分发挥地方电视台的问政功能，四套班子成员接受100位问政代表考试，由主持人和问政代表针对政府承诺内容和陈述情况进行现场提问，现场亮分。县委纪检部门、电视部门独立制作暗访短片，让群众代表当评论员，让监督工作阳光化、民主化、公开化，也让政府工作贴近群众，为群众服务。浙江丽水市也通过电视问政，由政协委员、群众现场拷问职能部门，聚焦污水处理，企业偷排、漏排污水的行为直接问责政府部门，形成一套非常有效的监督机制。2005年邯郸成安县探索的县委常委会、全委会"社会旁听制"也值得关注。

三 鼓励引导政府创新，推进治理方式法治化、民主化、协同化

针对顺义区政府治理法治化程度不够高、行政执法体制有待理顺、社会治理方式有待转变等问题，我们提出总体改革思路是：以政府治理方式创新为指导，以法治思维和法治方式全面建设法治政府，以推行综合执法为重点，深化行政执法体制改革；完善行政决策机制和决策程序，推进公共决策方式民主化；推进社会治理协同共治。总之，从政府治理方式法治化、民主化和协同化三方面建设"有限政府"。

（一）全面建设法治政府，提高政府治理法治化水平

法律的生命力在于实施，法律的权威也在于实施。然而，课题组在调研过程中发现，顺义区目前存在的问题主要是：法律的严肃性、权威性不够，有法不依、执法不严、违法不究现象依然存在；在法律执行的过程总，缺乏连贯性和一致性；民众法治观念淡薄，执法难度大。

第一，加快推行政府权力清单制度，绘制"权力运行流程图"。

把握好清权、减权、制权、晒权等主要环节，追求实现"三个全覆盖"，即层级全覆盖、部门全覆盖、领域全覆盖，消除权力设租、寻租空间。例如，成都市的权力清单覆盖市、区（市）县、乡镇（街道）三级，取得了良好成效；2010年全国权力公开透明运行改革选取69个县（市、区、旗）作为试点单位，即考虑到县级政权承上启下，从县级切入有助于推进和深化改革；再如河北省万全县进一步延伸至农村，明确村干部权

力的依据、界限，强化村民知情权、监督权，将权力清单制度与基层民主建设相结合，使村干部滥用权力导致的上访案件数量显著下降。邯郸市在推行相关制度时宣布，"除了依法需要保密的，如果哪项权力不上报、没经清理，就视为放弃"，此举迫使许多单位重新补报了一些隐蔽的行政权力[①]。在建立政府权力清单方面的典型案例是浙江富阳"权力清单"制度改革，富阳首先提出"常用权力、非常用权力"概念，将厘出的4825项原始行政权力进一步细分为1474项常用权力和3351项非常用权力，实行分类管理。

全面梳理区政府部门、镇政府（街道办）的行政职权事项，以建立行政审批事项清单及固定资产投资项目审批事项清单、行政处罚事项清单为重点，特别是紧紧围绕关系广大市民生产生活事项，研究制定权力清单，以权力清单的形式划分政府行政权力的边界，向社会公开权力清单。公开权力清单运行流程，逐步实现行政权力入清单、清单之外无权力。建立权力清单动态调整机制，定期向社会公布最新的权力清单，形成比较完善的权力清单制度体系。

第二，以法治思维和法治方式，尝试构建顺义区法治政府指标体系，倒逼推进法治型政府建设。

2008年12月，深圳市委、市政府做出了《关于制定和实施〈深圳市法治政府建设指标（试行）〉的决定》，将法治政府的建设具体细化为12个大项、44个小项、225个细项的重要指标。此后，在市级政府层面，温州市、渭南市、黔西南布依族苗族自治州、苏州市、惠州市、沈阳市等也先后出台了各自的法治政府指标体系。在省级政府层面，湖北省、四川省、广东省先后出台了法治政府指标体系，如2010年6月，湖北省委、省政府印发的《湖北省法治政府建设指标体系（试行）》，以8个大项、35个中项、160个小项，并大多以完成时的语态，说明了法治政府建设指标要求达到的结果和状态。此外，县级政府层面，河北省永年县、江西省玉山县、贵州省普安县、江西省修水县、浙江省鹿城区、青岛市市南区、

[①] 程文浩：《国家治理过程的"可视化"如何实现——权力清单制度的内涵、意义和推进策略》，《学术前沿》2014年第9期。

苏州市吴中区等也都对法治政府指标体系的建设进行了实践探索[①]。

第三，推进行政综合执法体制改革，完善行政执法机制和程序。

在城市管理、市场监管等有条件领域和部门，相对集中执法权，整合执法主体，试点推进综合执法。积极践行基层治理法治化，推动重心下移、力量下沉，着力加强乡镇、街道一级的执法力量建设，健全基层政府行政执法体制机制。落实行政执法责任制，强化执法考核和执法问责，加强执法评议考核，督促执法部门依法履行职责。加大行政执法力度，提高违规、违法成本，完善社会诚信体系，探索以公职人员诚信体系建设为试点，推动"诚信顺义"建设，以"正官风"带动"正民风"，减少老实人、守法者吃亏现象。

建立健全行政裁量权基准制度，细化、量化行政裁量标准，规范裁量范围、种类、幅度，防止乱执法行为。完善执法程序，建立执法全过程记录制度。明确具体操作流程，规范行政许可、行政处罚、行政强制、行政征收、行政收费、行政检查等执法行为。严格实行执法人员持证上岗和资格管理制度，未经执法资格考试合格，不得授予执法资格，不得从事执法活动，健全编外执法人员业务培训、资格认证和责任追究体系，提高执法队伍的专业性。严格执行罚缴分离和收支两条线管理制度，严禁收费罚没收入同部门利益直接或者变相挂钩。

第四，要不断加强法律和制度的权威，引导各级政府和社会遵纪守法。

要依法严格惩处各类违法行为，不能简单为了"把矛盾化解在地方"而随意改变规则，变通执法。在政府管理事务中要限制弹性化的治理手法，把法律和制度的权威看得更加重要，坚决排除对执法活动的干预，严格惩治执法腐败的现象。按照四中全会精神，要建设高素质的法治专门队伍，不断提高党员干部法治思维和依法办事的能力，严格实行行政执法人员的资格管理制度，以及不同部门及机构、岗位执法人员执法责任和责任追究的机制，不断强化和巩固政府法律的权威性，严格按照法律对违法的行为进行打击。

---

① 杨小军、宋心然、范晓东：《法治政府指标体系建设的理论思考》，《国家行政学院学报》2014年第1期。

（二）健全决策机制程序，推进公共决策方式民主化

问卷调查显示，顺义区在决策过程中主要存在的问题是：在做出涉及公众利益的重大决策时，主要通过"领导集体讨论决定"，而其他渠道，比如听证会或座谈会、网络公开征集意见、专家论证等，在重大决策过程中发挥的作用则比较薄弱。针对这些问题，顺义区政府要不断提高政府决策的科学化、民主化和法治化水平，制定符合顺义区区情，适应时代发展的制度。我们建议，可以从以下几个方面入手。

第一，发挥智库的决策咨询作用，注重通过借助外脑来提高决策的专业化水平。

加强区级政府在政策制定过程中的程序指导和协调功能。在出现规定冲突的时候，区级政府要加强与市级部门的沟通协调，理顺上级下级、职能部门之间的关系。对部门间争议较大的重要立法事项，由决策机关引入第三方评估，充分听取各方意见，协调决定，不能久拖不决。

第二，要保证决策的民主化，提升议题设定的广泛性与代表性。

着重吸收政策对象、管理对象的意见建议，充分发挥人大、政协、社会团体以及公民个人在政策制定中的关键作用，让人民群众的意见充分反映到政策文件中来，凡是涉及群众切身利益的决策都要充分听取群众意见，凡是损害群众利益的做法都要坚决防止和纠正。2011年北京市人民政府《关于加强法治政府建设的实施意见》提出，要研究制定重大行政决策程序性规定，完善重大决策听证制度。时至今日，北京市重大行政决策仍然没有规章层面的程序性规定，以至于哪些决策应当听证、听证代表如何遴选、听证意见采纳与否，缺乏明确的规定，重大决策听取意见的主观随意性较强[1]。顺义区政府就重大决策听证制度进行专项研究，提高听证会制度的效力，真正将其作为一种必要的决策程序。

第三，建立政府法律顾问制度和重大决策合法性审查制度。

加强法律顾问和政府研究部门在制定重大行政决策、推行依法行政中发挥积极作用，行政执法的规定要细化、具体化、要有依据，避免与现行法规政策相抵触。建立健全重大决策问责和纠错制度。普遍构建"以政

---

[1] 中共北京市委党校、北京市政府法治研究中心：《北京市法治政府建设发展报告（2013）》，《新视野》2014年第2期。

府法制机构人员为主体、专家和律师参与"的政府法律顾问制度。加强法律顾问和政府研究部门在制定重大行政决策、推行依法行政中发挥积极作用,行政执法的规定要细化、具体化、要有依据,避免与现行法规政策相抵触。

(三) 正确处理政府与社会组织关系,推进社会治理协同化

构建新型政社合作关系是顺义实现治理能力提升和治理体系现代化需要处理好的第三对重要关系。政府与社会组织的关系是改革社会管理主体单一、党和政府"越位",实施多元主体共同治理的重要内容。十八届三中全会指出,"加快形成科学有效的社会治理体制,确保社会既充满活力又和谐有序"。顺义作为"北京远郊第一区县",工业化与城镇化迅猛推进,这种发展特点,既提高了社会治理的复杂性和难度,也为社会治理体制的创新营造了新空间。

近年来,顺义区内社会组织和社会团体发展迅速,在治理过程中也已经存在一些政社结合的成功案例,例如顺义社会治安综合治理领域的"村庄社区化""网格化治理",以及科技协会在联系企业和科普活动中发挥的桥梁作用,等等。整体而言,顺义目前的政社关系正处于由改革开放前的"政社合一"向"政社分离"的过渡阶段,由政府扶持成立的社会组织具有较强的"依附性",而社会自发成立的社会组织具有较强的"盈利性"。总体上,政府与社会组织之间的分工与合作以及社会组织应有的功能的发挥尚存在较大空间。在这种情况下,推动形成互动合作的政社关系需要从观念、体制、机制等多方面入手,采取有针对性的举措。

第一,树立政府与社会合作共治的理念,注重发挥群众在新时期社会治理中的主体作用。

立足长远,为社会自治力量的成长预留空间,把社会管理从政府单向管理向政府主导、社会多元主体共同治理转变。改进社会治理方式,综合运用行政、市场、法律、道德等多种手段解决发展难题。继续发挥好村规民约、居规民约等社会自我规范的治理功能。建立政社合作机制,推进顺义区政府公共服务购买的制度化、规范化,特别是加强对专项资金的管理和审计。重点培育和优先发展行业协会商会类、科技类、公益慈善类、城乡社区服务类社会组织,以财力、人力等资源扶持,激励工青妇等枢纽型社会组织面向草根社会组织发挥带动和管理功能。

第二，注重城市社会治理方式和手段创新。

当前城市居民自治水平不断提高，市民在城市管理中作用凸显，社区治理的基础性作用更加突出。重视公众参与，采取公众参与政府绩效考评、参与公共决策、参与城市管理等多种方式，使参与式治理成为协商民主的主要方式。广泛运用新技术手段，推进城市网格化管理、智能化管理，建设数字城市。推进社会治理多层级、多元主体联合协作，包括区域间协作、组织间协作、项目性协作等。扶持社会企业等创新型组织，给城市治理增加新的活力和动力。

第三，大力推进政社分离，培育社会组织治理能力。

要通过颁布明确的政策规定，采取切实有效措施，推进政府与社会组织在人员、机构、职能、财务、住所、责任上的分开，实现社会组织从政府的附属、助手转换为平等、独立的主体。社会组织要以满足社会的需求为己任，努力获得社会的认可和支持。政府要逐渐退出社会能够进行自我管理和服务的领域，不断还权于社会。对一些行政化的社会组织，要进行社会化和民间化改革，增强其自治能力，使之真正融入社会。

政府应有规划地培育社会自治能力，逐渐减少对社会微观事务的直接介入。当前社会治理面临从计划经济到市场经济带来的深刻转型之中，计划经济下的全能政府向服务型政府和监管型政府转变。政府在完善法规制度，依法监管之外，还应高瞻远瞩地着力于培养和扶植社会和市场的自治能力。如顺义区突出的物业问题，是计划经济单位制向市场经济下城市社区体制转变过程中出现的过渡问题，长远和根本的解决机制是社区自我管理和物业市场化运作，政府应该一定程度上引导这种转化，允许社会与市场早期探索中出现的波折与反复，不能一味延续"兜包袱"的家长式管理。了解和借鉴广东顺德在参与式预算、社会组织培育等方面的出色经验。以实施了三年的参与式预算为例，顺德财政局允许和鼓励具备一定素质和条件的市民代表、相关利益群体代表、专家学者等非公职人员参与部分预算项目（多为重大民生项目）的审议、质询，并作为预算审议的重要环节。今年又开辟了网络公开渠道，市民、专家等可以登录专门网站，对公开的预算项目进行网络评议。此外，作为劳动力密集的制造业大区，顺德区政府在青年社会组织培育方面也取得了创新性的成果，值得具体学习借鉴。值得一提的是，在政府职能向社会自治让渡的过程中，都不可避免出现混乱和波折，但最终政府和社会在磨合中，逐步回归合适的职能定位。

第四，建立政社协同合作治理机制。

一是建立政府购买服务机制。通过制定政策，建立政府购买服务的项目立项、经费预算、信息发布、招标方式、项目管理、绩效评估等机制，规范政府购买服务行为。政府购买社会组织服务，一方面为社会组织提供了较为稳定的经济资源和发展空间，促进社会组织健康成长和作用发挥；另一方面有利于减轻政府工作的负担和面临的社会矛盾。二是搭建政社合作平台。通过网络、市民活动中心等平台，政府可以进行决策意见征询、公开政务信息、发布购买服务项目等，社会组织可以开展交流推介活动、对政府提出意见和建议、反馈购买服务中的困难和问题，从而不断优化合作的内容和质量。结合顺义已有的经验和情况，我们认为，推进顺义区政社合作有以下几个着力点。

1. 推进社区共治和居民自治

社区共治是指政府、社区组织、其他非营利组织、社区单位、居民，合作供给社区公共产品，优化社区秩序，推进社区持续发展的过程。社区共治的目的是通过"党委领导、政府负责、社会协同、公众参与"，调动各方面的积极性，形成合力，解决社区民生问题，维护社区秩序。在原有的社区管理框架下，社区是定位在街道层面，街道实行社区综合治理，政府在社区建设中发挥主导作用。目前这一体制存在的问题较多：社区建设的动力不足、政府过于强势、社会组织发育不足、公民缺乏参与的热情和动力等。因应快速城市化对城市基层治理提出的实际要求，探索城市基层治理体系中的"街道办事处"和"社区"的角色、职能、工作逻辑，探索由街道、职能部门、社区党组织、社区企业、居民共同参与的社区治理体系。

社区共治与居民自治首先是执政党主导的治理，其次是政府引领社区发展，但同时特别强调政府力量与社会力量的合作治理。因此，一方面，应推动公益性社会组织的孵化，帮助培育和扶持发展社区治理的重要主体——社会组织，形成社会协同的格局；另一方面，加快构建自治和共治的平台和机制，在居民区层面开展"自治家园"建设，在街道和居民区中间成立社区代表会议及社区委员会来构筑共治的平台等，营造公众参与的氛围。同时，可考虑通过制定《基层群众自治组织依法履行职责事项》和《基层群众自治组织协助政府工作事项》这样两份"事项清单"，来规范"政社分开",一方面减轻自治组织的行政负担;另一方面推动委托自治组织协助政府完成项目,通过建立"双方契约",促进"政社合作",并通过实施"双向评估",强化"政社互动",从而形成共治的格局。

顺义目前已有"裕祥花园"、空港的"五色组织十大荣誉称号考核体系"以及"五色公益服务协会"等试点。以社区民警为核心、一名社区居委会工作人员、一名党员、一名居民代表、一名志愿者、一名楼门长共同发挥作用的多维度、全覆盖的社区治理模式可以进一步推广。同时,应在今后的实践中强化居民和社区对公益社团的激励机制,探索多维度、全覆盖社区治理模式。建立区直部门、企业、社区、物业、居民各司其职、各方联动的治理机制,形成社区治理的合力。此外,应改进居委会工作方法,突出以人为本。以问题为导向,创建"一线工作法",入户化解矛盾,了解社区每个居民的情况,针对空巢、独居、残疾等五种情况的家庭做到以户为单位的信息记录,并实现政府与社会的信息共享。

2. 探索网络化社会管理体制

社会管理是当前地方政府治理中的一项重要任务。它的基本任务包括协调社会关系、规范社会行为、解决社会问题、化解社会矛盾、促进社会公正、应对社会风险、维持社会和谐等方面。社会管理的主要意义在于促进社会自治、化解矛盾以及规范社会行为、监督和监测社会行为的社会效益。因此,构建和谐社会需要公众的广泛参与,随着市场经济体制的进一步完善,也需要各类社会组织更加广泛地参与到社会事业发展和社会公共服务提供等活动中来。

顺义区在社会组织和社区参与社会管理方面有着良好的基础和经验,应该进一步夯实和推广。首先,理顺源头治理的社会管理运行机制。向基层放权、向社会放权,探索委办局在物业、社团等方面审核监督权力向街道(镇)委托的可行办法;其次,在已建系统的基础上,搭建街道—网格—社区三级上下联动、条块结合、信息通畅、资源共享、运转高效的智能社区管理平台,同时建立并完善网格化管理、监督、激励体制;再次,是将信息化作为社会管理的重要手段,积极打造数字顺义、智能顺义,整合公共管理信息资源,建设无盲点监控的数字化平台,将管理和服务的触角延伸到街巷社区、城乡接合地区、重点治理区域,定位到重点帮扶人群,以信息化建设推动社会管理高效运行。

顺义还需要再实施"综治维稳保障、社会动员引导、城乡社区覆盖"三项工程上发挥社会力量的强大作用,建立完善社会治理环境的长效机制。一是综治维稳保障工程。加强镇级"一中心(综治维稳中心)、两所(派出所、司法所)、三支队伍(治保会、民调会、巡防队)建设,落实人员、经费、监督三到位;积极在综合治安管理体系中发挥护村巡防员、社区治安巡逻志愿者、联防队伍等社会力量的作用,织就群防群治网络;坚持构建"五大秩序"和流动人口服务管理的成熟机制,优化区域发展环境。二是社会动员引导工程。坚持公益性、非盈利性,扶持行业协会、慈善公益等社会组织良性发展;充分发挥工青妇等人民团体和枢纽型社会组织的社会管理和服务作用,逐步实现新社会组织党建工作全覆盖。三是城乡社区覆盖工程。开展社区达标创建活动,推动规范化社区城乡全覆盖;采取公开招考、转业安置、志愿服务等方式充实社区管理人才队伍,研究解决农村社区专职管理人员身份转非、工资和社会保障问题;发挥"新五老"(老党员、老干部、老先进、老教师、老复员退伍军人)作用,以乡俗民约完善村民自我教育和管理;以公开民主社区政务建设提升居民自治水平,以丰富多彩文体活动充实群众生活,以一刻钟社区服务圈实施便民服务,以社区为单位实现社会管理网格化、公共服务零距离。

3. 探索社区治理和养老保障方面政府与社区共治方式

创造良好的制度环境,促进社会力量在社会保障体系建设中发挥更大作用。一个良好的社会保障体系应是政府、企业和社会力量、家庭和个人各尽其责,共同推动实现的。社会力量是社会保障和社会服务的市场主体,也是社会服务和产品的主要提供者。为此,鼓励和支持企业和社会组织参与社会保障事业,着力发挥社会力量在发展社会保障中的主体作用十分关键。

首先,应该破解民间资本进入养老等社会服务行业的难题,积极完善投融资政策,从积极加大政府投入,拓宽投资渠道,增加有效信贷投入等方面入手,着力解决"融资难"问题。其次是积极完善税收优惠和补贴政策,着力解决"运营难"问题。再次是积极完善人才培养和就业政策,逐步提高社会保障服务从业人员福利待遇,大力吸引专业技术人员、应届毕业生和就业困难人员从事养老服务业,着力解决"用人难"问题。

顺义在诸如养老保障等社会保障方面已有一些政社共治的先进案例,

例如，农村的独生子女老人四级养老保障制度，下一步应充分利用现有资源，抓住老小区整治、新农村建设和小城镇建设的有利契机，加快标准化居家养老服务中心、农村老年关爱之家、城市社区小型托老所和"虚拟养老院"等重点项目建设，全面发展居家、社区养老服务网络。同时，稳步推进公办养老机构转制转型。在确保公办养老机构托底作用、国有资产不流失、养老用途不改变及服务水平不降低的前提下，可将公办养老机构通过面向社会招投标方式，转给具备相应运营资质的社会组织、企业或个人经营。

此外，可考虑顺义区率先在国内建立"家庭委员会"制度。家庭是国家的细胞，是社会的基本单元，也是完善国家治理、社会自治的中坚力量。在未来人口老龄化的社会背景下，家庭将会承接诸如教育、养老、社区服务等重要社会功能，成为社会保障体系中的重要一环。西方国家普遍都有类似家庭委员会的制度安排，而中国的家庭发展下一步也将是一个重要的趋势。顺义区可视区情率先进行一些试点，对于以家庭为核心的养老保障和社区共治制度给予探索。建构新的政社合作关系与互动机制有赖于社会的独立、自治，"大社会"体系的形成，有赖于多元治理主体的出现，有赖于公众的积极参与。今后，顺义区还需进行进一步的改革，包括大力发展民间组织，培育"大社会"体系，推进政府管理职能的社会化，形成"多元主体"的社会治理格局，探索社会化决策方式，推进公众广泛参与公共政策的制定过程等方面，力争率先形成"政社合作，政社互动"的新型协同治理格局。

四　完善公务员激励和晋升机制，加强治理队伍现代化建设

治理队伍现代化是政府治理现代化的关键要素。顺义区政府治理队伍建设的主要问题是：公务员队伍的积极性不高、公务员晋升渠道不畅。如何调动公务员队伍的积极性、创造性是推进政府治理现代化面临的重要问题。为此，政府治理队伍建设的总体思路是：从薪酬和晋升两个方面入手，建立全面有效的激励机制，激发公务员队伍的创造力，为构建"有限、有为、有责、有效政府"提供优质的人力资源保障。

(一) 建立有效薪酬激励机制，提升治理队伍的积极性和创造性

第一，针对普遍反映的公务员薪酬较低问题，适度提高本区公务员薪酬待遇，减少与同等区县的落差。建立合理的薪酬激励制度，落实职级与职务并行的管理制度，以提高基层一线人员工作积极性和效率。增加基层人员配置，提高基层人员素质，注重人员招考的专业对口匹配，注重镇、街道办优秀青年人才的培养，在待遇、晋升前景等方面给予一定扶持，使优秀人才扎根基层，服务基层。建立后备人才队伍的激励机制，优化公务人员办公环境、提高公租房、周转房等住房保障力度，提高其工作的积极性和责任感。

第二，完善人员流动和晋升机制。晋升是公务员队伍建设中最具力量的激励手段。在分析干部队伍年龄、学历、工作经验、专业等方面构成结构基础上，有针对性地制定相应的晋升和人员流动机制。加强岗位交流，鼓励多岗位、多层级锻炼。增加党政企事业单位间的人员流动，鼓励到基层任职、挂职，增强基层工作经历在干部晋升中的参考权重。

(二) 强化公务员培训和规范制度建设，提升队伍整体素质和能力

第一，加强公务员培训工作，建立常态化公务员培训制度。分种类、分级别、分内容，推进公务员培训，为公务员创造更多的培训和进修机会。增强行政审批等相关队伍业务能力，提高公务员办理投资项目审批业务水平。例如，对一线行政审批人员进行专业业务培训，对乡镇文职人员进行专门文书写作培训，对研究部门提供进修经费等，这些都是公务人员基本和急需的技能培训，尤其对于人才匮乏的乡镇一级。

第二，加强公务人员工作规范与制度建设。首先，由区委、区政府统一规划、推动全区各单位、各乡镇加强本单位业务清单和工作规范化建设。可先在窗口单位试点开展，推及全区各单位、各层级。其次，加强公务员培训工作，应建立一套常态化、长效性的本区公务员培训制度，分种类、分级别、分内容，推进业务规范化建设。

第七章 推进顺义区政府治理现代化的实施规划

为深入推进顺义区政府治理现代化，课题组在基本对策建议的基础上，研究了推进顺义区政府治理现代化的实施计划，包括制定了2015—2020年政府治理现代化实施步骤和时间表，提出全面深化改革的内容与具体措施、重点培育的政府治理现代化建设项目。

一 顺义区政府治理现代化的实施步骤和时间表

总体上，顺义区政府治理现代化可以采取"三步走"实施战略，分三个阶段推进政府治理现代化建设。

——2015—2016年为政府治理现代化重点突破阶段。在全面政府职能转变、优化政府治理结构和加强政府治理队伍现代化建设等方面找准突破口和着力点；在推进治理方式法治化、民主化、协同化等重点领域和关键环节启动一批重点改革措施和项目，试点推行行政权力清单制度等一批关键改革，力争取得突破性进展。

——2017—2018年为政府治理现代化集中攻坚阶段。在第一阶段改革全面启动和试点的基础上，主攻推进政府治理现代化存在的难点问题，突破薄弱环节，全面推进实施政府治理现代化，力争取得决定性成果。

——2019—2020年为完善政府治理现代化的制度和成果巩固阶段。全面完成本政府治理现代化的改革任务，形成系统完备、科学规范、运行有效的政府治理制度体系，使各方面的制度更加成熟、更加定型。

二 推进全面深化改革的内容与具体措施

(一) 全面推进政府职能转变

1. 推进行政审批制度改革。加快建设政务服务中心建设，探索相对集中行政许可权，启用行政审批专用章，实现审批权力、人员、事项"三集中"，解决授权不充分的问题，实现行政审批职能的专业化、规范化、集约化。深化商事制度改革，简化注册资本登记，逐步实现"三证合一"。制定专门政务服务中心管理办法，通过建立电子监察系统和制定绩效考评体系，提高政务服务质量和水平。

2. 建立负面清单管理制度。从投资负面清单管理出发，给企业投资列负面清单。依据《北京市新增产业的禁止和限制目录（2014年版）》，制定配套措施，结合自身实际研究产业准入相关负面清单制度，细化限制类产业的范围和举措。

3. 整合建立"大监管"市场监管机构。在工商、质监、食品药品等领域，整合分散化的监管机构，形成"大监管"机构，例如市场监管局，从机构整合推进监管职能的提升和强化。

4. 以购买公共服务为创新，强化公共服务职能。创新政府公共服务供给方式，尤其是通过购买等创新形式，大力推进公共服务社会化、市场化供给。在公办学前教育资源紧缺情况下，研究向民办幼儿园购买服务。加大医疗卫生公共服务投入，弥补医疗公共服务"短板"。

(二) 优化政府治理结构

1. 建立政府责任清单制度。研究制定政府部门及工作人员"责任清单"，细化责任、制定责任目标、分解责任内容、细化责任要求。在责任清单基础上，建立追责机制、问责机制。

2. 强化基层政府的管理事权。区政府选择能够下放到基层的一些项目（如行政服务类、公共资源交易类）等，通过直接授权、委托授权和内部调整管理权限等方式对镇政府、街道办下放管理事权。

3. 建立区内财政转移支付制度。在赋予镇级政府较大的财政权的同时，实行财政体制倾斜政策，合理提高对镇级的财政分成比例。采取必要措施，平衡镇与镇之间的财力差距。建立和完善功能镇相互区分的分类化、差异化政府绩效考核体系。

4. 建立跨部门协同机制。在区政府层面建立和完善部门间联席会议制度，通过明晰部门之间的管理责任，引入直接从事跨部门协同的业务局、处参加联席会议，提高联席会议制度的务实性。优化部门牵头制度，针对跨部门公共事务，及时确定牵头负责部门，同时，要有效吸纳其他部门的积极参与。

5. 加强电子政务和信息化建设顶层设计。成立跨部门政府信息化和电子政务管理、协调机构，克服部门管理的局限性。集中信息管理部门、发改部门、财政部门、科技部门等分散化的电子政务审批职能，在审批建设环节，加强部门电子政务信息的互通互联。探索建立政府部门间信息共享的利益补偿机制、部门间信息共享激励机制等。加强互联网政务信息数据服务平台和便民服务平台建设。

(三) 推进治理方式法治化、民主化、协同化

1. 建立政府部门行政权力清单制度。按照中央的要求，遵循北京市的部署，在2016年之前完成权力清单的制定，确立权力清单制度。在这一过程中，全面梳理区政府部门、镇政府（街道办）的行政职权事项，以行政审批事项清单及固定资产投资项目审批事项清单、行政处罚事项清单为重点，特别是紧紧围绕关系广大市民生产生活事项，制定和推行实施权力清单制度。

2. 推进综合行政执法，完善行政执法机制和程序。在城市管理、市场监管等有条件领域和部门，相对集中执法权，整合执法主体，试点推进综合执法。积极践行基层治理法治化，推动重心下移、力量下沉，着力加强乡镇、街道一级的执法力量建设，健全基层政府行政执法体制机制。落实行政执法责任制，强化执法考核和执法问责，加强执法评议考核，督促执法部门依法履行职责。建立健全行政裁量权基准制度，细化、量化行政裁量标准，规范裁量范围、种类、幅度，防止乱执法行为。

3. 依法健全决策机制。发挥智库的决策咨询作用，在重大决策中积极引入第三方评估、专家论证和公众参与，注重通过借助外脑来提高决策的专业化水平。建立政府法律顾问制度。着重吸收政策对象、管理对象的意见建议。建立健全重大决策问责和纠错制度。

4. 注重社会治理方式和手段创新。广泛运用新技术手段，推进城市网格化管理、智能化管理，建设数字城市。推进社会治理多层级、多元主体联合协作，包括区域间协作、组织间协作、项目性协作等。扶持社会企业等创新型组织，给城市治理增加新的活力和动力。建立政府与社会合作机制。

（四）加强政府治理队伍现代化建设

1. 建立合理的薪酬激励制度。落实职级与职务并行的管理制度，以提高基层一线人员工作积极性和效率。加强岗位交流，鼓励多岗位、多层级锻炼。增加党政企事业单位间的人员流动，鼓励到基层任职、挂职，增强基层工作经历在干部晋升中的参考权重。

2. 强化公务员培训和规范制度建设。增强行政审批等相关队伍业务能力，提高公务员办理投资项目审批业务水平。由区委、区政府统一规划、推动全区各单位、各乡镇加强本单位业务清单和工作规范化建设。

三　重点培育的政府治理现代化建设项目

（一）全面推进政府职能转变

1. 制定区政府取消和调整的行政审批项目；
2. 全面建成顺义区政务服务中心；
3. 探索建立相对集中行政许可权的行政审批机构；
4. 推进工商税务质检三证合一；
5. 启动部门行政审批绩效考核项目；
6. 建立和公布顺义区企业投资和市场准入负面清单；
7. 在医疗、教育等领域启动一批政府向社会购买公共服务项目；
8. 探索建立工商、质检及食品药品等为一体的"大监管"机构。

（二）优化政府治理结构

1. 建立和公布顺义区政府部门及公务员责任清单；
2. 向基层政府下放必要行政服务类、公共资源交易类管理权限和项目；

3. 开展区政府向镇政府的财政转移支付项目；
4. 建立和完善功能镇分类化、差异化绩效考核体系；
5. 启动政府部门之间的电子政务信息互通互联项目；

（三）推进治理方式法治化、民主化、协同化

1. 制定和公布顺义政府部门、镇政府及街道办行政权力清单；
2. 构建顺义区法治政府指标体系；
3. 推进城市管理、市场监管综合行政执法；
4. 建立健全行政裁量权基准制度；
5. 推行一批政府与社会组织合作的项目。

（四）加强政府治理队伍现代化建设

1. 启动公务员岗位交流、锻炼项目；
2. 建设一批公共服务类公务员业务培训项目；
3. 启动政府部门、镇政府及街道办公务员工作规范化建设项目。

第二篇

运用村规民约推进社会治理现代化

——厚植协同共治社会资本

第一章 研究背景

改革开放40年以来，我国经济转轨和社会转型进程加速推进。经济社会转型客观上要求社会治理体制机制也要实现相应的转型，建立起新型的社会治理机制。但是长期以来，由于传统社会治理理念的束缚、治理主体高度一元化、新型治理体制机制缺失，农村社会治理始终存在许多亟待破解的难题和瓶颈，出现许多乱象。面对当前农村社会治理的严峻挑战，如何探索和创新社会治理机制、形成多元协同共治格局，成为各级政府推进社会治理现代化的过程中所面临的重大挑战。

党的十八届四中全会《中共中央关于全面推进依法治国若干重大问题的决定》（以下简称《决定》）明确提出，"支持各类社会主体自我约束、自我管理，发挥市民公约、乡规民约、行业规章、团体章程等社会规范在社会治理中的积极作用"。《北京市委关于贯彻落实党的十八届四中全会精神全面推进法治建设的意见》（以下简称北京市委的《意见》）也指出，充分发挥社会规范在社会治理中的积极作用，鼓励和引导各类社会主体制定市民公约、乡规民约、行业规章、团体章程等社会规范。

十八届四中全会的《决定》和北京市委的《意见》，为顺义区开辟社会治理新局面、开创社会治理新机制，开拓社会治理新途径指明了方向，确定了路径。

一　选题缘由

顺义区是北京东北部发展带的重要节点、首都国际航空中心核心区以及重点发展的新城。随着工业化、城市化进程的加快，顺义区的经济结构、人口结构、社会管理正在发生巨大变化，这给顺义区在环境保护、社会治安、人口流动、土地管理等方面带来了一系列迫切需要解决的问题。

农村原有以政府为单一主体的管控模式在农村社会治理方面面临着挑战,这些挑战表现如下。

1. 随着农村人口净流出加剧,农村社会治理面临能力弱化的挑战

快速发展的城市化进程,使得农村人口大规模向城镇地区和非农产业转移,农村人口"空心化"现象凸显。从2010年开始,顺义户籍人口城市化率开始超过50%,城镇居住人口达到65.7%。农村居民呈现明显的"38、61、99"的特点。北石槽、木林、龙湾屯、北务、张镇等地区,60岁以上老人占比均超过17%。顺义41万名劳动力中,真正纯农业劳动力只有约8000人。快速城市化使农村人口净流出加剧,尤其是原有大量的农村治理精英离开农村走向城市,导致农村治理出现能人短缺的现象,弱化了农村社会治理能力。

2. 缺乏有效的体制机制安排,农村社会治理面临多元主体之间协同的挑战

受市场经济和机构职责定位不清的影响,现有农村社会治理格局中的基层政府、村级组织(村民委员会和村党支部)与村民等行为主体往往单一追求自身利益最大化,自行其是,缺乏协同合作、平等协商的协同理念。在当前农村社会治理活动中,存在许多政府、村级组织和村民之间协同互动不够的地方,三者经常出现矛盾和冲突。

3. 复杂村务问题层出不穷,农村社会治理面临治理方式亟待优化的挑战

随着农村生活水平的提高,农村复杂公共事务问题日益增多,并衍生出许多社会治理的新难题。有些"麻烦事"成为村集体管理的心病。尤其是有的新型农村社会事务上升不到法律层面;运用行政手段管理效果不一定理想;仅靠道德评判缺少相应的约束力和执行力。如何创新和优化农村社会治理方式,有效解决复杂公共事务问题,成为当前推进农村治理现代化的重要课题。

二 分析视角

在这种背景下,顺义区委、区政府经过几年的积极探索,确立了以村规民约建设为切入点、积极推动农村社会多元主体协同共治的发展战略,破解了农村社会的治理难题,并取得了一定的成效。通过村规民约

建设，顺义区既发挥了村委会和村党支部的引领作用，又广泛调动了村民参与，提升了农村社会的治理水平。为此，本课题着重研究围绕运用村规民约、推动协同共治的理论基础、实践案例及创新做法，这不仅有利于为强化和提升农村社会治理能力提供决策参考，也有利于为实现农村社会治理体系现代化提供实践思考，更有利于为创新农村治理提供基础理论支撑。

克服传统农村社会治理的失灵现象，需要全面把握农村社会治理的内涵。农村社会治理包括村民层面的自我治理、自我调节；党和政府对农村的治理等两个方面。实现农村社会治理现代化，不能单纯强调和推进其中的任何一个层面的治理，而忽视另外一个层面的治理，需要走协同共治道路。

1. 顺义区农村社会协同共治不仅是政府、村民、社会组织等多元主体之间的协同，还是多种治理机制的协同。协同共治体系可分为纵向、横向及网络状三种不同的形态。

纵向体系是指从区政府到镇政府、村委会自上而下形成的协同治理系统。横向体系是指不同类型治理主体之间的水平协同系统，包括政府、社会组织、驻村企业、村民之间建立在平等协商基础上的合作体系。政府与社会组织协同、政府与企业协同、企业与社会组织协同、政府与村民协同、村民之间协同、村民与社会组织协同是横向体系的主要内容。网络化体系是指围绕特定的公共问题，各行动主体之间建立网络状合作体系，这种体系既包括自上而下的纵向体系，也包括多元主体横向体系。协同共治还体现为多元治理工具之间的协同运用，包括行政手段、市场手段、法律手段、道德和文化手段，以及正向激励机制和负向激励机制的有机协同。从过程性机制来看，协同共治体现为村务政策制定、执行、监督和纠正机制的动态有机协同。各个环节之间的机制性协同，是保障治理效果的关键。

2. 要促进顺义区多元主体、多种治理工具的协同共治，不仅需要以正式制度为核心内容的治理体系的现代化，而且必须发挥以村规民约为核心内容的非正式制度的促进功能和积极效应。

国家的正式制度是以自上而下的强制为特征的，带有很多命令和控制的成分。仅仅依靠正式制度来对顺义区进行治理，会导致政府规模过大、负担过重、能力不足、执行成本高昂、制度难以执行等一系列问题。村规民约是一种非正式制度,它在本质上是村民之间在自愿协商的基础上达成的一种契约,反映了村民自我组织解决问题的努力。相对来说,村规民约带有更少的强制性,内容更贴近村民需要解决的问题,更容易被村民理解、接受和实施。它的功能在于弥补、扩展政府法律法规等正式制度的不足。政府以正式制度为核心的治理体系与村规民约在功能上的协调、互补和有机衔接程度,影响着协同共治的有效性。村规民约是一种社会资本,它可以促进村民之间的信任及合作行为。顺义区政府需要充分调动社会资本,有效利用传统文化资源,才能低成本地实现协同共治。村规民约是一种软法,它需要与硬法有机结合,才能推进农村社会协同共治走向规范化。村规民约是公共参与的载体,只有村民在村规民约制定和运作中高度参与,才能顺利推动协同共治。

三 研究方法

1. 文献资料收集法

通过搜集和研读国内外协同治理、农村治理和村规民约相关研究文献,找出村规民约和协同共治的理论依据、理论基础,为本研究的开展寻求理论支撑。主要文献来源包含:(1)顺义区下辖426个村庄的村规民约文件;(2)区委、区政府下发的各类文件,其中包含实施方案、通知、工作简报等;(3)区委、区政府主要领导系列讲话文件;(4)顺义区各乡、镇村规民约实施情况汇报;(5)其他相关材料。

2. 访谈法

2015年7月28日,课题组成员先后同区委、区政府相关部门成员举行座谈,并实地调研了榆林村、三家店村、宏成花园社区;2015年9月23日,课题组成员先后同赵全营镇及龙湾屯镇领导举行座谈,并到辖区内的西水泉村、焦庄户村进行实地调研,同村干部、村民代表举行座谈。2015年10月21日,课题组成员同杨镇政府领导举行座谈,并先后调研了李辛庄、安乐庄及东乌鸡村等三个村庄。

3. 问卷调查法

2015年11月5—6日,课题组成员先后深入顺义区下辖的19个镇34个村庄进行问卷调查;问卷发放的34个村庄名单由顺义区按照6个试点类型进行协助选取。其中,调研对象均为具有农村户口并且常住农村的居民。调查问卷共发放370份,收回有效问卷359份,问卷回收率为97%(调研样本情况详见表2-1-1)。

表2-1-1 调研样本的整体情况 (n=359)

项目		频数	百分比(%)
性别	男性	193	53.8
	女性	166	46.2
年龄	23—40岁	48	13.5
	41—60岁	219	60.9
	61—79岁	89	24.8
	未填写年龄	3	0.8
文化程度	初中及以下	198	55.2
	高中(中专)	98	27.3
	大专	38	10.6
	大学本科	21	5.8
	研究生及以上	2	0.6
	未填写学历	2	0.6

4. 案例研究

总结国内其他地区在村规民约建设或农村社会治理中的有效做法、典型经验和案例,为顺义区推进农村社会协同共治提供可靠的借鉴和启示。

第二章 运用村规民约推动协同共治的理论分析

一 村规民约的定义、特征及功能

(一) 村规民约的概念界定

村规民约作为我国乡村社会孕育的一种制度形态，其内涵和外延也历经了漫长衍化，在不同时期有着不同的称谓，其中比较有代表性的称谓包括乡约、乡规、乡规民约、村规民约等。1987 年，《中华人民共和国村民委员会组织法（试行）》第 16 条明确规定："村规民约由村民会议讨论制定，报乡、民族乡、镇的人民政府备案，由村民委员会监督、执行。村规民约不得与宪法、法律和法规相抵触。"这是政府首次在法律层面上对村规民约做出规定，不过，政府实际上并没有对村规民约进行概念上的界定。

学术界对于村规民约的理解尚未达成共识。其中比较有代表性的界定主要有：梁治平认为，村规民约是指在农民长期的生活与劳作过程中逐渐形成的一套地方性规范，它被用来分配农民之间的权利及义务，调整和解决彼此之间的利益冲突，并在一套关系网络中予以实施；[1] 张广修认为，现代村规民约作为村民自治的制度化、规范化形式，是依照法治精神，适应村民自治要求，由共居同一村落的村民在生产、生活中根据风俗和现实共同约定、共信共行的自我约束规范的总和；[2] 张明新认为，乡规民约是

---

[1] 梁治平：《清代习惯法：社会与国家》，中国政法大学出版社 1996 年版，第 35—36 页。
[2] 张广修：《村规民约的历史演变》，《洛阳工学院学报》（社会科学版）2000 年第 6 期。

指乡村居民共同商量、共同讨论、共同制定，村民必须遵守和执行的行为规范；① 谢晖认为，村规民约是指除了作为"大传统"的国家法律制度之外，维系中国乡民社会生活的规则—制度系统。村规民约有广义和狭义之分。前者泛指一切乡土社会所具有的国家法之外的公共性规则，而后者则仅指在国家政权力量"帮助、指导"下，由乡民们"自觉地"建立的相互交往行为的规则。② 上述概念对于我们把握村规民约的内涵有一定帮助，但这些界定在不同程度上存在以下问题。

1. 未能准确把握"村民自治"和"国家指导"之间的关系

现有的概念界定过多强调村民自治的一面，而较少强调国家指导的一面，忽略了两者之间的动态均衡关系。党晓虹研究了国家政权在传统乡规民约演进过程中的角色嬗变及其影响，认为国家政权经历了一个从"禁断者"到"唱和者"再到"首倡者"的角色转化过程，这种角色嬗变对于传统乡规民约自身发展乃至整个乡村社会都产生了重要影响。一方面有力地推动了乡规民约的规模发展、增强了乡规民约的合法性、强化了乡村社会组织在乡村社会的统治权威；但另一方面也造成了乡规民约性质蜕变、认同感降低、乡村社会组织影响力下降、乡民"自治"意识与能力削弱等消极影响，并最终导致政府对乡村社会管理失控的严重后果。实践证明，国家政权对乡规民约的发展起着不容忽视的重要作用，一方面乡规民约的制定和运行需要政府指导；另一方面，国家又不能强行介入，所以，保持国家力量的适度介入是必需的③，村规民约正是在乡村精英、国家政权和农民三方力量博弈互动中得到不断发展演进。具体而言，在村规民约的制定过程当中，国家政权可以起到监督者和制度保障者的作用；乡村精英阶层则可以承担村规民约倡导者、制定者和执行者的角色；而广大农民群众作为村规民约的主要施受对象，在根本上决定了村规民约能否顺利贯彻实施④，能否最终达成预期目的。

---

① 张明新：《乡规民约存在形态自论》，《南京大学学报》（哲学·人文科学·社会科学）2004年第5期。
② 谢晖：《当代中国的乡民社会、乡规民约及其遭遇》，《东岳论丛》2004年第7期。
③ 党晓虹：《唱和与首倡：论国家政权在传统乡规民约演进过程中的角色嬗变及其影响》，《中国农史》2014年第2期。
④ 党晓虹、樊志民：《传统乡规民约的历史反思及其当代启示——乡村精英、国家政权和农民互动的视角》，《中国农史》2010年第4期。

2. 未能准确把握"现代性"和"传统性"之间的辩证关系。

学者们对于村规民约的概念界定，更多强调了村规民约传统性的一面，而没有突出其现代性的特征。村规民约虽然与传统的乡村治理方式有着密切关系，但当代村规民约和传统意义上的村规民约在价值取向、作用范围、内容、实现方式等方面存在诸多差异。比如，一项关于杭州市村规民约的研究指出，当前杭州的村规民约已经呈现出了新的特点，"在适用主体上，不限于村，也包括部分撤村建居后的居民社区；在作用领域上，主要集中于集体财产分配、社会福利分配等法律法规和政策的空白地带；在价值取向上，由强调以义务为主向一些权利本位的萌芽过渡；在约束手段上，由处罚主导方式转向以教育告诫为主、处罚方式为辅"①，这从一个侧面反映出村规民约在现代化的过程中不断发生嬗变。

本课题组认为，村规民约是指同一村落共同体内的村民为了管理公共事务、规范交往行为，结合本村文化传统及需要解决的问题，共同制定和实施的一套规则体系。

（二）村规民约的基本特征

1. 本土性

本土性特征可以从空间和时间两个维度加以分析。从空间维度来看，村规民约呈现出明显的地域性，其产生、实施乃至消亡的全过程，都是在同一个村落共同体内完成的。村规民约作为一种地方性知识，"地方性不仅是在特定的地域意义上说的，它还涉及在知识的生成与辩护中所形成的特定的情境，包括由特定的历史条件所形成的文化与亚文化群体的价值观，由特定的利益关系所决定的立场、视域等"②，超出这个共同体的范围，村规民约的效力也就随之消失。

2. 约束性

由于村规民约处理的是乡村社区的公共事务，自然会涉及集体行动问题。经济学家奥尔森指出，"实际上，除非一个集团中人数很少，或者除非存在强制或其他某些特殊手段以使个人按照他们的共同利益行事，有理

---

① 杭州市司法局课题组：《城乡变迁背景下的村规民约研究：以杭州市为例》，《法治研究》2012年第12期。

② 盛晓明：《地方性知识的构造》，《哲学研究》2000年第12期。

性的、寻求自我利益的个人不会采取行动以实现他们共同的或集团利益"①，所以，约束性是各地村规民约制定中的一个共同特征。在理想状态下，村规民约应该由全体村民制定，应该在投票过程中遵从"多数规则"，"投票的大多数是永远可以约束其他一切人的；这是契约本身的结果"②，村民在享受村规民约带来的收益的同时，也必须让渡部分个人权利，承担违反村规民约带来的后果。从这个意义上说，村规民约不仅是一套权利体系，也是一套责任和义务体系。

3. 排他性

有学者将村规民约的排外性定义为"特殊主义"，"只有内部成员有资格分享，对外部成员具有排他性，或采用另一类标准"③，村规民约是同一个村落成员之间的契约关系，其排他性主要与成员的身份资格相关。这种排他性主要以户籍为依据，将外来人口排斥在受益范围之外，或者仅将部分纳入村规民约范围之内。在资源有限的前提之下，通过排斥外来人口能够有效保障村落共同体成员的自身权益。但从长远来看，容易造成村庄自我封闭，加深与外部的隔阂，并不一定有利于村庄的长远发展。

(三) 村规民约的主要功能

1. 自治功能

一个共同体可否独立自主地制定出自己的规章制度，乃是判断该共同体是否是真正实现自治的基本标准之一。村规民约本身就是广大村民依据国家有关法律法规，结合本村实际情况，旨在实现对乡村各种公共事务进行治理的一种契约性规定，必须"被群体中的人们所共同接受才能在群体中维持下去"，④ 是广大村民实现自我管理、自我约束、自我教育、自我服务的一种有效工具。谢秋红指出，"作为村民共同制定遵守的行为规范，村规民约是村民自治的制度化体现，是基层民主的产物"。⑤ 村民自

---

① [美] 曼瑟尔·奥尔森：《集体行动的逻辑》，陈郁等译，格致出版社、上海三联书店、上海人民出版社 2011 年版，第 2 页。
② [法] 卢梭：《社会契约论》，何兆武译，商务印书馆 2005 年版，第 136 页。
③ 张静：《基层政权：乡村制度诸问题》，上海人民出版社 2007 年版，第 112 页。
④ 费孝通：《论文化与文化自觉》，群言出版社 2007 年版，第 391 页。
⑤ 谢秋红：《乡村治理视阈下村规民约的完善路径》，《探索》2014 年第 5 期。

治章程主要从程序上确立了村民自治的规范，而且主要讨论村民的政治权利，而村规民约作为一种基于合意而产生的一种契约形式，更多是在解决村庄公共事务管理中的重大问题，它为村民以自组织的方式解决公共问题提供了有力保障，同时也为村务的日常管理提供了制度保障，是乡村社会的稳定器、调节器。

2. 教化功能

村规民约的制定和实施过程，本身就是村民进行利益表达的一种重要形式。村规民约的教化功能，主要体现在两个方面：一是从传统意义上的村规民约角度来看，我国传统乡村社会乃是一个礼治社会，而非法治社会，村规民约发挥作用主要是通过道德约束等来实现；二是从现代意义上的村规民约的角度来看，村规民约对于广大村民的教化作用，主要体现为法治精神的提升和契约精神的培养。通过村规民约，村民们能够确立对规则的信仰、对权利与义务关系的认知，启蒙契约精神，增加法治理念，养成有益的行为习惯，最终内化为一种无须提醒的自觉遵守。同时，在村规民约的制定实施过程中，"通过利益表达、文化参与等主体价值的培养起到化导乡民，移风易俗的作用"。[1]

3. 整合功能

村规民约是一种重要作用的整合机制，作为一种非正式制度，村规民约"通过提供有关社会行为人预期行为的相关信息，稳定了社会预期并且构建了社会生活"[2]。首先，村规民约有助于实现对多个行动主体的整合。和我国传统农村社会的均质同构特征不同，中华人民共和国成立以来，我国的乡村社会先后历经了多次政治运动，尤其是随着改革开放的不断深入，广大乡村地区的社会结构已经发生了日趋严重的分化现象。这为我国乡村社会的治理带来了严重的挑战，同时，也为达成社会整合带来了契机。在村规民约的制定过程中，政府、乡村精英、村民、社会组织等多方主体各自承担和发挥了自身的适当角色，合理需求得以充分表达。其次，村规民约有助于实现正式制度和非正式制度的整合。诺思早就指出，正式制度"即便是在那些最发达的经济中，也只是形塑选择的约束的很

---

[1] 许娟：《论新型乡约的当代价值——以社会主义新农村建设为视角》，《中南民族大学学报》（人文社会科学版）2008年第3期。

[2] [美]杰克·奈特：《制度与社会冲突》，周伟林译，上海人民出版社2009年版，第178页。

小一部分（尽管非常重要）"，①"在日常互动中，它们却极少是形成选择的明确而直接的来源"，②同样地，在乡村社会的日常生活当中，以国家法律、法规为代表的各种正式制度虽然发挥了重要的作用，但是，也只是约束了一部分，甚至是一小部分的村民社会交往活动。非正式制度作为"正式制度的延伸、阐释和修正"③，则在更广范围内发挥着基础性作用。村规民约作为一种非正式制度，与正式制度一起，共同为乡村社会构筑出健康的制度环境。在实践中也可以发现，村规民约是农村治理的第一道防线，只有当村规民约无法解决治理问题时，村民才需要诉诸法律。村规民约可以有效缓解政府解决社会纠纷的压力，弥补法律法规在农村事务管理中的不足。

4. 文化传承功能

非正式制度从何而来？学者诺思认为，"它们来自于社会传递的信息，并且是我们所谓的文化传承的一部分"④，村规民约作为一种同一村落共同体成员在日常生活中自发形成、自我实施的非正式制度，必然深深植根于村落内部独有的传统文化底蕴之中，其产生、形成和发展过程本身就是对传统文化的一种扬弃。村规民约是"通过一代代人对知识、价值、信仰的教诲和模仿而积淀演化的"，其变化过程是累积实现的，具有强大的稳定性⑤，村规民约在演化变迁的过程中，体现出了一种"主体承继"的特征。周家明认为，主体承继是"指对事物主要部分、主要内容、主要思想和精神的承接和继替。具体体现在村规民约的演变中，是新的规约对原有规约在内容、行文、体例、框架以及模式主体的接受与继续，反映了规约的内在同一性和历史继承性"，⑥从时间维度来看，村规民约呈现出明显的"路径依赖"特征。制度学派认为，"从过去衍生而来的制度和信念影响目前的选择"，"路径依赖意味着历史是重要的。不去追溯制度

---

① ［美］诺思：《制度、制度变迁与经济绩效》，杭行译，上海人民出版社2008年版，第50页。
② 同上书，第51页。
③ 同上书，第56页。
④ 同上书，第51页。
⑤ 刘世定：《经济社会学》，北京大学出版社2011年版，第33页。
⑥ 周家明：《城市化进程中村规民约的居民公约化演变——以昆明市吴井（社区）为例》，《晋阳学刊》2013年第3期。

的渐进性演化过程,我们就无法理解今日的选择"①,村规民约的发展演变,与村落共同体内的传统习俗等因素密切相关。这些传统习俗是"活生生地流动着的、在亿万中国人的生活中实际影响他们的行为的一些观念;或者从行为主义角度来说,是他们的行为中体现出来的模式"②,被实践证明为有效的习俗、传统吸纳进来,是提升村规民约正当性的重要途径。

二 协同共治的定义、体系和机制

自20世纪90年代以来,在西方社会科学领域,治理(Governance)一词被广泛应用于政治学和社会经济管理理论研究,并在许多语境中大行其道③。从词源学角度来看,Governance 同 Government 一样,都是源自古希腊语"Steer",原意是控制、指导或操纵。1989年,世界银行在《撒哈拉沙漠以南非洲问题的报告》中,使用"治理危机"概括相关地区治理情形,治理开始被应用于政治发展中。之后,一些政治学学者、经济学学者及世界银行、国际货币基金组织、联合国等国际机构陆续赋予治理以许多新的含义,治理在欧美及全球范围内逐渐流行。在我国国内学术界,"治理"概念也已经得到规范的应用。④

(一) 协同共治的含义

理论上,国内协同共治是随着西方治理概念的引入而逐渐被提出的。波利特认为,治理强调公共管理需要除政府自身以外其他社会行动者的积极参与,吸取包括政府在内的更为广阔的力量处理公共事务⑤。罗德认为,治理理论指出管理主义导向的新公共管理存在四点缺陷:管理主义过多关注于组织内部的经济、效率、有效等,忽视了组织间的联系和科层控制;目标充斥于管理主义,忽视了保持组织之间的关系和信任;管理主义过多关注结果,适合直线科层制,但不适于组织间的网络;管理主义理论

---

① [美]诺思:《制度、制度变迁与经济绩效》,杭行译,上海人民出版社2008年版,第20、138页。
② 苏力:《法治及本土资源》,中国政法大学出版社1995年版,第14页。
③ 吴志成:《西方治理理论述评》,《教学与研究》2004年第6期。
④ 王浦劬、杨凤春:《电子治理:电子政务发展的新趋向》,《中国行政管理》2005年第1期。
⑤ Christopher Pollitt, Geert Bouckaert, *Public Management Reform*, Oxford University Press, 2011.

核心中的竞争与掌舵存在矛盾。罗德进一步指出，作为"没有政府的统治"，治理的使用情况包括：国家作用最小化；作为公司治理的治理；作为新公共管理的治理；作为良治的治理；作为社会网络系统的治理；作为自组织网络的治理。[1]

国内学术界围绕治理理论相继介绍和引入许多同协同共治相关的理论，包括整体性治理、合作治理、协同治理等。俞可平认为立足于中国公共管理实际，治理理论对于我国摆脱市场化进程中公共管理的低效甚至多方面的失败具有十分重要的借鉴意义。[2] 竺乾威介绍和评价了整体性治理，认为整体性治理是在对新公共管理的实践进行反思的基础上提出的。[3] 国内著名行政学家夏书章先生认为，公共领域的事务纷繁、关系复杂、问题迭出，政府需要与非政府组织进行合作治理；在谈及公共管理未来十年前景时，提出"加强合作治理研究是时候了"的呼吁。[4] 敬乂嘉首次出版了合作治理的系统性专著，认为合作治理是公共服务再造的新逻辑。[5] 邓穗欣等将协同治理定义为："通过建立、指导、促进、运用和监督跨部门的组织安排以解决公共政策问题的整个过程。"[6]

目前，国内理论界对协同共治尚未做出统一的概念界定。国内协同共治研究主要停留在对协同治理的介绍和引入层面，较多关注治理多元主义取向，忽视协同的本质含义，出现一定程度上的"协同性"缺失，协同共治的本土化创新有待强化。本课题组主张，在界定协同概念基础上，结合中国社会治理的定义，提出社会协同共治的含义。首先，协同是指为实现共同目标，两个及两个以上行动主体发挥各自的优势，通过建立合作伙伴关系，综合运用各种工具和手段，放大整体功效的过程。[7] 协同与协调、合作等相关概念有一定的区别，它们在行动主体之间联合行动与组织自身使命的一致性程度方面存在差异。相比较合作、协调这两个概念而

---

[1] Rhodes, R. A. W., The New Governance: Governing without Government, *Political Studies*, 1996, Vol. 4.
[2] 俞可平：《治理和善治：一种新的政治分析框架》，《南京社会科学》2001年第9期。
[3] 竺乾威：《从新公共管理到整体性治理》，《中国行政管理》2008年第10期。
[4] 夏书章：《加强合作治理研究是时候了》，《复旦公共行政评论》2012年第2期。
[5] 敬乂嘉：《合作治理：再造公共服务的逻辑》，天津人民出版社2009年版。
[6] 邓穗欣等：《理性选择视角下的协同治理》，复旦大学出版社2011年版。
[7] 赖先进：《论政府跨部门协同治理》，北京大学出版社2015年版。

言，协同更强调治理主体之间在行动上的一致性。机构合并是两个机构一致行动的最高形式。在机构不整合的前提下，协同是主体间一致行动的最高形式。其次，中国社会治理是指在执政党领导下，由政府组织主导，吸纳社会组织等多方面治理主体参与，对社会公共事务进行的治理活动①。

因此，本课题把协同共治界定为，针对特定的公共事务问题，政府、社会组织、企业及公众等多元治理主体，发挥各自优势，通过建立正式或非正式合作关系、综合运用多种合作机制，实现公共事务有效治理的一种制度安排。

（二）多元治理的协同共治体系

在传统政府管理模式中，政府是单一行动主体。而协同共治的行动主体更为多元化。除了党组织、政府之外，社会组织、企业和公众等不同性质的主体都参与到公共事务的治理中来。其中，政府是协同共治的发起者和重要参与者。多元协同共治体系包括纵向、横向、网络化三个方面。

1. 纵向协同共治体系

在农村社会中，纵向共治体系是指在政府官僚科层组织内部从中央政府、省级政府（含直辖市）、区政府到镇政府、村委会自上而下形成的协同治理体系。纵向协同共治体系是一种自上而下的线性协同体系。纵向的协同共治是当前中国农村社会协同共治的主导力量，也是当前最核心的力量。纵向协同共治体系动力主要来源于两个方面。一是自上而下各级政府发布的对强化社会治理的行政命令；二是各级党政领导者对推动社会治理的利益追求和心理偏好。第一个方面的动力在实践中更为突出。各级政府对社会治理的态度和认知上，没有表现出像发展经济那样强烈的自主性，多数时候是被动地等待和执行上级政府的指令。许多地方理解、提出的协同共治概念实质上是一种纵向的协同共治体系。

2. 横向协同共治体系

横向共治体系是指不同类型治理主体之间的跨部门水平协同治理体系，包括政府、社会组织、驻村企业、村民之间建立在平等协商基础上的合作体系。横向的协同共治体系是一种平面化的协同共治体系。政府与社

---

① 王浦劬：《国家治理、政府治理和社会治理的含义及其相互关系》，《国家行政学院学报》2014年第3期。

会组织协同、政府与企业协同、企业与社会组织协同、政府与村民协同、村民之间协同、村民与社会组织协同是横向体系的主要内容。从政府、社会组织、企业及村民等主体的角度来看,这些主体之所以要推进横向的协同共治体系,主要的动力来源是:第一,组织利益和个体利益的内生性动力驱动;第二,组织和个人的心理驱动。无论是出于公共利益的需要,还是部门利益的考虑、个体利益的考量,为有效应对社会治理的挑战,政府、社会组织、企业和村民等主体都会表达出开展协同合作的需求,通过各种机制和渠道,建立协同合作关系。在合作的心理层面,公民个人、非政府组织,人员以及行政官员介入部门合作与公私合作化的进程都有着其不同的心理考虑,"政府的首要目的是培育自由,即要创造一种人们能够富有成效地相互合作的(心理)环境"。[1]

3. 网络化协同共治体系

网络化协同共治体系是指在农村社会中,围绕特定的公共问题,各行动主体之间建立网络状合作体系。这种体系是一种立体化的协同共治体系,既包括自上而下的纵向体系,也包括多主体的横向体系,也体现为基于虚拟社会网络形成的协同合作关系。网络化的协同共治体系动力机制来源是多元的,既有官方行动主体的行政命令驱动,也有治理主体推进社会治理的利益和心理驱动,甚至文化理念也发挥着一定的作用。不同于自上而下的网格化管理和控制,网络化协同共治体系强调政府、社会组织、企业和公民建立以合作伙伴关系为特征的协同网络,各自发挥自身的优势,提升社会治理的整体性和有效性。这些立体化的网络协同治理特征在高度发达的信息时代表现突出。以当前基层农村推进的"雪亮工程"为例,利用现代信息技术,在农村建立视频监控联网应用系统,居民可通过有线电视实时监看小区、社区视频监控图像,并可实现"一键报警",有效地实现了政府、村委会和村民在农村社会治安综合治理中的网络化协同共治。

(三) 多元治理机制的协同

协同共治不仅是多元主体层面的协同,而且还是多种治理机制的协同。协同共治的机制直接影响着多元行动主体之间能否实现有效合作。从

---

[1] 杨华锋:《协同治理的行动者结构及其动力机制》,《学海》2014年第5期。

治理机制来看，农村社会的协同共治包括以下几个方面。

1. 正式制度与非正式制度的协同

正式制度与非正式制度是顺义区社会治理的一组重要关系。正式制度是依靠权力机构有意识建立起来并被正式确认的各种制度的总称①，包括法律、法规、政策等。对农村社会而言，它是一种外来的硬性制度。非正式制度是人们在长期共同生活或社会交往过程中形成的约定俗成的且被一致认同并共同遵守的行为准则②，包括价值观念和风俗习惯。对农村社会而言，它是一种内生的软性制度。目前，中国农村社会治理是一种低制度化的治理模式。低制度化表现为两个方面。一是在我国社会协同共治中，无论是正式制度，还是非正式制度都面临缺失的问题③。以法律和政策为代表的正式制度，内容规定上或者不到位，或者比较模糊，正式制度供给严重不足。随着城镇化和现代化的快速发展，传统的农村社会正在逐渐解体，农村原有的以道德规范为代表的非正式制度逐渐淡化，加之政府对社会治理中非正式制度的作用重视不够，非正式制度出现严重缺失。二是从农村社会治理效果来看，现有的正式制度和非正式制度的治理绩效还相对较低。以我国实行多年的以"民主选举、民主决策、民主管理、民主监督"为主要内容的基层群众性自治制度为例，村民自治实际效果并不理想，许多情况下村民无法通过自治解决自己的问题，村民自治难以充分发挥村民的主体作用。

2. 多种属性治理机制的协同

协同共治还体现为多元治理工具之间协同运用，即多种治理方式的协调运用，这既包括行政手段、市场手段，也包括法律手段、道德和文化手段。农村社会治理在工具意义上也具有多元复杂性特征，要求综合使用多种工具进行治理。仅仅依靠行政手段的单一化治理效果是有限的，甚至出现失灵现象。在实践中，许多上级党政机构和部门纷纷加大治理力度，走行政式治理道路。然而，其中很多的治理措施既未得到村民群众授权，且不符合村民群众意愿，出现"行政式治理失效"现象。要克服行政式治理失灵现象，需要及时转变观念，引入市场手段、道德文化手段，实现多

---

① 章荣君：《乡村治理中正式制度与非正式制度的关系解析》，《行政论坛》2015 年第 3 期。
② 同上。
③ 范逢春：《地方政府社会治理：正式制度与非正式制度》，《甘肃社会科学》2015 年第 3 期。

种治理工具的协同。同样，村规民约是推进农村实现协同共治的一种工具、一种软规范，并不是万能的解决方案，需要其他治理工具的配合，包括法律、政府政策和社会文化。在运用村规民约、推进农村协同共治过程中，需要在法律的框架下，区政府职能部门、镇政府及时制定相关政策，村干部以身作则、为村民树立榜样、带头执行村规民约，从而发挥村规民约与其他治理工具的协同作用。

第一，村规民约与法律工具的有机协同。

现代社会，法律是任何人都必须遵守的强制性规范。作为一种乡村自我约束的社会规范，必须与国家法律规范保持协同一致。一方面，符合国家法律法规是村规民约发挥作用的前提。现代社会是法治社会，任何规范都不能与法律相抵触，防止出现村规民约比法律更强大的现象。另一方面，作为正式制度，法律在乡村社会治理中更好地发挥作用，需要村规民约来补充和完善。这实质上就是法治与德治的协同问题。在纷繁复杂的乡村治理实践中，法律内容的概括性和不确定性，需要村规民约等实质理性的辅助。

第二，村规民约与政府政策工具的有机协同。

政府制定的公共政策，尤其是基层政府职能部门的公共政策，对于乡村社会治理具有直接的导向意义和操作性意义。村规民约也需要与政府政策实现内容上的协同，防止出现冲突和"打架"。一方面，基层政府部门要加强对村规民约建设的指导和监督，在制定过程中消除与政府政策冲突的条款内容；另一方面，基层政府部门对于辖区内具有普遍意义的村规民约内容，及时吸纳到政府公共政策中，消除有的政策在乡村社会治理中出现水土不服的现象。

第三，村规民约与乡村社会文化的有机协同。

传统意义上的村规民约是乡村内长期社会文化习俗的体现。作为习惯法，村规民约是从乡村文化习俗中衍化而来的。在村规民约制定过程中，要充分挖掘乡村社会固有的文化习俗和习惯做法，将之写入村规民约中，使得非正式制度正式化。在村规民约执行过程中，重视乡村社会文化的塑造，有利于为村规民约的实施创造良好的社会文化氛围。

此外，从多种工具治理的激励效果来看，协同共治还体现为正向激励机制和负向激励机制的有机协同，即奖惩机制的协同运用。对于村民个体而言，村规民约效果取决于其是否具有激励效应。一方面，村规民约应当具有正向的激励机制,发挥引导村民行为的功能。在实践中,正向激励机制可以是经济上的激励,例如,多数乡村将是否遵守村规民约与村集体福利发放相结合,提高村规民约执行力;正向激励也可以是荣誉性质的。另一方面,村规民约也应当具有负向的激励机制,发挥规范和约束村民行为的作用。实践中,多数乡村都利用农村舆论压力,对不遵守村规民约行为列入"黑名单",村内张榜公示。

3. 多种过程性治理机制的协同

从过程性机制来看,协同共治体现为村务政策或村内治理规则的制定、执行、监督和纠正机制的动态有机协同。各个环节之间的机制性协同,是保障治理效果的关键。当前,我国农村社会治理体现出很强的重制定、轻执行、轻监督与评估特征。这种特征实质上是有开端、没结果,忽视社会治理的过程管理,最后产生像"烟花"一样的治理虚化现象。例如,在许多农村社会治理活动中,社会治理活动开始和发起时往往是轰轰烈烈、光彩夺目,但不久之后便销声匿迹、不见踪影,缺乏可持续性和稳定性,有人形象地将这种现象比喻为空中的一团烟花,转瞬即逝。因此,推进农村协同共治还需要重视执行、重视监督,从政策制定、执行监督和评估环节等全过程实现社会治理的有机协同。

三 运用村规民约推动协同共治的基础和条件

根据新制度经济学的非正式制度理论、社会学的社会资本理论、法学的软法理论、政治学的公共参与理论,本课题组认为,顺义区运用村规民约、实现协同共治具有四个理论基础和条件。这四个理论基础和条件是运用村规民约、推动协同共治的理论原则,也是运用村规民约、推动协同共治的理论要件。

(一)村规民约是一种非正式制度,它需要弥补政府法律法规等正式制度在社会治理中的不足。两者在功能上的协调、互补和有机衔接程度,直接影响着协同共治的有效性

20世纪70年代中期以来兴起的新制度主义,确认制度是社会经济和治理分析的核心概念,认为制度是社会生活中形成的规范化、系统化、定型化的社会关系体系,表现为社会准则和行为规范。制度可以分为正式制

度与非正式制度,两者的有机结合是中国农村社会治理的核心问题。国家层面的正式制度为农村治理提供了法律制度框架,但正式制度常常被非正式制度扭曲甚至制约。[1] 法学家朱苏力认为,在中国法治建设中,要借助本土的传统和惯例,利用本土资源,得到社会的接受和认可,获得合法性[2]。这些本土资源需要从日常生活中的各种非正式制度中去寻找。

在经济社会发展转型期,发挥非正式制度的独特功能和作用,依然是推进农村社会治理不可忽视的问题。历史上,非正式制度在中国基层社会治理中发挥着重要作用。数千年的封建王朝统治下,"皇权不下县,县下皆宗族,宗族皆自治",[3] 国家政权没有延伸到乡村社会的一个重要原因是:以宗法制度为主的乡村社会非正式制度构成了封建社会基层治理的规则体系,维系着基层社会治理的良性运行。改革开放以来,国家权力上收到乡镇,乡村实行村民自治,原有乡村社会的非正式制度开始有了新的作用空间。当前,中国农村社会正处于由传统到现代的转型期,完整有效的正式制度体系尚未完全建立,需要发掘传统乡村社会的非正式制度工具,推进农村治理现代化。正如习近平总书记在中共中央政治局第十八次集体学习时指出,对古代的成功经验,我们要本着择其善者而从之、其不善者而去之的科学态度,牢记历史经验、牢记历史教训、牢记历史警示,为推进国家治理体系和治理能力现代化提供有益借鉴。

作为规范村民个体行为的非正式制度,村规民约在现代农村社会治理中起着重要的作用。中国村规民约历史源远流长,发轫于宋朝、推行于明清、兴盛于清末民初,与正式制度一起在传统农村社会中发挥着重要作用,现代社会也不能例外。作为一种非正式制度,村规民约在推进现代农村社会协同共治方面的作用体现如下。

1. 在内容上,村规民约规定了协同共治中各行动主体的行为,为集体行动提供了价值标准和伦理规范,是对正式制度的有效弥补。目前,政府的法律法规和政策等正式制度在农村社会治理中出现许多缺失,甚至缺位。村规民约作为非正式制度,恰恰弥补了正式制度缺失产生的治理

---

[1] 杨嵘均:《论正式制度与非正式制度在乡村治理中的互动关系》,《江海学刊》2014年第1期。

[2] 苏力:《法治及其本土资源》,北京大学出版社2015年版,第1页。

[3] 章荣君:《乡村治理中正式制度与非正式制度的关系解析》,《行政论坛》2015年第3期。

"真空地带",形成新的社会规范。

2. 在制定和执行过程上,村规民约塑造了协同共治过程中不同行动主体之间的责任、权利和利益关系。协同共治不同于传统的政府行政管理,不是把某个主体的意志施加在其他主体上来实现秩序与合作,而是多个主体之间的协同共治。但这种共治关系需要选择一种各方面都能接受的方式,确定各主体之间的责、权、利,才能使之互相协同合作,形成合理的治理结构。村规民约正是确定协同共治主体间责、权、利的有效载体,让各主体明确自身职责、行使自身权利,不断在追求自身利益中实现公共利益最大化。

3. 在结果上,村规民约影响着农村社会治理中对个体行为约束的实际效果。诺思指出,"即使在最发达的经济中,正式制度也只是决定行为选择的总体约束的一小部分,人们行为选择的大部分行为空间是由非正式制度来约束的"。[1]

(二)村规民约是一种社会资本,它可以促进村民之间的信任及合作行为。顺义区政府需要充分调动社会资本,有效利用传统文化资源,才能低成本地实现协同共治

对于社会资本的概念界定,科尔曼认为,"社会资本的定义由其功能而来,它不是某种单独的实体,而是具有各种形式的不同实体。其共同特征有两个:它们由构成社会结构的各个要素所组成;它们为结构内部的个人行动提供便利",[2] 社会资本的基本特性可以归纳为:生产性、不完全替代性、公共物品特征,不可转让性。[3] 福山则认为,"社会资本可以简单地定义为一个群体之成员共有的一套非正式的、允许他们之间进行合作的价值观或准则",[4] 福山的定义清楚地指出了社会资本的非正式特征。当一个共同体内拥有丰富的社会资本时,会促进共同体成员之间的自愿合

---

[1] [美]道格拉斯·诺思:《经济史中的结构与变迁》,陈郁、罗华平等译,上海人民出版社1994年版。

[2] [美]詹姆斯·S. 科尔曼:《社会理论的基础》,邓方译,社会科学文献出版社2008年版,第279页。

[3] 田凯:《科尔曼的社会资本理论及其局限》,《社会科学研究》2001年第1期。

[4] [美]福山:《大分裂:人类本性与社会秩序的重建》,刘榜离译,中国社会科学出版社2002年版,第20页。

作，提高社会效率、完善政治民主。林南的研究从"信息、影响、社会信用和强化"等四个方面，解释了社会资本在工具性和表达性行动中发挥作用的原因。[①] 顺义区政府需要充分调动社会资本，有效利用传统文化资源，才能低成本地实现协同共治。

作为一种社会资本，村规民约有利于建立多元行动主体之间的信任关系，增进合作行为。信任是社会资本的核心元素。村规民约是村民普遍信任的制度，它使得村民彼此的行为更加稳定和可预期，从而增加了合作的可能性。村规民约包含的惩罚机制，也可以有效减少合作中的机会主义行为，促进集体性合作行为。在现代农村社会中，基于血缘关系的特殊信任是远远不够的。尤其是对于流动人口和外来人口急剧增加的乡村，需要构建超越血缘关系的普遍信任。随着我国"离土又离乡"外出农民工数量的急剧增加，导致传统乡村社会发生裂变。理论界用"无主体熟人社会""半熟人社会""弱熟人社会"以及"陌生人社会"等概念描述正在发生变化的乡村社会。[②] 无论哪种乡村社会形态，目前乡村社会都面临一场信任危机，表现为：人际信任式微、权威信任流失、制度信任缺位。[③] 从社会规范的意义上分析产生乡村信任危机的重要原因是传统社会规范的失范。要化解现代乡村社会面临的信任危机，重建乡村社会信任和规范体系，需要从村规民约制度建设入手，构建"弱熟人社会"信任关系建立的社会资本。除增强个体之间的信任以外，村规民约还有利于增强主体之间的信任。长期以来，理论研究过多关注于公众对政府的信任关系研究，忽视了治理主体之间的信任关系的构建。村规民约提供的制度框架，使本地村民和外来人口都得以建立超越以血缘、关系和人情为基础的特殊信任关系，构建基于制度基础上的普遍信任，有效促进村民之间、村民与村级组织之间、基层政府之间的合作行为，减少农村社会中的敌意、矛盾和冲突。

作为一种社会资本，村规民约有利于挖掘中国传统文化资源，为农村社会治理注入新的力量。传统文化也是中国推进社会治理拥有的独特社会

[①] 林南：《社会资本——关于社会结构与行动的理论》，上海人民出版社2005年版，第20页。
[②] 汪小红、朱力：《"离土"时代的乡村信任危机及其生成机制——基于熟人信任的比较》，《人文杂志》2013年第8期。
[③] 同上。

资本。习近平总书记在纪念孔子诞辰 2565 周年国际学术研讨会上指出，中国优秀传统文化具有丰富的哲学思想、人文精神、教化思想、道德理念，可以为人们认识和改造世界提供有益启迪，可以为治国理政提供有益启示，也可以为道德建设提供有益启发。作为传统社会形成的本土文化资源，村规民约具有村民认可和接受的合法性基础，形成了植根于本土文化，有效推进社会治理的社会资本。从这个意义上来看，村规民约建设的首要出发点不是立即创设新的乡村社会规范，而是要深入挖掘各村长期以来已经形成的习俗和规范，把村民公认的潜在约定显性化、固定化，把这些约定上升到村规民约建设的制度层面，低成本地推进社会协同共治。

（三）村规民约是一种软法，它需要与硬法有机结合，才能推进农村社会协同共治走向规范化

硬法与软法正在成为现代社会中法律的两种基本形态。建设法治国家需要倚重软法[①]。所谓软法，就是社会自我形成和运行，没有政府公共权力和公共权威强制性的法律和规则。十八届四中全会通过的《中共中央关于全面推进依法治国若干重大问题的决定》指出："国家和社会治理需要法律和道德共同发挥作用。必须坚持一手抓法治、一手抓德治，大力弘扬社会主义核心价值观，弘扬中华传统美德，培育社会公德、职业道德、家庭美德、个人品德，既重视发挥法律的规范作用，又重视发挥道德的教化作用，以法治体现道德理念、强化法律对道德建设的促进作用，以道德滋养法治精神、强化道德对法治文化的支撑作用，实现法律和道德相辅相成、法治和德治相得益彰。"

村规民约是软法的一种重要形式，能够弥补硬法的局限性、降低社会治理成本，推动实现法治目标。一方面，村规民约建设有利于推进农村社会中软法和硬法的机制性协同。村规民约是依据有关法律、法规，结合当地实际，村民之间共同制定的行为规范，是一种契约性规范，对农村村民有着约束和规范作用。从社会契约的角度看，村民通过共同制定村规民约，让渡自身部分权利，形成了村务治理中的公共权力。这种权力不是村级组织自上而下的强制性权力，更不是村党委或村委会的行政权力，而是村民权力和利益的协调整合，是一种内生性的公共权力。这种民间契约和

---

① 罗豪才、宋功德：《软法亦法：公共治理呼唤软法之治》，法律出版社 2009 年版。

国家法律一样，都发挥着调整村民生活秩序的功能，对于优化农村治理具有重要作用。另一方面，村规民约建设有利于降低社会治理成本。在传统的政府管理模式下，农村社会问题层出不穷，一定程度上体现出自上而下的行政治理模式是高成本、低效率特征。从基层农村治理的成本和效率角度看，村规民约能有效降低基层农村治理成本和提高农村治理绩效。村规民约来源于民间、出于习惯，是由村民长期生活、劳作、交往形成的知识传统，具有自发性和契约性，是一种"软法"。这种"软法"能够形成农村治理的"第一道防线"，只有当出现村规民约无法解决的问题时，才诉诸法律或转移到党政部门，有效降低了农村的治理成本。另外，村规民约将农村治理遇到的共性问题给予固定的解决方案，防止基层在人情社会条件下出现治理反复和浪费，减少社会治理成本。

作为软法，村规民约是实现农村治理规范化、建设法治社会的必要载体。尽管我国在基层农村实行村民自治制度，但是长期以来，由于农村自治制度不完善、不健全，村干部事实上是农村治理的主体力量。在基层农村社会文化条件下，农村治理随意性较大，人治特点突出，基层治理缺乏规范化和制度化。村规民约作为契约性规范，有助于规范基层农村社会的治理秩序和治理方式。在治理秩序上，村规民约能够确保农村社会生活的各个方面尤其是涉及全体村民共同利益的村级事务按此规范行事，使基层治理秩序迈向规范化和有序化。在治理方式上，村规民约能够改变原有的人治方式，促进农村社会治理转向契约式治理，推动农村社会的法治建设。

作为软法，村规民约建设需要与硬法有机结合，实现农村社会治理机制的协同共治。作为一种乡村自我约束的社会规范，必须与国家法律规范保持协同一致。一方面，符合国家法律法规是村规民约发挥作用的前提。现代社会是法治社会，任何规范都不能与法律相抵触，要防止出现村规民约比法律更强大的现象。另一方面，作为正式制度的具体形式，法律在乡村社会治理中更好地发挥作用，需要村规民约来补充和完善。这实质上就是法治与德治的协同问题。在纷繁复杂的乡村治理实践中，法律工具内容本身具有很强的概括性和不确定性，需要村规民约等工具的辅助。当前，作为乡村传统道德文化的重要传承，村规民约不可否认地会存在与国家"硬法"抵触和不一致的地方，村规民约内容与国家法律法规协调和对接不够。例如，村规民约与法律冲突的情况主要体现在村规民约中的两个方面：罚款权（处罚权）问题；与婚姻家庭有关的同居、事实婚姻、赡养、继承等问题。有的地方频发的"农嫁女"土地权纠纷，就是村规民约与法律不协同的表现。因此，要实现村规民约与法律工具的有机协同，需要基层党委和政府在村规民约制定过程中发挥指导作用，建立健全对村规民约的审查监督机制。作为村规民约的备案机构，基层政府要对村规民约进行备案审查，不能只备案不审查，发现问题要及时反馈，并责令村民会议改正。①

（四）村规民约是公共参与的载体，只有村民在村规民约制定和运作中高度参与，才能顺利推进协同共治

村民的有效参与是实现农村协同共治不可或缺的主体性条件。在村民缺位条件下推进的农村社会治理并不是真正意义上的协同共治。只有村民参与到农村社会治理的过程中，真正发挥村民参与农村社会治理的作用，农村协同共治才有可靠的保障。十八届三中全会《中共中央关于全面深化改革的决定》指出，"要改进社会治理方式。坚持系统治理，加强党委领导，发挥政府主导作用，鼓励和支持社会各方面参与，实现政府治理和社会自我调节、居民自治良性互动"。村民参与的程度和水平是衡量协同共治发展程度的关键指标。村民参与的范围越大、程度越高，协同共治就越有效。长期以来，虽然我国实行村民自治制度，但该制度在实践中常常被干部支配或被能人主导，村民的公共参与程度与村民自治制度之间还有相当大的偏差。② 村民的公共参与较多停留在低层次水平上，欠缺有序参与的制度化渠道。

村规民约建设，为村民参与村务和推进农村社会参与式治理提供一个新的制度化渠道。自从20世纪90年代以来，国际上逐渐兴起了一种以参与式治理为特征的改革运动。为克服选举民主化改革产生的种种乱象，许多发展中国家如巴西、印度、秘鲁、南非、印度尼西亚等地方政府纷纷引入参与式治理来改善治理结构。③ 这种参与式治理是由地方政府培育的旨

---

① 谢秋红：《应重视"村规民约法治化"》，《学习时报》2014年1月13日。
② 卢福营：《论村民自治运作中的公共参与》，《政治学研究》2004年第1期。
③ 张紧跟：《参与式治理：地方政府治理体系创新的趋向》，《中国人民大学学报》2014年第6期。

在通过向普通公民开放政策过程以解决实际公共管理问题制度与过程的总和。如何实现参与式治理是发展中国家政府深化治理创新面临的共同难题，村规民约为实现农村社会参与式治理提供了可能方案。近年来，随着农村经济社会的快速发展，村民公共参与热情正逐渐上升。但是目前，我国农村村民参与村务管理的制度性渠道和方式走向形式化，传统村民参与村务的方式亟待创新。无论是村民参与村委会选举，还是通过村民委员会发表意见、表达自己的利益诉求，都不能有效地使村民参与到农村社会治理中。村民在基层党委和政府的引导下，制定能够约束自己行为和村干部行为的村规民约，通过民主的办法来管理村内日常事务，这为村民参与农村事务提供了新的平台，拓展了农村实现参与式治理的路径和空间。

只有村民通过全程参与村规民约建设，才能在推进农村协同共治过程中发挥积极作用。从利益诉求表达来看，村民参与村规民约的制定过程是农村社会各阶层表达自身诉求的良好渠道。我国现有的村民自治制度规定，村民通过参加村民会议，制定适应本村实际需要、反映大多数村民意愿的村规民约。从中可以看出，村规民约形成的过程是村民对村级事务管理参与的过程，也是农村社会各阶层利益和阶层意愿充分表达的过程。从对农村社会治理的监督方面来看，村民参与到村规民约的执行过程，监督村规民约的执行和实施，有效地行使了村务治理的监督权利。从农村社会矛盾的化解方面来看，作为村内共同遵守的规范，村民参与村规民约的制定和执行，能够有效地将农村各种错综复杂的矛盾通过契约化的方式加以重组与调整。

综上所述，在农村社会治理现代化进程中，村规民约是推进协同共治的重要工具、手段和载体，协同共治是村规民约建设的阶段性目标。村规民约与协同共治的核心目标是内在统一的，两者相辅相成，共同推进农村社会治理现代化。

四 运用村规民约推进协同共治的理论依据

霍布斯认为，要让人们从自然状态（state of nature）中摆脱出来，必须借助国家这个利维坦，让国家通过垄断暴力机构的使用来强制性地推动秩序的建构，以此形成一种人为秩序①。然而，从 18 世纪开始形成的古典自由主义经济学者及其当代的继承人则与霍布斯持相反态度，他们认为国家只需要扮演一种最基本的"守夜人"角色，而不用过多地介入人们的日常生活中去，这样也能实现社会的有序发展。因为市场机制能够通过价格杠杆来自发调节行为主体的行为，而这些行为将构成有序的社会整体发展的基础。奥斯特罗姆则认为，上述两种治理公共事务的解决方案均有各自的缺点，国家和市场都不是万能的，在有些地方，国家和市场都不能起到治理的作用②。因此，奥斯特罗姆提出了多中心的治理模型，倡导自组织及其内部的协同治理，为我们解决公共事务的治理提出了全新的方案。

奥斯特罗姆的多中心自组织治理方案是基于对意大利及日本一些传统地区在山林保护及水资源利用方面的详细考察而形成的。奥斯特罗姆所研究的具有内部协同治理机制的自组织在世界的其他地方同样存在，只不过可能在形式上或具体的操作上有所不同而已，奥斯特罗姆研究的自组织协同治理主要强调的是横向平等主体间的协同，但事实上，协同同样存在于更广泛的层面上，比如横向机制间的协同甚至纵向上的层级协同。一方面，现实生活通常远比理论上描述的更为复杂，有效治理的实现不可能通过一种机制就能够实现，常常需要多重机制的复合作用才能达到有效治理；另一方面，随着社会的进步和教育的发展，人民的权利观念日渐浓厚，简单的自上而下式命令已难以适应新时代，民众的权利诉求通常与上级权威的实施间存在一种紧张关系，这点从机构的层面来看同样成立，随着时间的推移，组织机构通常能够发展出自身的利益关切，因而通常会形成一定的"官僚自主性"③。这时，如果上级部门在推行政策时不考虑到下级部门的利益关切，则很难获得其配合，或者即使获得了下级的配合其实施效果也不尽如人意，效果可能由于下级部门的消极对待而大打折扣。郑永年在考察中国的央地关系时敏锐地看到了这一点，他指出，从现在来

---

① [英] 霍布斯：《利维坦》，黎思复、黎廷弼译，商务印书馆 1985 年版。
② Ostrom, Elinor, *Governing the Commons: The Evolution of Institutions for Collective Action*, Cambridge, UK: Cambridge University Press, 1990.
③ Carpenter, Danniel P., *The Forging of Bureaucratic Autonomy: Reputations, Networks, and Policy Innovation in Executive Agencies, 1862—1963*, Princeton: Princeton University Press, 2001.

看，中央即便能够强有力地强制推行其政策方针，在实践中通常也不会这么做，而是会采取更具合作倾向的方式来处理央地关系，在这个过程中通常会考虑到地方的利益关切。① 因此，在中国同样存在协同，但是中国式协同与西方式协同通常具有不同的含义和机制，对其进行深入研究更有益于本土理论的发展即基层管理工作的推进。中国具有悠久的中央集权式封建统治史，使得虽然经历了 19 世纪中叶到 20 世纪中叶的近一百年的外族入侵及由此而来的西学东渐的浪潮，中央集权的大一统思想始终是国家治理的核心思想。这种高度中央集权的制度在中华人民共和国成立后被继续沿用，直到改革开放后，国家治理的逻辑才开始有了基本的变化，这种变化主要以放松管制为主，中央根据地方的具体情况实施了基层自治制度、少数民族区域自治制度以及特别行政区制度等多项赋予地方重大自主权的制度。

此外，奥尔森对肯尼迪政府应对古巴导弹危机的经典分析采用了多种不同的解释进路，他分别用理性选择模型、官僚模型及决策过程模型从不同的角度解释了肯尼迪政府的行为②，Pfeffer 在研究组织决策过程的时候认为，除了奥尔森所提出的三种主要的决策模式，我们还可以从第四条进路即政治权力（political power）的视角来理解组织决策③。上述研究给我们的启示是，对待同一个事物我们完全可以用不同的棱镜去看待并理解之。因此，对于基层政府为什么会积极主动推动运用村规民约、推进协同共治，本节可以按照五种不同的理论逻辑进行解释。

（一）管理成本最小化逻辑

政府的管理并非没有成本，科斯在其经典论文中认为，市场的交易是有成本的，正因为如此我们才需要企业，企业正是为了减少市场交易的成本而出现的，当然企业的管理同样存在管理成本。在购买或制造的决策中，由购买所产生的交易成本及由制造所产生的管理成本的相对大小便是进行决策的依据④。威廉姆森则对交易成本问题进行了更为深入的

---

① 郑永年：《中国的"行为联邦制"：中央—地方关系的变革与动力》，东方出版社 2013 年版。
② Allison, G. T., *Essence of Decision*, Boston: Little, Brown, 1971.
③ Pfeffer, Jeffrey, *Power in Organizations*, Pitman Publishing, 1981.
④ Coarse, R., "The Nature of The Firm", *Economica*, 1934 (4).

研究与拓展,① 其核心观点是应根据不同的交易成本来选择不同的治理机制。周雪光则从组织中的管理成本的视角出发,注意到了中国国家治理中的治理规模与其负荷成本问题,他认为中国庞大的国家治理规模及由此导致的高额治理成本始终是国家建设与政治改革的重要制约条件,而实现良性社会发展的关键就在于找到能够与减轻国家治理符合的制度安排。② 当前基层政府着力推动的运用村规民约推进协同共治工作及各项创新,反映了政府追求管理成本最小化的逻辑。政府的基本需求是社会稳定及经济发展,社会的多元性意味着存在着多种不稳定的因素,因而需要政府去管理控制。另外,政府受自身经费及人员等因素的限制,又无法进行有效的管理与控制,因此,推动以上下级合作为主要表现形式的协同共治便成了次优选择。

(二) 发展与控制之逻辑

政府对社会的治理通常需要在有效控制与适度发展之间做出平衡。杜赞奇在考察华北农村文化及权力时指出,在华北的农村存在着一种权力的文化网络(culture nexus of power),政府正是通过这种权力的文化网络来实现其控制与管理社会的职能的③,黄宗智在考察基层政府的治理模式时提出了与杜赞奇相类似的观点,黄宗智认为清末民初的基层治理可以称为集权的简约治理(central minimalism),在这种治理模式中乡村绅士等准官员扮演了重要的角色,这些准官员构成了以纠纷解决为其主要目标的半正式基层行政团队,以协助当时的县政府管理乡镇级村庄事务④。杜赞奇与黄宗智的研究都表明,政府在其财政约束下倾向于使用各种非正式的手段来实现对社会的控制与管理的目的,也就是说,为了达成控制与管理社会的目标,政府在一定程度上愿意让非政府的社会方面获得一定程度的发展。许慧文(Shue)研究了国家控制力量空前强大的人民公社时期的中国乡村治理,她提出了蜂窝形结构(honeycomb structure)的模型来说明

---

① Williamson, Oliver E., *Markets and Hierarchies*, New York: Free Press, 1975; Williamson, Oliver E., *The Economic Institutions of Capitalism*, New York: Free Press, 1985; Williamson, Oliver E., *The Mechanisms of Governance*, Oxford University Press, 1995.
② 周雪光:《国家治理规模及其负荷成本的思考》,《吉林大学社会科学学报》2013 年第 1 期。
③ 杜赞奇:《文化、权力与国家》,江苏人民出版社 2010 年版,第 1 页。
④ 黄宗智:《集权的简约治理》,《开放时代》2008 年第 2 期。

当时国家对乡村的治理结构，她的研究表明，尽管国家在当时强力介入底层的村庄一级事务的管理上，人们依然有各种手段来规避国家的个人生活的干预[①]，人民公社的崩溃则说明国家的触角过度伸入底层往往会适得其反。上述研究表明，政府通常需要在对社会实施控制和让社会适度发展之间进行平衡，若控制需求大于发展需求，则政府自身可能由于过重的财政负担而自顾不暇，相反，则可能导致政府对社会低度控制和社会不稳定。基层政府推动运用村规民约推进协同共治的工作及由此带来的各项创新，可以视为政府在控制需求与发展需求之间平衡的后果，通过这种方式，政府既能够保证对基层的基本控制，又能够实现让社会适度发展的目标。

（三）权威与治理之逻辑

政府的权威体制与其有效治理能力之间存在着根本性的矛盾，周雪光认为这种矛盾主要来源于三个悖论：一是政策统一性与执行灵活性之间的悖论；二是激励强度与目标替代的悖论；三是科层制非人格化与行政关系人缘化的悖论，这些悖论具体到政府的运作过程中便产生了所谓的"共谋"行为，即下级联合起来采取"上有政策，下有对策"的行为以应对上级压力。[②] 对于权威体制与有效治理之间的矛盾，周雪光进行了深入的研究，他指出这两者间的深层矛盾将导致不同的应对机制的出现，包括在决策的统一性与执行的灵活性之间实现动态平衡、政治教化的礼仪化及运动型治理体制的引入等方面。[③] 艾云（2013）同样注意到了权威体制与有效治理之间的深层矛盾，她重点考察了地方政府为应对上级压力而采取的各种"应对"行为，[④] 王汉生等则考察了基层政府的"变通"行为，[⑤]

[①] Shue, Vivienne, *The Reach of the State: Sketches of the Chinese Body Politic*, California: Standford University Press, 1988.

[②] 周雪光：《基层政府的"共谋现象"：一个政府行为的制度逻辑》，《社会学研究》2008年第6期。

[③] 周雪光：《权威体制与有效治理：当代中国国家治理的制度逻辑》，《开放时代》2011年第4期。

[④] 艾云：《上下级政府间"考核检查"与"应对"过程的组织学分析——以A县"计划生育"年终考核为例》，《社会》2011年第3期。

[⑤] 王汉生、刘世定、孙立平：《作为制度运作和制度变迁方式的变通》，《中国社会科学季刊》1997年冬季号（香港）。

李连江与欧博文考察了地方政府的"选择性执行"行为。[①] 上述研究均表明了权威体制与有效治理间存在深层的矛盾,在权威体制下,下级政府为了完成上级下达的任务,通常会采用各种方式来"变通"应对之。基层政府推动运用村规民约推进协同共治的工作及由此带来的各项实践与创新,是在面临来自权威体制压力及有效治理需求两大方面的矛盾下,由基层政府采取以上下级协同的方式来实现基层治理的有效应对方式,体现了基层政府在致力于调和权威体制与有效治理矛盾方面的努力。

(四)合法性逻辑

Meyer 和 Rowen 在研究组织时发现,同一领域内的组织的结构通常都相类似,他们将这种现象称为组织同形(organizational isomorphism),他们指出,组织的结构之所以会趋于同形,是因为某种主流的组织结构具有普遍的合法性,而一个组织要获得成功,首先便会在其结构形式上与主流的组织结构实现同形[②],也就是说是合法性机制使得组织的结构趋于同形。DiMaggio 和 Powell 则进一步区分了组织同形的三种机制,即规范同形、强制同形与模仿同形[③]。合法性逻辑在基层政府推动运用村规民约推进协同共治的工作中同样得到体现,其基本逻辑是,当协同与治理成为主流话语时,基层政府必然首先会主动与主流话语靠近,我们可以称之为话语同形,而话语同形又将进一步推动基层政府在实践上去推进协同与治理,这种推动不必然是全心全意或发自内心的,基层政府完全有可能将其作为一项仪式化的工作,从而实现表面运作与实际运作的松散偶联状态,即协同治理运动完全可以是一项为实现话语同形而推动的仪式化工作,基层政府的实际运作可能与该项工作不同,因而两者松散地偶联在一起。这样基层政府既能够与中央主流话语保持一致(话语同形),又能够在实际的运作中保留原来的机制,也就是说合法性机制或许在基层政府运用村规民约推进协同共治工作及其各项创新中扮演了重要角色。

---

① O'Brien, K. & Li, L., "Selective Policy Implementation in Rural China," *Comparative Politics*, 1999, 31.

② Meyer, John W. & Brian Rowan, "Institutionalized Organizations: Formal Structures as Myth and Ceremony", *American Journal of Sociology*, 1977, 83: 340-363.

③ DiMaggio, Paul and Walter Powell, "The Iron Cage Revisited: Institutional Isomorphism and Collective Rationality", *American Sociological Review*, 1983, 42.

(五) 组织化的无政府主义之逻辑

科恩与马奇等人在研究组织决策问题时发现，我们对组织决策过程的认识存在误区，组织的决策并不是如我们通常所认为的那样，有了需要解决的问题然后再寻找解决方案，事实上，问题、解决方案、时机及参与人员是随机组合的，有时候是问题寻找解决方案，也有时候是解决方案寻找问题，而整个决策的过程就像往一个垃圾桶倾倒垃圾一样，是一个各种要素的随机组合过程，据此他们提出了组织决策的垃圾桶模型[①]（garbage can model）。马奇等人将这种各种决策要素随机流动的局面称为组织化的无政府主义（organized anarchy），这种局面的本质是一个过程（process），在这个过程中，各种不同的意图（intention）得以随机组合形成决策，也就是说在 organized anarchy 的状态中，意图并不重要，重要的是过程。这要这个过程是大家都认可的，那么通过这个过程而产生的决策便能够被大家接受，而不管它到底是一个什么决策。

[①] Cohen, M. D., J. G. March and J. P. Olsen, 1972, "A Garbage Can Model of organizational Choice", *Administrative Science Quarterly*, 17.

第三章 国内外运用村规民约推动协同共治的典型案例及启示

一 乡约：传统中国农村治理的遗产

传统中国一直存在着"简约治理"[1]的乡村治理逻辑。"政不下县"的制度安排使得国家政权止于县级政府，地方绅士和民间宗法组织，如家族、邻里等是基层社会治理的中坚力量，这是传统中国社会治理的一个基本形态。这种"简约治理"强调正式权力的非正式运用，强调大量产生于乡村本身的准官员在乡村治理中的重要作用，也强调"儒法合一"、把法律和情理结合起来的治理机制。中国农村延续千年的乡约正是传统中国政府部门"简约治理"逻辑的典型体现。乡约是由乡民自动、自发制定，处理农村社会中治安、经济、社会、教育、礼俗等问题的规则体系，是中华传统文化的重要遗产，为当今探索农村社会治理提供了丰富的思想资源。

（一）传统乡约的典型代表

中国最早的乡约是北宋陕西蓝田《吕氏乡约》，它所提出"德业相劝，过失相规，礼俗相教，患难相恤"，[2]规定了乡约的主要功能和内容，很大程度上为后世乡约奠定了基调。《吕氏乡约》由乡民自动、自发制

---

[1] 黄宗智：《集权的简约智力——中国以准官员和纠纷解决为主的半正式基层行政》，《开放时代》2008年第2期。
[2] 《吕氏乡约》，王承裕校勘《关中丛书》，见《丛书集成续编》，上海书店1994年版，第881—884页。

定。在内容上,偏重道德,"乡人相约,勉为小善",① 主要目的是相互帮助、劝善戒恶、感化乡里、淳厚风俗,不太涉及经济、教育等具体问题;它在形式上注重"乡饮酒礼"的仪式,对仪式的场地、人员、程序等都有细致的规定,强调通过这一套"礼"来进行教化,塑造彼此亲近、友爱、和乐的关系和"里仁之美"。同时,《吕氏乡约》已经具有较丰富的民主议事色彩。例如,村民自愿加入、自主订立。"来者不拒,去者不追",乡民自动、自发制定规约;村民轮流主事,"约正一人或两人,众推正直不阿者为之,专主平决赏罚当否;直月一人,同约中不以高下,依长少轮次为之,一月一更,主约中杂事";制度化的民主议事,"每月一聚,具食;每季一聚,具酒食。遇聚会,则书其善恶,行其赏罚。若约有不便之事,共议更易"。②《吕氏乡约》是中国民间首创的第一个自治制度。秦汉以来,乡村社会的乡官、地保等大体是"辅官以治民",其选任出于政府,而乡约则创立了民间自我治理的典范。因此,萧公权评价《吕氏乡约》"于君政官治之外别立乡人自治之团体,尤为空前之创制"。③

南宋大儒朱熹在《吕氏乡约》基础上做了一定的发展和完善,设计了一套完备细密的"月旦集会读约之礼"④,通过乡约推广儒家教义,力图对社会风俗产生潜移默化的作用。同时,朱熹还将乡约与保甲、社仓结合起来。十家为一甲,甲推一人为首。五十家为一社,社推一人通晓者为社首。十人一保,以甲户为单位,登记人口,居住地及收入状况。通过保甲制度掌握人口状况,发放粮贷。同时,创办社仓制度,民办粮仓,用以存丰补歉。通过劝捐或募捐的方式筹集粮食,在饥荒之年以借贷的方式赈贷灾民。人户向队长、保长申报,再上报至社首、保正副,以进行支贷,保证有借有还,保障社仓正常运行。明代方孝孺的"乡族自治",也强调利用乡村传统的宗族宗法基础发展乡约,同时在宗族的层面设置"田、学、祠、会",在乡的层面设置"廪、祠、学、会"。明代不仅重视道德

---

① 《吕氏乡约》:王承裕校勘《关中丛书》,见《丛书集成续编》,上海书店1994年版,第881—884页。
② 同上。
③ 萧公权:《中国政治思想史》下册,商务印书馆2011年版,第570—571页。
④ 朱熹:《增损吕氏乡约》,见《四部丛刊初编·集部》,《朱文公文集》卷74,第2册,上海商务印书馆缩印明刊本1937年版,1376—1397页。

规范，而且强调通过乡约达到乡村互助自治，解决村民"教"和"养"的问题。

经过明代对乡约的发展，传统中国实际上形成了一套较为全面的、包含"乡约、保甲、社仓、社学"四位一体的乡治体系。"保甲之法，人知足以弭盗也，而不知比闾族党之籍定，则人自不敢以为非。乡约之法，人知足以息争讼也，而不知孝顺忠敬之教行，则民自相率以为善。由是社仓兴焉，其所以厚民生者为益周。由是社学兴焉，其所以振民德者为有素。乡乡皆然，县有不治乎？县县皆然，天下其有不太平乎？"① 概括而言，保甲使人不敢妄为，乡约使人相率为善，社仓厚民生，社学振民德。对这四者的关系，陆世仪有很好的概括："乡约为纲而虚，社学保甲社仓为目而实"②，也就是将乡约的总体道德规范与保民安民的实际举措结合起来。每个乡好了，县就好了；县治理好了，天下就太平了。

（二）乡约所代表的农村社会治理思想

乡约在中国历朝历代经历了较多起伏与变化，除北宋、明代乡约之外，还有清朝的《圣谕广训》、清末民初的翟城村政、民国初年阎锡山的"山西村政"等各具特色的实践。大体而言，北宋的乡约，典型的如《吕氏乡约》，偏重民众自治，以道德劝诫为主；明代的乡约，如朱熹的《增损吕氏乡约》、方孝孺的"乡族自治"、王阳明的《南赣乡约》等，则逐步发展出一套包括乡约、保甲、社仓、社学在内的乡治体系；清代的乡约，典型的如《圣谕广训》则又在不同程度上表现出形式化的倾向；及至清末民初的地方自治中，诸如翟城村治和阎锡山"山西村政"等乡约则体现出传统中国乡约和现代民主政治因素的某种融合。

历代乡约有的侧重于道德规训，有的则较为全面，有的侧重于形式上的宣教，有的侧重于切实的养民措施。总体而言，可以大致归纳出传统乡约的特点。

1. 乡约体现了传统中国"村本政治"的思想理念

这一理念以乡村社会为国家治理的根本，"乡乡皆然，县有不治乎？

---

① 章潢：《图书编》92卷，《保甲乡约社仓社学总序》。
② 陆世仪：《治乡三约》自序，见王德毅、李淑贞等《丛书集成三编》，新文丰出版公司1996年版。

县县皆然，天下其有不太平乎？"[1] 这代表性地体现了传统中国以乡村治理为基础、自下而上达致国家大治的治理理念。民国初年阎锡山的"山西村政"也较好概括和发展了这一理念，认为村政是施政的基础，村为人类第一具有政治性之天然团体，是施政之本位。

2. 乡约是体现了政府能力"有限性"基础上的一种多元治理理念

在传统中国知识阶层看来，"三代"之后，就没有一个无所不能的君主能够治理天下，因此应该肯定民众自治的能力和必要性，强调"以乡间之制代政府之制，以乡族为起点，欲人民先自教养，以代政府之所不能"[2]。不论在传统中国还是现代中国，国家治理面临的一个重要挑战，就是治理规模过大以及由此产生的治理负荷超载问题。一个国家的治理规模取决于国家的物理空间和人口规模，取决于治理内容，也取决于治理的集分权程度。在一个超大地域国家里，如果所有公共服务都由政府统一提供和承担，其管理负荷和压力会非常大。因此，政府必然"有所不能"，乡约正是在政府治理负荷过重背景下，挖掘民间社会已有资源的一种非正式制度安排。

3. 乡约基础性结构发端于乡约、保甲、社仓、社学为一体的乡治体系

乡约为乡治的纲领，保甲主要承担人口登记、治安、惩戒等功能，社仓解决民生问题，社学解决教育问题，四者相辅相成。好的乡约都有民生保障方面的内容，不仅重"教"，同样重"养"，前者保证乡约的合法性，后者保障乡约的执行效力。乡约的基本功能在于"德业相劝，过失相规，礼俗相教，患难相恤"。其中，民生方面涉及很广，包括积谷、施粥、恤孤、葬亲、周寡、扶病、救溺婴、劝惜谷、劝济粥等。乡约所规范的自治事项一般包括财产、教育、风俗、劝农、卫生、保卫、道路等。从历史经验来看，停留于道德宣教而没有民生方面实际内容的乡约，效力一般不太理想。例如，清朝乡约就较为流于形式化，虽然皇帝颁布《圣谕广训》，令基层政府广为宣教，但民众对于乡约没有遵循的激励和真正的认同，其效果相对于明代乡约具有较大差距。同时，好的乡约一般与乡村其他治理机制较好结合，而清代的乡约反其道而行之，将乡约、保甲、社仓、社学

---

[1] 章潢：《图书编》92卷，《保甲乡约社仓社学总序》。

[2] 同上。

割裂交由不同的政府部门负责,破坏了乡治的整体性,乡约实效大大折损。

4. 乡约的根本属性在于民众的"自治"

这一点首先需要基层政府明确定位其自身职能范围,以及国家与社会的关系。从传统乡约的实行情况来看,在政府主导较多的时候,乡约往往变成"治民",而不是"民治"。一旦背离了"自治"精神,乡约受到地方官态度的影响就会很大,而其稳定性和一致性就比较低。而乡村社会组织一旦沦为政府的附庸,承担过多基层政府的职能,其功效也就大大减损。这一点启示我们,应该注意区分村规民约的规范范围和政府的职能范围,避免村规民约的执行主体成为政府之"脚"。同时,乡约之所以能发挥重要作用,是因为它依赖于民众自发结成的各种类型的互助性社会组织,例如帮助葬亲的葬亲社、轮流储粮以防歉年之需的社仓等,这些组织往往自发成立、自愿进出、通过捐赠或募集等方式筹措资金、物资、人力,以实现互助的目的,在社会治理中起到了至关重要的作用。

二 国外乡村治理的典型案例及启示

国外农村社会治理因国家结构形式、种类而呈现出不同的特征。总体而言,西方国家具有较为悠久的地方自治传统,这很大程度上源于其地方治理的"原发性",即从国家构建的角度来讲,地方先于国家、重于国家,中央对地方的控制是间接的、较弱的。国外农村发达的社会组织和民间资源,促进了社区的繁荣,进而推动了农村社会的全面发展。

(一) 国外农村治理的代表性案例模式

1. 美国的农村社区治理模式

美国是实行高度地方自治的国家,农村自治在整个地方自治的体系中占有重要的位置。农村自治制度是美国农村社区管理的基础,其特点在于,村民委员会是农村自治的权力机构,拥有一定限度的立法权,社区、村民是农村社区管理的主体,在管理过程中不受政府的干预。其主要特点如下。

第一,村级自治机构履行村自治职能,是美国农村社区治理的核心。村自治机构包括议事机构和执行机构。理事会是村的议事机构,主要职能是负责医疗服务体系、公共安全体系和福利体系建设，以及设立与废止村其他办事机构等。村长是理事会的负责人，理事会其他成员由村民选举产生，通常由村中比较有地位的人担当。执行机构的负责人也是村长。办事职员实行聘任制，由村长任命并对村长负责，主要负责日常事务。村法官由理事会选举产生，任期一般是 4 年。村法官的职责是司法调解，类似于中国农村的司法员或调解员，虽然裁决程序没有诉讼严格，但做出的决定具有法律效力。

第二，村民通过多种方式参与社区治理。

社区会议、社区听证会和村民公决是美国村民参与农村社区管理的常用方式。在定期召开的社区会议上，村民听取社区管理委员会主席的前一阶段工作汇报，并对下一阶段的工作计划安排展开讨论。在社区听证会上，村民就与自己日常生活密切相关、涉及社区公共利益的热点和难点问题进行讨论，尽快消除分歧，达成共识。村民公决是美国乡村立法的基本要求。村民公决主要是村民对一些重大事项，比如村选举时间变更，村的设立、更名、合并和撤销，立法等，进行集体表决。

第三，社区组织在社区治理中发挥着巨大作用。

美国社区组织不以盈利为目的，以满足社区居民需求为中心，主要负责社区公共福利事业工作，承担着社区治安、教育、环境保护和社会福利等日常管理。

第四，政府通过制定法律法规的方式，在农村社区治理中起辅助和指导作用。

美国政府主要制定涉及农村社区住宅、民权、信用贷款和投资等方面的法律法规。农村社区管理方面的法律一般由村民委员会制定。在宏观指导方面，政府主要通过经济手段和政策杠杆来推动一些与村民生活和生产相关的项目，带动社区经济发展，通过发展社区组织来执行政府的社区开发项目，提供社会服务，通过建立一些公益组织，丰富村民的精神生活，满足社区居民不同层次的需求。

2. 日本的农村社区治理模式

日本农村社区是一定地域范围内社区居民的自组织联合，主要表现为单个自然村落或多个自然村落的联合。日本农村社区的管理表现出如下两大特征。

第一，政府和社区居民都积极主动参与，处于双重主导地位。

大致而言，在日本的农村社区治理格局中，社区以村落或村落联合体为基本的载体，农村社区不仅是村民共同的生活场所，同时也是执行政府政策、进行村务行政管理的机构。但是，这一双重性质并没有导致日本农村社区管理的"行政化"。相反，日本的农村社会治理模式是政府与社区双重主导的混合模式，也就是，在政府与居民的双重主导之下，力争最大限度地发挥政府与居民的积极性，但两者的角色分工不同。具体而言，政府负责农村社区管理中的整体性规划，并主要提供技术、政策、经费支持，在这方面，社区与居民无权决定社区发展方向。社区与居民主要负责日常事务的自主管理，并执行政府的规划与政策。

第二，农村社区治理体现较大的协同性。

日本农村治理主体较为多元化，政府、社区自治组织、各类民间社会组织、公民等都有参与，并且民间力量是其中的主要力量。具体而言，首先是町内会。町内会兼具社会性、志愿性与公益性，是基层社区居民自我治理的主要平台，主要从事以社区全体成员为基础的管理、服务及其他自治活动，比如公众健康、信息服务、交通安全、犯罪预防、筹集资金、防止灾害等，增进居民间的相互了解。除了自治组织之外，日本农村社区有数量众多的社会组织。它们由社区居民组成，服务领域广泛，开展的活动包括维护社区治安、丰富文化体育生活、保护消费者权益、治理社区环境、增进社区福利、社区就业和社会保障等。在这些社会组织中，最为典型的是农协。农协除了对农民进行专业培训，积极开展农业生产技术指导、推广农业技术、为农民提供小额贷款、农业保险外，还在维护农民权益、规范社会秩序等方面发挥着重要作用。同时，日本农村在农林、民生、工商、卫生、劳动、土木和水产等方面都有相应的行政委员会，它们多带有半自治、半行政的性质，从事国家层面的公共服务及公共管理、办理地方自治事务，在政府基层管理和社区自治方面发挥着重要作用，因而也是日本农村社区的重要组织机构，是日本农村社区治理的重要补充。

（二）国外农村社会治理的启示

中国农村社会治理的关键问题是乡村社会内生秩序遭到破坏，以及乡村社会治理资源短缺。农业税取消以后，乡镇政府不再向农民收税，而将更多注意力转移到了招商引资和维稳等方面。乡村内生秩序的形成与维护，很大程度上就只能依靠乡村社会自己。然而，市场经济推动了农村人口的大量外流，在这种双重压力下，乡村的内生社会秩序很难顺利形成。内生性秩序的缺乏，导致乡村的有机团结被破坏，很多公共事务无法得到共同讨论与协作，由此催生了各类社会问题，影响了农村的稳定与发展。借鉴国际经验，当前亟须对顺义区农村治理的各种资源和力量进行整合，形成新的有效治理方式。顺义区农村社会治理需要在以下方面努力。

1. 利用社会资本

社会资本是指社会或社会组织中那些可以通过促进协调行动而提高社会效能的因素，比如信任、规范和网络等。实践证明，社会资本的发达与否对于能否实现低成本、高效率的社会治理起着至关重要的作用。外国农村社会治理的典型成功案例大多也是有效利用社会资本的成功案例。而对于当前我国农村社会治理而言，乡村内生性秩序的缺乏已经成为治理的主要困境之一。因此，顺义区在农村社会治理中，要正视和主动应对这一问题，着力于发掘农村现有的社会资本，并积极支持各类社会组织建设，引导村民有序参与各种社会团体，形成向上向善的社会合力。

2. 畅通参政渠道

良好的农村社会治理一定是建基在村民高度自治、高度参与基础上的社会治理，这是英美历史上农村治理的成功之处，对当下顺义的农村治理来说，也具有一定的借鉴意义。因此，顺义区应该在农村社会治理过程中建立和完善村民主动参与的制度规范，保障村民与其他治理主体一样，能参与村务的平等协商，同时，也应该积极探索有效的机制和渠道，保障村民参与村庄事务的广泛性与有效性。

3. 发展社会组织

在国外典型的农村治理案例中，另一个较为突出的特征就是，非政府性社会组织在农村社区发展中起到了较为突出的作用。一些国家长期形成的自治传统使得社会组织非常发达，极大地推动了社会服务功能的拓展与建设，也在社会公共管理、公共服务及公益性建设中起到了重要作用。同时，除了承担公共服务和管理职能，这些社会组织也较好地促进了政府和社区的双向互动，一方面将政府的政策与规划传递给社区；另一方面也将社区和民众的诉求传递给政府，在农村社区管理中扮演着沟通居民与政府的桥梁作用。这是顺义区在自身的农村社会治理中应该关注和借鉴的一个因素。同时，借鉴美、日等国的经验，对顺义区尤其具有启示的另一点在于，应积极发展能服务于当地生产资源的农业合作组织。农村的很多问题根源上仍然是发展问题,只要农村经济发展了,一些问题就会缓解甚至迎刃而解。同时,合作组织能增强村民的凝聚力,有利于形成一定范围的内在约束,保障村庄共同体内部规则的形成和有效执行,促进农村许多问题的解决。这对当前顺义农村治理有着积极的借鉴意义。

三 国内运用村规民约推动协同共治的典型案例及启示

村规民约已经被广泛地运用到各个领域,涉及婚丧嫁娶、生产决策、生态环境、土地分配、发包事宜、扶贫济困、倡导教育、监督决策、公益筹款、调解纠纷等诸多问题。在当前中国农村的社会治理实践中,事实上存在着大量将村规民约运用于推动农村社会治理,并取得较好治理效果的经验和案例。本课题组选取了三个较为典型的案例加以分析。

(一) 运用村规民约推动协同共治的经典案例

1. 绍兴经验:"乡村典章"推动制度治村

浙江省绍兴市石磁村于 2004 推出"乡村典章",被称为全国第一部村民自治特别法,随着石磁村经验的推广,绍兴也成为运用村规民约推动制度治村的典型代表。石磁村面临的主要问题是村两委会的权力之争,主要表现为:村两委会关系不协调,村务管理、决策和监督工作缺乏有效的制度保障,进而导致村务公开走过场、民主管理不到位、村务决策机制不健全,干群矛盾越来越尖锐。正是在这样的背景下,石磁村发起全体村民公决,通过了"乡村典章"。

"乡村典章"的功能主要表现在以下方面。一是解决了两委矛盾问题。乡村典章就两委职责做出了明确解释,避免了两委互相争权、推诿扯皮、相互掣肘等问题。二是解决了决策不科学问题。针对村务决策不科学、党组织领导核心作用发挥不充分等问题,乡村典章明确规定,村党组织是决策的受理者,村民会议、村民代表会议和两委联席会议进行决策,村委会是决策的执行者。三是解决村务管理不民主问题。典章向群众公开村务运作程序,村干部必须按程序管理村务,从而调动了农民群众参政议政的热情,推进了村干部和群众之间的联系和沟通,解决了一些突出的矛盾和问题。四是解决监督约束不到位问题。典章把监督权交给全体村民,通过民主评议、经济审计、村务公开等形式，畅通村民对村干部的监督渠道，对违规的村干部和村民实行责任追究，加大了村民监督的力度。"乡村典章"帮助石磁村成功解决了两委矛盾和民主管理方面的问题。

2. 云浮经验：乡贤理事会盘活农村治理资源

广东云浮自2008年开始以"乡贤理事会"为纽带，加强农村社会建设、创新农村社会管理，成为运用乡贤文化开发治理资源，促进社会治理的典型案例。

云浮以自然村为基础，把老党员、老教师、老模范、老干部、复退军人、经济文化能人等乡贤，以及热心本地经济社会建设服务的其他人士吸纳到乡贤理事会，协助党委、政府开展农村公益事业建设，协同参与社会建设和管理。理事会的主要职责是协助调解邻里纠纷、协助兴办公益事业、协助村民自治，具体包括：协助参与自然村分类评级；协助发动群众申报和建设竞争性"以奖代补"项目、村级公益事业建设一事一议财政奖补项目；协助农业龙头企业推动现代农业经营体制机制创新，促进农民增收；协助开展信用户评定工作；协助开展弘扬优秀传统文化促进奖教助学和乡风文明；协助落实村规民约促进乡村治理；协助组织村民代表或户代表集中议事等。云浮乡贤理事会成效显著，理事会有效地把政府、社会、群众的力量黏合起来，实现了政府管理与村民自治的有效衔接与良性互动，既强化了基层组织建设，又增强了基层社会活力，创新了农村社会管理方式，推动了"大社会、好社会"格局的形成。

3. 厦门经验：村规民约丰富多元化社会纠纷解决机制

2005年，厦门市同安区法院经过调研，在辖区五显镇成立全国首个"农村家事纠纷援助中心"。将"村规民约""公序良俗"运用于司法调解，成为运用村规民约解决社会纠纷的一个典型案例。中心工作人员主要由村治保主任、调解主任、妇女主任以及一些德高望重的老人组成，业务上接受当地法庭的指导。这个援助中心旨在依照群众普遍接受的"村规民约""公序良俗"等道德规范对纠纷进行劝解，促使纠纷当事人撤诉或达成和解协议。这种"多元化纠纷解决机制"被厦门市人大常委会纳入地方性立法，并最终被最高人民法院作为一个专门条款写入具有法律效力的文件中，是中国法治进程的一个里程碑。厦门经验将成文法律和规约、习俗等非正式规范结合起来，运用乡土社会传统资源，解决民间家事纠纷、乡邻纠纷，丰富了社会纠纷解决机制。

（二）运用村规民约推动协同共治案例的启示

我国农村具有较大非均衡性，东西南北差异巨大，经济状况、社会基础、文化习俗上也都表现出较大的不同，这决定了村规民约应该因地制宜，不存在简单照搬或复制的经验。但对成功案例的分析仍然可以对顺义区有一定的启示。

1. "石磁经验"的启示在于运用村规民约推动乡村治理的制度化

石磁村所要解决的问题是普遍存在于农村社会的村两委会关系问题，以及村务管理的民主程序问题。"乡村典章"通过权力公授，健全村务领导机制，坚持村务公决，健全民主决策机制，健全民主管理和监督机制，使村务管理由"暗箱操作"转变为透明运作，真正把知情权授予群众，议事权交给群众，监督权赋予群众，使村级治理由原来的"村官治村"转向了"制度治村"，从而有力地促进本地事务解决，缓和了干群矛盾，提高了农村社会治理的制度化水平。因此，石磁的经验是利用村规民约推动乡村治理制度化的经验。

2. "云浮经验"可视为农村社会治理在多元治理主体上的协同和创新

云浮改革的背景应该说反映了当前中国农村一些具有普遍性的情况：一是农村人才、资金外流，农村普遍出现治理的"真空"；二是村民委员会承担大量行政事务，"行政化"色彩较浓；三是村民自治出现"脱节"，村民小组过于单薄和分散，无法形成合力；四是相对于行政村而言，处于村民委员会和村民小组之间的自然村，仍然是农村传统宗族力量和"熟人社会"主要集聚地，是村民自治最有集聚力的一个群体；五是在一些农村地区，助产兴学、忠孝仁义等传统文化观念仍然具有较大影响力，同时大批乡村精英，尤其是外出务工的精英怀有叶落归根、反哺家乡的强烈愿望，这些实际上是现有农村社会治理资源中不可忽视的一种本土性力量。

云浮挖掘这些资源形成"乡贤理事会"，使之成为农村治理的中坚力量，使党委、政府与群众在同一个平台上三向互动，为村民反映社情热点、参政议政提供了制度化渠道，融洽了党群干群关系。乡贤理事会是一种多元共治的社会管理体系，有效地把政府、社会、群众的力量结合起来，实现了政府管理与基层村民自治的有效衔接。

3. "厦门经验"可以被理解为农村社会治理机制的协同创新。

厦门经验的社会背景是，近年来诉讼逐渐成为解决社会矛盾纠纷的主要途径。然而，诉讼意味着相对较高的司法成本，而且诉讼的对抗性使得当事人之间的关系难以修复。因此，如何统筹运用乡土社会的传统调解资源及合理利用乡土社会的非正式规范来解决纠纷，建立多元化的纠纷解决机制成为司法领域的一个重大需求。中国是一个成文法国家，判例和习惯并不是法院判决案件的法定依据。行业惯例、村规民约、社区公约和风俗虽然没有经过法律的确认，但在日常生活中被村民认同和接受。厦门经验正是将这些社会资源引入法院审判活动，作为调解甚至司法判决的依据。厦门案例说明村规民约可以成为中国法治的本土资源，当国家正式的法规对乡土社会关系的调整存在不足时，村规民约可以弥补缺陷。运用村规民约、道德习俗作为解决纠纷的机制，不但没有削弱法律的权威性，反而大大提升了解决纠纷的效率，因此可以被理解为农村社会治理机制的协同创新。

上述案例仅仅代表村规民约制定和实行的基本情况。在更多的地方，村规民约也正在成为农村治理的一个重要内容。综合各地典型案例，大致而言，村规民约通过三种机制发挥作用：一是以惩戒监督的方式强制和约束人们服从村庄自己制定的规范；二是通过价值引导和日常舆论的方式使人们的行为符合村庄整体的行事规范和评判准则；三是通过文化的共同传承塑造良好的风俗和敦睦的情感，以维系村庄共同体的和谐发展。村规民约产生于中国的基层乡村社会，作为一种生活方式的体现，它根植于村民的日常生产生活之中；作为一种文化现象，它展现了乡村社会独特的风俗习惯、思维方式和价值观念；作为一种治理手段，它调节了乡村社会基本的行为规范、稳定了乡村社会秩序、促进了乡村社会善治。

第四章　顺义区运用村规民约推动协同共治的实践与创新

近年来，顺义区委、区政府在积极推进农村基层社会治理现代化的实践中，加强系统治理、依法治理、综合治理和源头治理，积极构建多元主体的协同共治体系，在民主与法治建设的基础上，通过多方主体对话协商和合作互动，达成共识，促进公共利益最大化。区委、区政府贯彻党的十八届四中全会精神，在《北京市委关于贯彻落实党的十八届四中全会精神全面推进法治建设的意见》中关于"充分发挥社会规范在社会治理中的积极作用，鼓励和引导各类社会主体制定市民公约、乡规民约、行业规章、团体章程等社会规范"的具体要求指导下，立足创新社会治理的大背景，积极探索"公约化协同共治"的路径与机制，在全区426个行政村进行村规民约建设，运用村规民约推动农村社会协同治理，取得了较为显著的成效。课题组进行的问卷调查结果显示，村民对目前村务管理的满意度高达98.3%（见表2-4-1）。

表 2-4-1　　　村民对本村村务管理的总体效果满意程度

		频数	百分比（%）	有效百分比（%）	累计百分比（%）
选项	非常满意	175	48.7	48.9	48.9
	比较满意	145	40.4	40.5	89.4
	基本满意	33	9.2	9.2	98.6
	不太满意	3	0.8	0.8	99.4
	不满意	2	0.6	0.6	100.0
	小计	358	99.7	100.0	
	无回答	1	0.3		
总计		359	100.0		

就农村社会治理所处的宏观背景而言，顺义区与全国广大农村地区是具有共性的。中国乡村治理体系经历了来自两方面的"消解"：一方面，人民公社时期，高强度的政治动员体制在很大程度上瓦解了农村内生性的、传统乡土社会的治理体系；另一方面，人民公社解体之后，国家在农村建立起的高动员、强渗透的乡村治理体制又随之消失。这双重消解带来的后果是，农村出现了大量的治理真空地带，突出表现为：健康、教育、文化、农业基础设施等公共物品长期供给不足；村民自治组织不断趋于涣散；乡土社会伦理道德体系、文化体系快速消亡。同时，伴随大规模的农村人口流动和剧烈的城市化进程，乡村精英不断流失。这双重消解对中国乡村社会治理提出了巨大挑战，也使得建立在乡土社会传统治理理念基础上、基于乡土社会内生性特点、并有机融合现代农村治理结构的"多元化乡村治理模式"，成为当前农村社会治理的一种路径。这是顺义区运用村规民约推动农村社会协同共治的总体背景。

同时，基于区情、民情特征，顺义区在运用村规民约推动协同共治方面的起点、可依赖的优势资源，及其所面对的问题等方面都具有自身独特性。正是在这些前提基础上，顺义经过探索和创新，发展出了运用村规民约、推动农村社会协同共治的一条独特路径。总结顺义的经验，可以发现以下显著特征：首先，高度重视主体间协同，多方面推动农村社会治理各主体在村规民约制定执行过程中的协同作用，明确各主体的权责关系；其次，基于对自身优势条件的考量，适时地将村规民约建设和党的基层组织建设结合起来，以规约推动党建，以党建促进规约；最后，立足于区情民情，积极运用村规民约处理顺义面对的紧迫问题，提高治理效率。

一 凝聚多方力量，促进农村治理的主体间协同

农村社会的协同共治具有两个方面的基本要件：一是多元主体要有充分参与治理的权利；二是各主体之间的责权利关系要得到清晰的界定。[①]顺义在运用村规民约推动协同共治方面最显著的特点就在于，从纵向、横向，以及动态三个层面保障各主体有充分参与农村治理的权利，并对它们之间的权责划分和功能进行了明确的界定，从而形成了各级政府、党政部

---

① 参见王刚《协同共治：村级治理新探索》，《学习时报》2015年5月1日。

门、农村自治组织与村民在基层治理问题上合理有序、良性互动、协同共治的基层社会治理格局。

（一）纵向协同：区、镇、村三级联动

在纵向上，顺义区十分强调区、镇、村的三级协同。在如何明确定位三级角色功能、增强工作的合力方面，顺义较其他地区思考更为深入、做法更为明确。在区、镇、村三级的协同中，顺义区对三者的相互关系和功能定位做出了较为明确的界定。

1. 突出村民的主体作用

村民是村庄的主人，既是村规民约制定的主体，更是村规民约约束的对象，是协同共治的直接受益者。因此，村规民约的制定和实行过程应体现村民的主体价值。在修订村规民约的过程中，要紧紧围绕村民充分征求意见，使绝大多数村民共同的合理诉求以明确的条文在村规民约中体现出来。从提出个人意见、经过讨论研究、到凝聚成集体意志，每个村民在承担村庄共建责任的同时，也增进了对村规民约内容的理解，形成了对村规民约的认同，为村规民约的执行奠定良好的心理基础，避免村规民约成为一纸空文。在规约执行过程中，实现共建共享。以对村规民约的认可为基础，调动村民贯彻执行的积极性、参与建设的能动性，将村民的个人行为、利益诉求、矛盾纠纷等都纳入规约当中，以最小的成本化解基层的矛盾、排解潜在的问题、营造和谐的氛围，实现村民共建共享。

2. 强调村两委的主导作用

顺义区在村规民约建设和农村协同共治过程中有效地推进了村党支部与村民委员会（简称两委）的协同。在协同共治的过程中，顺义区强调村两委发挥主导作用，用村规民约来整合农村社会自我调节、村民自治等力量，调整好村庄整体发展与村民个人利益的关系，实现良性互动、良性互促。两委的主导作用主要体现在两方面。一方面，两委对村庄整体发展负责。村规民约是村庄发展的"小宪法"，是村集体和个人融合发展的保障。顺义区要求村两委秉承"守土有责、守土负责、守土尽责"的态度，主导村规民约的修订和执行，确保村规民约的整体性、正确性、可操作性，保护集体利益不受个体侵害、村域发展不受个人阻碍。另一方面，两委对村民个体利益进行引导。在修订村规民约的过程中，以集体的意志对村民提出一些倡导性规定、禁止性规定，明确对挤街占道、超占、抢建等

问题的处理措施，引导村民在追求利益的过程中，不能损害集体利益、他人利益，树立正确的利益导向。

为满足人民群众当家作主的愿望，也为减少基层政府的管理成本，我国实施了基层群众自治制度。因此，我国的最基层政府是乡镇一级政府，乡镇之下的广大农村地区实施村民或居民自治制度。基层政府与乡村的村民委员会在行政上无隶属关系，这就使得乡镇政府在管理乡村上存在一定的困难。如果有行政上的隶属关系，相关的文件或通知可以直接通过行政命令链条自上而下地发送到乡村，在没有行政关联的情况下，乡镇政府对广大农村地区的管理就必须借助其他方式来实现。我们知道，在中国的政治现实中，有一种组织扮演着强大的作用，那就是中国共产党组织，这个组织广泛地嵌套在政府组织、非政府组织及非营利组织之中，在组织的实际运作中起到了重要的作用。在基层乡镇政府对广大农村的治理过程中，正式基层党组织在起着重要的纽带作用，联系着乡镇政府与广大农村。

在乡镇政府与村民自治组织缺乏行政关联的情况下，乡镇党委通过发展乡村党员并建立乡村党支部，以此作为联系基层政府与乡村的重要纽带，在政府与村民自治组织之间建立了一种非正式的组织间联系。但是，这种联系方式在实际的组织运作中会导致较大的问题。村民自治委员会是由经过村民公开、公正地投票选举出来的委员组成的，在利益诉求上代表村民。而村党支部主要由乡镇基层党委批准组建，在利益诉求上更多地反映乡镇党委，而乡镇党委除了向乡村传达一些政策指示外，对乡村有一定的控制需求，不希望村民委员会的行动与政府的意愿偏离太远。在实际的组织运作中，作为乡镇党委下属机构的村支部通常与作为村民代表的村民委员会之间存在着紧张的关系。这种紧张关系通常体现在村党支部书记与村民委员会主任之间的紧张关系上，这两套班子间的不和谐给村务管理增加了不少难度，有些地方甚至严重影响了乡村和谐。

在组织理论领域，学者们对组织间的关联网络（interlocking networks）进行了深入的研究，所谓的关联网络指的是组织之间通过某种形式的关联以形成一种组织间的网络。布兰代斯大法官早在1914年便发现许多银行通过向公司派驻代表的形式来实现银行与公司间的关联进而主导了经济。事实上，现在的公司之间通过交叉董事（interlocking directors）的方式实现组织之间的关联的做法已非常普遍，组织间的这种关联能够实现组织间信息及资源的共享，在面对问题时也容易实现有效的组织协同。

顺义区在运用村规民约推进协同共治的实践中，便把这种组织间的协同模式运用到了村治上，创造性地实现了村务治理的两大机构间的组织协同，即村党支部与村民委员会之间的协同。

顺义区基层政府在处理乡村中这两套班子间的紧张关系时通过积极的探索，发展出了村主任村支书"一肩挑"的模式，实现了村党支部与村委会之间协同共治乡村事务的良好局面，有力地解决了长期困扰着乡村有效治理之实现的最大问题，即村党支部与村民委员会之间的潜在冲突。在具体的操作上，乡镇党委首先会对乡村进行一个摸底，通过这种摸底的方式了解那些在村里口碑好、热心公益且作风正派的人，这种人通常会被吸收进村党支部里；其次，在村委会换届选举前，村党支部通常会进行换届选举，并联合村民代表进行一个候选人预提名的活动，形成并确认最终的村委会领导班子的候选人，村主任的候选人一般由村党支部的新支书担任，村委会委员候选人通常也由村党支部成员担任；最后，候选人名单将被提交到村民大会最终由村民投票选出。通过这种不同组织里的重要职务由同一个人"一肩挑"的方式，村党支部与村委会之间实现了组织间的协同，这种协同大大地减少了不必要的组织间斗争，让村党支部与村委会齐心协力共同治理乡村事务，切实提高了乡村治理的有效性，降低了乡村治理的成本，是一种值得其他地区效仿的实现组织间协同共治的良好模式。

3. 确保镇级政府的护航作用

在运用村规民约推进协同共治的过程中，顺义区将镇级政府定位为保驾护航的角色，要求镇党委从人力、物力、政策等方面对村规民约的制定执行给予有力支撑。具体而言如下。一是人力支撑。镇领导班子及驻村督导组挂点联系各村，采取"领导联村、督导组包村、干部入户"方式，深入基层，深入群众，提供组织人力保障。二是政策支撑。组织司法、民政、土地和计生等相关职能部门对各村村规民约的修订工作进行政策指导，确保村规民约方向正确、措施有效。三是经济支撑。顺义区要求镇政府建立对应的经费保障机制，将基层党组织活动、村级工作经费、村干部考核奖励经费等列入财政预算，确保村规民约建设工作顺利推进，切实提升村级协同共治水平。

4. 发挥区级政府的督导和协调作用

首先，区委、区政府负责指导村级党组织制定村规民约，并针对存在的问题制定指导意见，在确保符合国家相关法规基础上，对村规民约修订的条件、标准、时间、程序等进行统一规范。区委相关督导组对修订过程中发现的问题及时指导纠正。区政府的司法、民政、土地等相关职能科室也负责村规民约所涉及的相关政策的最后把关。其次，不断完善对下级干部的监督约束机制，确保这种赋权会使基层政府和村两委更加重视和关注村规民约的制定和执行，产生强大的监督力量，倒逼村规民约的运作迅速走向规范化。同时在区委、区政府层面，也可适当将实施新农村建设项目等也可以与村规民约执行情况适当挂钩。最后，区委和区政府对于基层政府和村庄自身所不能很好解决的其他问题，例如历史遗留问题，研究办法，彻底解决，为村规民约更好地发挥作用提供设施和机制支撑。涉及农工委、社会工委、民政局、法制办等相关职能部门配合协作的，区委、区政府积极出面指导、督促、协调，确保工作有序推进。

（二）横向协同："1+1+15"协作模式

顺义区在运用村规民约推进协同共治的过程中，也创造出了一套独具特色的横向协同模式，即通过一个党员和一个村民代表联系十五户农户的"1+1+15"协作模式，整合分散的村民，大大促进了农村的有效治理。"1+1+15"模式的具体做法体现为以下几个方面。

1. 发挥党员和村民代表作用，"1+1"担任"十大员"

按照"谁包户谁负责"的原则，在党员和村民代表中选任政策讲解员、信息收集员、文明引导员、活动组织员、普法宣传员、矛盾化解员、安全监督员、村务协管员、治安巡逻员、流动人口管理员等"十大员"，负责对所包户进行政策宣传、信息传达等工作，做好村民与政府之间的联系与沟通，使他们成为村民自治和推进农村社会服务管理的主要力量。

2. 建立配套制度，保障"1+1"功能发挥

一是建立培训制度。以村为单位，每月组织党员和村民代表进行政策理论和业务知识等方面的培训，不断提高他们联系群众和服务群众的能力。二是建立考核制度。由村"两委"干部和包户村民对"1+1"责任人的日常工作进行评估，采取打分等形式，检验包户党员和村民代表的工作成果，掌握村民对包户工作的满意程度，及时改进工作中存在的问题。三是建立激励制度。较有代表性的例如北小营镇，规定镇党委每年按一定比例，在全镇所有"1+1"责任人中评选"优秀共产党员"和"优秀村民代表"，同时给予精神和物质双重奖励。四是建立沟通制度。村干部与

"1+1"责任人建立双向联系机制,每月召开一次党员会、每季度召开一次村民代表会,通过定期交流、随时汇报,形成双向交流沟通的良性互动。

3. 明确责任,建立"1+1+15"网格化管理体系

由镇级党委牵头组织,各村分别与"1+1"责任人即结对的党员和村民代表签订责任书,"1+1"责任人在村委会见证下与所包的15户村民签订公开承诺书。每一名党员和村民代表都有发挥作用的平台,每一个农户和村民都被纳入联系服务的范围,切实做到了"群众有事找党员,村民有事找代表",构筑起"镇党委牵头、村'两委'负责、党员和村民代表执行、村民广泛参与"的网格化管理全覆盖自治体系,有效提升了农村基层组织的凝聚力和战斗力。这其中成绩较为突出的是北小营镇的后鲁村,它是顺义区2010年村"两委"换届10个重点难点村之一,实行"1+1+15"模式后,该村党员、村民代表对村"两委"班子满意率达到97%,群众满意度得到明显提升。

在"1+1+15"模式中,村民、村民代表、党员、党组织、村自治组织被有机地组织起来。党员能够联系村党支部甚至乡镇党委,村民代表则能够密切联系村民群体,党员和村民代表能够很好地联通上下,促进乡镇党委、村党支部与村民的相互理解与相互支持。这样,"1+1+15"模式就很好地盘活了农村既存的人力资源和组织资源,在基层治理的层面创造出较好的主体间横向协同模式,不仅缓和了上级领导机构与村民群体间的紧张状况,而且提高了村民在村务治理中的参与感,不仅有利于村两委根据上级政府的政策方针推进工作,而且有利于促进农村整体和谐发展。

第一,"1+1+15"模式促进了正式机制与非正式机制的协同。

正式组织所具有的运作机制与非正式组织所具有的运作机制是不同的,在实际的运作中,正式组织所使用的机制可能与非正式组织所使用的机制并不相同,而如果上述两种机制能够协同运作的话则能够带来"1+1>2"的效果。顺义区基层群众自治组织在长期的摸索中发展出了多种切实可行的非正式机制来配合村委会工作,在农村地区形成了独具特色的正式机构与非正式机构之间的协同共治局面。特别值得指出的是村委会与村民小组及"1+1+15"模式之间的协同机制。村委会与村民小组间的协同机制主要如下,村委会一般会把整个村的村民根据其地理位置划分为四个小组,每个小组又可以进一步细化再分成若干小组,每个小组均产生一名

小组长，这些小组长通常是由村民投票选出，因而一般会担任村民代表一职。小组长是联系村民与村委会的重要桥梁，肩负着传达上级政策指示及反映下面村民意见的重要职责。可以说，小组机制是村委会借以实现村务有效治理的重要工具。如果说小组机制反映的是村委会的正式运作机制，那么北小营镇的乡村地区实行的"1+1+15"模式则可以说是非正式的运作机制。"1+1+15"模式与村民小组模式一道，为乡村治理做出了重要的贡献，该模式与村委会及村党支部的具体协同机制是：党员联系村党支部，而村民代表则联系村委会，在实际的运作中村两委通常合署办公，因此村两委通常只与两个"1"相联系，这两个"1"再与其负责的十五户农户相联系，以此构成了村民小组机制外的又一条管理村务的链条。村民小组机制与"1+1+15"模式可能会有一定的重叠，但彼此间是独立运作的，小组机制更多地代表了正式组织来运作，而"1+1+15"模式更多地是以非正式机制的形式协助村两委治理村务。小组机制与"1+1+15"机制间的部分重叠主要体现在两种机制中的核心人物上，比如小组机制中的小组长有可能会是"1+1+15"机制中的两个"1"，因此这两种机制之间也会体现出一定的协同。

第二，"1+1+15"模式推动了村民、村民代表及党员间的协同。

亚里士多德认为人是天生的政治动物，因此每个人都有参与到政治事务中去的动机。另外，人是群居动物，结社是一种最基本的本能，这点主要表现在现代社会中的人们总是隶属于家庭、学校、政府及企业等形形色色的组织或各种老乡会、同学会等非正式的团体。也就是说人们总是倾向于和与自身具有相同属性的人们聚集在一起形成小团体，这便人为地创造出一种我与非我的分野。属于同一团体或组织的人通常由于具有共同的属性而能够彼此认同，同一团体或组织里的人们会产生一种"我们"的团体归属感，同时把特定团体之外的他人视为"他们"。属于同一团体或组织的人们因为具有类似的属性自然具有较高的凝聚力，因而相对而言较容易形成统一的集体行动（Collective action），但是，不同的团体之间集体行动则会由于各团体具有非常不同的核心属性而变得极为困难。事实上，即便是在一个组织内，形成集体行动也并非易事，在不同的组织或团体之间就更难实现。顺义区基层政府在运用村规民约推进协同共治的实践过程中，创造出了突破团体间樊篱以实现跨团体协同的个体协同模式，即"1+1+15"模式，是一个重大的创新。通过这种模式，属于不同团体的村民、村民代表及党员代表得以整合到一起,共同作为一个整体来运作,大大地促进了乡村的有效治理。"1+1+15"模式的运用,不仅体现了党员的模范带头作用,更是充分赋予了村民选出村民代表来代表自己说话的愿望。在这种模式中,党员不是唯一的领导,而是领导之一,另外一个村民代表具有和党员相同的地位和作用,有的村民代表甚至在威望上大大超过党员。在这种情况下,村民更能够实现自己当家作主的愿望,也更能够在村务的治理中更实际地参与到里面去,而不是以一种旁观者的心态对待村集体事务。"1+1+15"模式很好地在最基层的个体层面创造出了一种个体间的协同共治模式,这种模式不仅缓和了上级领导机构与村民群体间的紧张状况,更提高了村民在村务治理中的参与感。这不仅有利于村两委根据上级政府的政策方针推进工作,也有利于促进乡村整体的和谐发展。因为,在"1+1+15"模式中的党员,更多的是起着联络员的作用,而不是来自上级任命的领导,具体的政策执行需要村民代表及其他村民共同讨论共同执行。这种个体间的协同模式,有力地抵消了来自组织层面的压力,能够很好地把上级政策方针等具有命令性质的要求转化为适合当地实际的做法,因而能够在实现乡村的和谐发展中起到重要的作用。

(三) 动态协同:建立"三上三下"民主程序

除了纵向和横向上各主体的协同,顺义区还充分发展和完善民主程序,以达到充分调动、协调各主体运行的动态协同。其中最具有代表性的例子,是村规民约制定和修订的"三下三上"机制。这套机制的具体内涵是:"一下",围绕村(居)民约内容,向下广泛征求村(居)民意见,深入调查问题,进行整理汇总,作为修订的基础材料;"一上",召开村(居)"两委"联席会议,梳理意见建议,研究确定主要框架;"二下",组织召开党员和村(居)民代表大会进行讨论,充分征求党员和村民意见建议后形成初稿;"二上",将初稿提交镇街司法、民政、土地和计生等相关职能部门,进行政策指导;"三下",通过"党群1+1"工作组方式将初稿发放给全体村(居)民再次征求意见建议,进行相应的补充调整,形成审议稿;"三上",将审议稿报所在镇街党工委审核把关。最后由村(居)民会议进行表决通过,并印刷成册发放村(居)民家中,同时报镇政府(街道办)备案。

"三上三下"通过完整地履行"收集意见、讨论研究、形成初稿、政

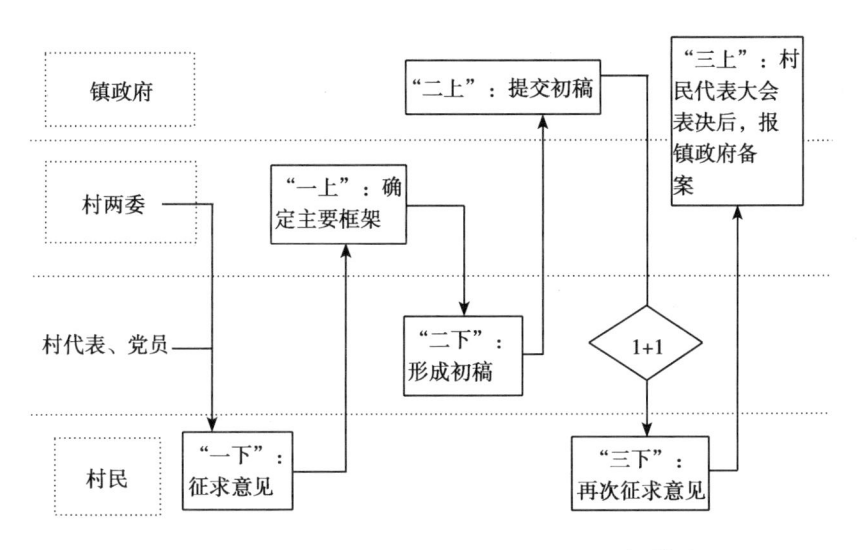

图 2-4-1　顺义区村规民约制定的"三上三下"模式

策指导、调整完善、审核把关"这六个工作环节,将党政部门、农村自治组织(村两委、村民代表、党员)、普通村民等各方主体纳入其中,充分地发挥了各方主体的积极性和创造性,形成村级事务治理中多个主体共谋共建、共治共享的格局。在这个动态机制之下,各村进一步在细节和程序上进行了创新。以赵全营镇为例,该镇村规民约的制定和修订需要在上级党政部门的指导下,经由村两委干部挨家挨户征求意见和建议,提出初步条款,然后召开村民代表大会讨论通过,最终由全体村民签字同意方可得以实施。

"三上三下"模式虽然集中体现在村规民约的建章立制环节,但实际上代表了顺义区对于如何通过一套民主程序,把纵向上各个层级、横向上各类主体充分有序地调动起来,形成良好共治格局的一种有益探索。"三上三下"的实践成效表明,动态协同机制的创立更好地保障了各主体切实的、真正的协同,是运用村规民约推动协同治理的必要补充。

二　基层党建引领,推动村规民约的制定与执行

顺义区运用村规民约推动协同共治的另一突出特点,是将村规民约与基层党建工作紧密结合起来,一方面以制定和完善村规民约为契机抓基层

党建；另一方面也通过基层党建引领村规民约更好地制定和执行。

（一）两个结合

"两个结合"即把修订和完善村规民约与党的群众路线教育实践活动结合起来，与整顿基层党组织工作结合起来。把村规民约制定和完善作为加强基层服务型党组织建设的重要抓手，将群众意见、整改措施，融入村规民约之中，确保村规民约更加突出问题导向，更加体现地区特点。通过认真梳理目前存在的突出问题和现行村规民约的突出问题，并以此作为修订完善村规民约工作的重要着力点，进一步实现了"聚焦"，突出了工作的指向性和针对性，切实解决了许多群众关注的热点难点问题，办好了一些顺民意、解民忧、惠民生的实事，有力地维护了群众的根本利益。因此，修订完善村规民约的过程，就是党员干部深入群众，与群众深入沟通的过程，是党员干部回到群众中了解群众、做好服务工作的过程。在这一过程中，村规民约真正成了基层党组织凝聚群众力量的有力武器，成为基层党组织带领群众提高自治水平的可靠保障，增强了农村党组织的创造力、凝聚力。

同时，修订完善村规民约的过程也促使村级党组织不断增强自建意识，牢固树立依靠自身解决问题的意识，培养村级党组织做好党建工作的自觉性和能动性，主动破解工作中的难题。例如，西水泉村探索建立了党员干部"三勤一监督"工作机制，要求党员干部勤宣传、勤交流、勤走访，并聘请党员代表和群众代表监督党员大会、村民代表大会表决事项的落实情况，督促村两委切实强化责任意识和服务意识。赵全营镇要求党员干部带头制定执行村规民约，并突出对执行村规民约的约束与治理，以此规范村务运行，在各村推进村务公开方面，提出了规范村务事项"十必议"程序，即新农村建设长期规划和年度规划必议，村集体资产购置与处理、集体借贷、集体企业改制必议，大额款项的支出必议，公益事业经费筹集、组织实施与管理必议，土地征用及补偿分配必议、宅基地申报必议、计划生育必议、农村低保必议、重大救灾救济款物的发放必议，规定必须由村民会议讨论通过的事项必议。在创新农村社会管理方面，在健全《村民自治章程》和《村规民约》的基础上，进一步健全了党员联系群众制度、村民代表联系户制度、党员议事制度、民主监督制度等。通过对村规民约的规范化实施，进一步提升了村务公开、党务公开、财务公开等科学化管理水平。

（二）三项措施

具体而言，基层党建引领村规民约的建设主要体现为以下措施。一是干部包村。包村干部全程参与村规民约的制定、宣传、执行过程，跟踪推进情况，提供指导服务，确保党的方针政策能够体现到村规民约中。二是党群"1+1"工作模式。党群"1+1"，即1名党员、1名村民代表定点联系10—15户村民，负责对所联系群众进行政策宣传、矛盾排查、活动组织，并配合村"两委"干部，做好村务协管工作。在村规民约的制定和修订过程中，通过党员和村民代表入户，收集问题，确保各项条款符合群众意愿；在村规民约的执行过程中，还是通过党员和村民代表，挨家挨户宣传村规民约，做到家喻户晓。三是"一助一"工作机制。通过各级干部走访、慰问群众和与村党支部沟通交流，及时掌握民情、了解民意，助力基层服务型党组织建设，提升村"两委"班子凝聚力和战斗力。

图 2-4-2　"三项措施"示意

三　立足区情民情，运用村规民约应对突出问题

顺义区运用村规民约推动协同共治的第三个特点在于，着力用村规民

约解决城镇化进程中出现的各种问题。顺义区强调在村规民约制定和执行中，充分考虑宏观形势，主动与城镇化建设要求相对接，在具体内容制定上具有针对性、倾向性，对城镇化进程中已经出现和可能遇到的问题做出预判和应对。

顺义处在城乡一体化、农村向城镇化转变的加速发展阶段，这一阶段涌现出了大量关系群众利益、迫切但又具有细节性的现实问题，如集体资产处置与收益分配、宅基地丈量标准、农村人口确认、非农人口向农业人口的转移、人口流动引发的"老户"与"新户"矛盾、"本地"与"外地"矛盾、流动人口管理等。这些新情况、新问题，法律尚没有非常具体的细则。如何处理好这些热点难点问题，不仅直接影响城镇化进程，更会影响到农村社会的稳定和长远发展。

在这种情况下，通过村规民约对这些问题予以合情、合理、合法的界定，具有两方面优势：一方面，村规民约能针对这些问题进行一定范围内的"建章立制"，用制度规章管事管人，是对现有法律法规尚未规范领域和事项的补位，能有效防止钻空子、抢占公共利益的情况，减少寻租空间，避免基层权力的滥用，同时也在很大程度上有效降低了行政和司法成本；另一方面，村规民约是村落内部成员之间达成的一种规范，本质上是一种民间契约，不带有自上而下的强制性，不是一种正式制度，既不具有正式制度那样大范围的影响力，也不需要承担正式制度那样大的制度外溢成本和纠错成本。很多由政府政策法规一时难以处理的问题，以村规民约的方式，反而可以更为灵活、更具创新性、接受度更高。因此，运用村规民约处理经济社会快速发展，尤其是城镇化过程中的各类复杂问题，事实上是一种低成本、低风险的途径。

（一）运用村规民约加强流动人口管理服务

流动人口管理是顺义独特的区情所决定的一项重要社会治理任务。在此前相当长一段时间里，顺义虽然在流动人口管理方面取得了显著的成效，探索了包括网格化治理、群防群治在内的一系列方式方法，但是总体而言还是依靠以政法系统为主的党政力量，管理成本相对较高。近年来，顺义探索将村规民约引入流动人口管理，探索依靠村庄内生性制度加强流动人口管理服务，保障村庄健康发展，同时也使外来人员能够享受村庄的公共服务，增强外来流动人口的责任感。

马坡镇秦武姚村在《村规民约》的修订中，针对流动人口管理问题探索能被普遍接受的科学机制。该村户籍人口600人，外来人口超过3000人，人口倒挂问题严重，给资源分配和村务管理带来了一定压力。因此，该村在修订《村规民约》时，着力解决诸如用水、用电、挤街占道、私搭乱建等问题，例如在用水问题上，通过细化收费方式，限定用水指标和实行超额收费等措施，不仅保障了收费方式的公平，还节约了电费，促进了水资源的合理利用。

另一个典型例子是南彩镇河北村。河北村在修订村规民约时，写入了关于流动人口的"四道关"的规定，即房屋把好"登记关"，所有本村村民对外出租房屋，必须到村委会登记出租信息，出租方与承租方签订租赁合同时，必须有村委会人员在场，以确保双方合法权益。入住把好"审核关"，村委会在通过公安系统审核外来人员各种证件的同时，还要对其提供的就业信息进行核准，杜绝无业人员入住本村。日常把好"就业关"，每半年对入住的外来人员进行就业信息核实，为失业的人员提供就业信息，促进其就业；对长期无业且没有就业意愿的人员，及时解除其房屋租赁合同。监督把好"访谈关"，以6个责任区的组长为首，不定期对有出租房屋的村民进行访谈，及时把握入住人员的信息变化情况，加强对出租房屋和入住人员的管理。

（二）运用村规民约处理集体土地收益及宅基地纠纷问题

土地收益和宅基地纠纷是在城镇化进程加快、土地制度变革背景下涌现的农村社会问题。顺义区在面对这一典型问题时，尝试通过村规民约分担化解矛盾，谋求国家法与村规民约的合作。例如，赵全营镇解放村在修订完善村规民约的过程中，针对"村域内企业地租价格过低，但受合同约定限制，无法提高价格"这一问题，安排党员和村民代表深入企业征求意见建议，强化企业对村域发展的责任意识；成立"社会公益发展基金"，并明确写入村规民约，每年8月初向企业募集公益基金，用于提高村民的土地流转收益。同样针对宅基地建设问题，赵全营镇北郎中村在村规民约中细化了建房行为规范，两年来依据这一条款及时发现并制止了村民盖房超占问题30余起。马坡镇马卷村在村规民约中制定了专门的宅基地管理条款，规定村民符合翻修、新盖房屋条件的，经批准并与村委会签订协议后，方可动工；违反规定超占部分，责令拆除，根据这一规定，村民主动履行签约程序，按期清理灰沙砖等建筑物料成为自觉行为，有效维护了村庄环境。针对有些村建房纠纷频繁发生，甚至引起暴力冲突这一问题，陈各庄村在修订村规民约时，规定必须有"四邻签字"，并交2000元保证金，方能开工建设。大官庄村也针对建房纠纷做出了明确规定，本着维持历史现状、避免矛盾激化的原则，在拆除旧房前，村两委提前介入，先对房屋进行丈量，寻找合理的参照物，并留下影像资料，确保在原址范围内翻建，极大地减少了由此产生的邻里纠纷，有效避免了矛盾激化、事态扩大。

（三）运用村规民约改善农村社区生态及文化环境

城镇化所带来的另一问题，是"人"的城市化问题。如何让村民摆脱旧的生活方式、价值取向，适应城市的生活习惯、生活环境，并在思想上具备市民的素养，亟待通过有效的方式进行引导、教化。顺义区运用村规民约积极改善农村社区的卫生和文化环境，取得了较大成绩。

一是通过村规民约的长效机制维护村庄生态和卫生环境。例如，赵全营镇、北小营镇等都通过村规民约，明确"门前三包"责任，将环境建设和村规民约挂钩，调动群众参与环境建设的积极性，有效维护了环境建设成果。马坡镇马卷村规定村民只要自行在家中将垃圾分类，每逢双日把垃圾投到指定地点，每户每月将得到20元奖励；对于无乱堆乱放，门前整洁的家庭予以每月50元奖励。通过这一奖励，促使村民自觉参与到维护环境整洁的行动上来，并规定了互相监督的工作机制，促进了村容村貌整治，较好地改善了村里环境。河北村也把落实村庄发展规划、维护村域环境明确纳入村规民约修订内容中来，"5+3"工程投资1148.3万元，建成太阳能浴室一座，环保公厕3座，街道两侧安放垃圾箱127个，全村清洁能源普及率达95%、太阳能利用农户达96%、主次街巷路面硬化率达100%，达到郊区环境建设示范村和首都文明村标准；"绿化工程"投资87万元完成百村万户绿化和街道美化绿化工程，对村内道路的两旁、村中空闲地及每户庭院进行了整体设计和绿化，栽种乔灌木1.5万棵，对3处废弃坑塘进行集雨工程改造，并在周边配备体育器材，使其成为村内一景。村内林木覆盖率达到了46.27%，形成了三季有花、四季有绿、错落有致的绿化模式。"商品一条街建设"工程为避免村内服务业无序发展将主街两侧集体产权的商用出租房屋收回，由村集体统一租赁。村委会按照"以业控人"的原则，发挥职能作用，对入驻商户进行严格把关，避免了"五小门店"、无证无照经营、挤街占道等违法违规现象出现，使主街两侧成为社区小集市、商品一条街。

二是通过村规民约弘扬传统美德和良好道德风尚，提高村民素质。例如，马坡镇石家营村在《村规民约》的修订中为老年人设立了"精神文明奖"，将光膀子、遛狗、说脏话等不文明行为列入考核范围，如未出现以上不文明行为则给予一定程度的奖励；老年人约束晚辈或房屋承租人的不文明行为还能获得"操心费"；年轻人陪伴老人到"婆媳澡堂"享受免费待遇等。这些规定高度重视精神文明建设和良好社会风尚的养成，注重引导村民生活方式的转变，有效遏制了光膀子散步和不牵绳遛狗等各类不文明行为，形成了家庭和睦、邻里和谐的新风尚。赵全营镇东水泉村提出，要通过制定和遵守村规民约使村民身上具备一种"无须提醒的自觉"，怀揣一种"为他人着想的善良"，享受一种"以约束为前提的自由"。通过一系列实际举措，村民素质得到极大的提高，形成了一种自觉、自由、善良、和谐的人文氛围，治安状况甚至能达到村委会夜不闭户的程度，得到"东水泉西水泉，西东有水财涌泉；南来顺北来顺，北南相同人才顺"的赞誉，成为村风、民风建设的典型。

此外，顺义区通过强化宣传和加强交流学习，确保村规民约建设见实效。一方面，加强宣传教育。为营造良好环境，在区委、区政府层面上，区委宣传部牵头负责做好宣传工作，利用广播、电视、报纸、互联网等多种媒体形式，广泛宣传"运用村规民约，推动协同共治"在农村社会治理中的重要意义，使各级干部和广大群众深化对此次活动的认识，为深入推进此项改革工作营造良好的社会氛围和舆论环境。在村一级层面，除了广泛运用公示栏、宣传手册、登门宣讲、广播等多种渠道外，还出现了其他一些老百姓比较喜闻乐见的典型做法：比如北小营镇的榆林村和东乌鸡村将村规民约编制成"顺口溜"、高丽营镇的北王路村通过老年人秧歌队表演加以宣传；天竺镇的二十里堡村，将制定的村规民约配以形象生动的附图，等等。另一方面，加强交流学习。为了积极学习和借鉴发达地区的先进经验和典型做法，顺利推进以完善村规民约创新农村社会协同治理改革工作，2015年9月14日至18日，区委、区政府研究室（区委改革办）

组织部分单位主管副职、镇党委副书记、村党支部书记等十六人，赴浙江省绍兴市袍江新区马山镇尚巷村和柯桥区马鞍镇亭山桥村、宁波市鄞州区云龙镇上李家村和宁海县岔路镇下畈村、台州市临海市白水洋镇上游村等地进行考察调研。

第五章　顺义区运用村规民约推动协同共治的总体评估

一　顺义区运用村规民约推动协同共治的总体评价

总体而言，顺义区运用村规民约推动农村社会协同共治是卓有成效的。

一是改善了环境质量。村规民约通过将环境保护方面条款的制定和执行有效调动了全民参与环境建设的主动性和自觉性。在全面整治村庄环境过程中，基层党员、干部群众表现出较高的参与度，顺义区农村环境得到极大改善。99.7%的受访对象表示，实施村规民约后，村容村貌更整洁了（见表2-4-2）。

二是促进了和谐稳定。村规民约的实行成功化解了顺义在城市化进程中出现的大量各类矛盾纠纷，有效预防了诸多因宅基地纠纷、环境污染、干群矛盾等引发的上访问题，实现了大事化小、小事化了，将矛盾化解在萌芽状态，促进了顺义区农村的和谐稳定。97.5%的受访对象表示，实施村规民约后，村内纠纷和冲突情况减少了；99.7%的受访者表示，村内社会治安更好了（见表2-4-3和表2-4-5）。

三是融洽了干群关系。通过"一事一议"和村内大事"四议两公开一监督"等内容，村规民约加强了对村干部依法行政、依法办事的监督，增加了村务透明度，畅通了村民与村干部之间的沟通渠道，使村民对村务更加了解，消除了村民对村干部的误解，使二者之间的关系更加融洽。95.3%的受访对象表示，实施村规民约后，村民与村干部的关系更融洽了（见表2-4-4）。

四是推动了经济发展。群众间矛盾的减少、干群间关系的和谐促使村"两委"把更多时间和精力用在了村级经济发展上。同时，不断完善的村规民约也很大程度上改善了村务环境和政务环境，进而改善了投资镇村的发展环境，使得重要产业项目落户顺义各村镇，间接地推动了顺义经济的稳步发展。98.6%的受访对象表示,实施村规民约后,村务管理更加有序了(见表2-4-6)。

表 2-4-2　本村实施村规民约后,是否发生了以下变化——
村容村貌更整洁了

		频数	百分比(%)	有效百分比(%)	累计百分比(%)
	是	358	99.7	100.0	100.0
	无回答	1	0.3		
总计		359	100.0		

表 2-4-3　本村实施村规民约后,是否发生了以下变化——
村内纠纷和冲突情况减少了

		频数	百分比(%)	有效百分比(%)	累计百分比(%)
	是	350	97.5	99.7	99.7
	否	1	0.3	0.3	100.0
	小计	351	97.8	100.0	
	不知道	1	0.3		
	无回答	7	1.9		
	小计	8	2.2		
总计		359	100.0		

表 2-4-4　本村实施村规民约后,是否发生了以下变化——
村民与村干部的关系更融洽了

		频数	百分比(%)	有效百分比(%)	累计百分比(%)
	是	342	95.3	98.6	98.6
	否	5	1.4	1.4	100.0
	小计	347	96.7	100.0	
	不知道	4	1.1		
	无回答	8	2.2		
	小计	12	3.3		
总计		359	100.0		

表 2-4-5　　　本村实施村规民约后，是否发生了以下变化——
村内社会治安更好了

		频数	百分比(%)	有效百分比(%)	累计百分比(%)
	是	355	98.9	99.7	99.7
	否	1	0.3	0.3	100.0
	小计	356	99.2	100.0	
	无回答	3	0.8		
总计		359	100.0		

表 2-4-6　　　本村实施村规民约后，是否发生了以下变化——
村务管理更加有序了

		频数	百分比(%)	有效百分比(%)	累计百分比(%)
	是	343	95.5	98.6	98.6
	否	5	1.4	1.4	100.0
	小计	348	96.9	100.0	
	不知道	3	0.8		
	无回答	8	2.2		
	小计	11	3.1		
总计		359	100.0		

顺义区村规民约之所以取得上述成效，得益于其指导思想和原则。一方面，顺义区在制定和执行村规民约的过程中较好地把握了合法性、适用性、通俗性、动态性这几个原则，在思想认识上克服了"百无一用""贪大求全""千篇一律"的思想，既高度重视村规民约的作用，又赋予其恰当的功能定位，并因村制宜，制定了一些实实在在、具有可操作性的条文原则，使其能够实施执行，能够落地生根；另一方面，顺义区村规民约也较好地突出了问题导向、时代导向、利益导向，也就是，根据各村实际，有针对性地把最突出和普遍性的问题找出来，摒弃违背社会主流价值、过时且无意义的条款，及时补充反映新的时代需求、党委政府中心工作以及群众普遍关注的热点、难点问题的条款和内容，同时把遵守村规民约得益、违反者利益受损作为一种导向，真正发挥了利益杠杆的作用，保障了村规民约的执行效力。

从深层次来看，顺义的村规民约之所以取得较大成效，更在于其能站在治理现代化的角度，用改革的思维、改革的办法推行村规民约。这主要体现在三个方面：一是运用村规民约改变原有的"人治"方式，促进农村走向"契约式"治理，推动农村社会的善治与法制化建设；二是通过村规民约强化民众的主体作用，推进农村社会治理由传统政府"管理"向多元主体"共治"转变；三是运用村规民约的引导力及约束力增进政府治理、农村社会自我调节、村民自治之间的良性互动，改变单靠"一个声音喊到底，一种政策贯到底，一套模式管到底，一种方法用到底"的传统管理方式，从提高治理效率、降低治理成本和风险的角度出发，在农村社会治理中探索新的治理方式，推进农村社会治理的现代化。

二 顺义区运用村规民约推动协同共治的主要问题

总体而言，顺义区运用村规民约推动协同共治已经取得了积极成果，但是，从实际情况来看，部分村的推进工作因为种种主客观因素仍然较为迟滞。为了深入了解其中的问题和症结，课题组通过与镇村领导干部和群众的座谈访谈，发放调查问卷，对典型案例和问卷反映出的问题进行认真探讨，认为从协同共治的角度思考，现阶段还存在以下需要注意解决的问题。

（一）部分干部及村民认识不到位

根据对顺义区六种类型村和村镇两级干部的调研访谈，课题组发现，部分干部、村民对运用村规民约推动协同共治缺乏深刻认识，在村民中主要存在三种思想倾向。一是认为村规民约无足轻重，发挥作用的空间有限。当务之急仍然是以经济建设为中心，这才是显性的政绩。村级经济做大做强及村民福利的不断改善，既容易得到上级政府的肯定和表彰，也更能得到群众的真正拥护支持。二是认为村民是理性经济人，会根据自己的利益权衡算计，很难协调组织起来制定并认真遵守村规民约。市场经济的力量已经在很大程度上改变了农村的风貌，在现有的乡村治理过程中，即使有了完备的村规民约，也难以入脑入心。三是认为村规民约的内容比较虚泛，难以进行量化评比，是上级政府的一般性要求和指令，可能会遵循以往的开会宣传—总结汇报—束之高阁的三部曲，所以只是暂时的政策，不会一以贯之，也不需要认真对待。而且当前普遍难以对村民进行政治动员，于是就将草草制定的村规民约印制成册，图文并茂地挂在宣传栏里，以备上级检查。

案例1：在与镇村两级干部的座谈会上，某镇党委副书记认为市场经济在资源配置中起决定性作用的新形势下，农民对于切实的眼前利益更为看重，只要把农村的社会福利保障搞好，村规民约建设就容易开展，两者之间是简单的购买与相信的关系，水涨自然就会船高。反之就会沦为写在纸上和刷在墙上的政治口号或形式主义。而且自古以来就是"衣食足而知荣辱，仓廪实而知礼节"。这就成为只要物质文明搞好，精神文明也会随之跟进的简单决定论，忽视了目的与手段之间存在着实现路径。这种看法反映出某些镇村干部推进村规民约工作主动性不足的思想症结之所在，而且对非正式制度在农村社会治理中的积极作用认识不够深刻，因此，在工作中只强调经济发展和利益分配，而忽视或轻视思想教育和正面引导的宣传工作。

当然也不是所有乡镇干部都认为村规民约和协同共治没有价值意义。某镇干部坦言，现在农村的社会风气较差，拜金主义盛行，农民缺乏政治信仰，社会信仰混乱，的确需要从传统中挖掘优良和有效的治理思想，用公序良俗的回归重塑农村和谐安宁的精神风貌。而且在农民生活水平和福利待遇普遍不断提高的背景下，农民的觉悟水平和精神面貌也有了很大改观，不单纯是汲汲于个人利益，集体主义的合作互助精神依然有着生命力。这时的确需要按照"党委领导、政府负责、社会协同、民众参与、法治保障"的原则，调整和创新农村社会治理机制，大力推行村规民约是一个重要和及时的举措。但利用村规民约去推动农村社会的协同治理还需要不断的实践探索，在工作方法和实现机制层面应该有新思路和新方法。

案例2：部分村民对村规民约的实用主义和功利主义态度。其简单的逻辑是只要其个人的问题得到圆满解决或诉求得到最大满足，就相信村规民约有用。如果解决不了或解决不好，就不相信。但很少考虑自己的要求是否合情合理。某村一农民曾因犯罪被判刑，出狱后长期上访，心中曾有很深的怨气，对村里的各项工作都挑三拣四。后来在镇党委的组织和村委的协调下，将其福利待遇进行了落实，这个村民立即转变为称赞村委工作有方，镇党委领导有力。在我们的谈话过程中，该村民还能使用一些最新的政治词语进行总结概括，并且将之与村规民约联系起来，认为一个合格的农民一定要坚决落实上级组织的要求。私下里,他也坦承,自己长期反映的问题得到了妥善解决之后,他开始发自肺腑地拥护上级组织的一切决策。

(二) 部分村规民约内容不合理

1. 部分村规民约内容未体现自身特点

2015年12月30日,区委书记王刚在《以村规民约为抓手创新农村协同共治模式改革工作推进会上的讲话》中提出:"村规民约应该是村民等多方主体根据法律、法规和政策,结合本村的实际情况,结合要解决的最核心、最突出的问题,讨论制定的某一方面的自律章程或行为规范","具体来说,我觉得村规民约需要的是落小、落细、落到村民的心里"。我们在调查中发现,王刚书记的讲话要求在有些村没有很好地得到落实,存在的最大问题是一些村规民约内容基本一样,未能结合本村的实际情况,解决村民最关心、最迫切、最需要解决的问题。这种现象的出现主要有以下原因。一是有些村规民约的内容是照抄镇政府发放的相关文件。以赵全营镇某村为例,该村的村规民约文本内容与《村民自治章程》几乎完全相同。另一份村规民约宣传册分为"核心价值篇""管理民主篇""村风民俗篇""乡风文明篇""社会秩序篇",基本上是对新农村建设的整体宣传册,比较像是在应付上级检查。二是有些村并不重视村规民约的制定,大都为了完成上级任务,走走形式。每个村都有自身的特点,村规民约也应该根据各村实际情况的不同而有所差异,但是,这些内容极其相近甚至相同的村规民约显然没有完全体现出各村的实际。例如,龙湾屯镇某村的经济发展较好,被称为"市级民俗旅游村""历史文化名村",但是该村村规民约并没有反映出该村的经济、文化特色。这些不能很好体现各村实际情况、因地制宜的村规民约,很大程度上会成为一种"形式"或"摆设",难以操作和运用到基层治理的过程中。

调查问卷显示,村民们认为,村规民约的主要内容应该包括环境整治、社会治安、邻里关系、流动人口管理、计划生育、民主参与、文教卫生、公益福利等(详见表2-5-1)。但有些村规民约没有包括上述内容,作用领域比较狭窄,未能按照实际情况涵盖流动人口管理、民主参与、文教卫生和公益福利等方面的内容和条款。通过访谈,课题组发现,由于村规民约多以乡镇政府发放的样本为主要参考标准,因此,部分村规民约在内容和结构方面较为单一,未能根据调整的社会关系的性质不同制定出相应的规约,这也是前面所述各村村规民约内容千篇一律的主要原因。

表 2-5-1　　　　　　　　村规民约应该包括哪些内容①

		频数	百分比（%）	单项占比（%）
选项	环境整治	342	13.4	95.5
	社会治安	311	12.1	86.9
	邻里关系	293	11.4	81.8
	流动人口管理	272	10.6	76.0
	计划生育	265	10.3	74.0
	民主参与	238	9.3	66.5
	文教卫生	231	9.0	64.5
	公益福利	215	8.4	60.1
	集体经济	198	7.7	55.3
	婚姻家庭	190	7.4	53.1

2. 对流动人口的约束和规范内容不足

顺义区是北京郊区流动人口最多的区域之一,对流动人口的规范和管理应该是村规民约的一项重要内容。然而,在当前各村村规民约中,与此相关的内容比较少,有的缺少实施细则,难以有效发挥作用。要发挥村规民约对流动人口的约束和规范作用,应当先明确"流动人口"的概念。"流动人口"包括长期居住在村里的非户籍人口和临时进村的访客等外地人员。根据《村民委员会组织法》的规定,村规民约应当由村民会议制定和修改。尽管没有明文规定非户籍人口能不能参加村民会议,但如果要让非户籍居民遵守村规民约,应当先充分征求他们的意见,明确实施细则,尽最大努力达成共识。至于临时进村的外来人员,可能不了解村规民约的具体内容,这就需要在村口等显眼位置向访客公告村规民约相关内容,让外来者做到心中有数。另外,对于流动人口,还应视其居住时间长短给予其参与订立村规民约的权利,以实现权利和义务的均等化。未参与

---

① 关于"村规民约的内容",因问卷设计为可多选,因而频数和大于359。

制定村规民约的流动人口，在实践中也应该入乡随俗，具有遵守村规民约的义务，村规民约同样对其产生效力，在离开本村前的行为依旧受村规民约的约束和规范。一般认为，村规民约适用于本村户籍人口和本村范围内的流动人口。并且，随着流动人口的增加，应当在村规民约中单设一章关于流动人口管理的内容。

课题组从问卷调查中发现，在村民们看来，村规民约的主要内容应该包括环境整治、社会治安、邻里关系、流动人口管理、计划生育、民主参与、文教卫生、公益福利等。

3. 部分村规民约中村民的权利和义务不对等

正式制度与非正式制度的一个重大区别是，正式制度比非正式制度具有更大的强制性。正式制度通常是人为制定的、具有高度强制性的规则，而非正式制度通常是自发形成的、强制性程度较低的规则。作为非正式制度的村规民约应该更多体现出乡村中约定俗成的一面，但在调查中我们发现，有些村规民约更多体现的是村规民约的强制性特征，例如规定村民的义务、村民应该怎么样、不应该怎么样、必须怎么样，这些禁止性、义务性规范虽然对管理村民行为有一定作用，但主要是建立在强制和威慑的基础上，而对授权性规范，例如，对村干部的监督权和罢免权、对村事的建议权、管理权和决策权等却没有明确阐述。过于强调村民遵守义务而忽略其权利，会影响村民对村规民约建设的热情及参与度，进而影响到村规民约的效力。

4. 部分村规民约的内容原创性和内生性不足

从历史上看，村规民约是村民从长期的日常生活中形成、丰富和完善，因而具有内生性。村规民约的很多内容源自村民日常的生活逻辑，在村落这个特定的区域里，村民们日常生活中的知识渐渐发展成清晰明确的规则，进而成为村落的公共行为规范，因而也具有原创性。村规民约的形成不是"法定"而是"群定"的，从本质上说它是"群规"，是一种为村庄整体或合作群体内部承认的村庄自定的正式规则，是一种合作性契约安排。由于它是"群定"的，村庄传统的规范和社会关系自然地融入其中，其在深层文化结构上同村民日常生活存在着高程度的吻合性。

然而，课题组在调查研究中发现，多位受访对象表示村规民约的范本来自村干部，而村干部的初稿则通常借鉴其他地方的经验或来自上级政府的有关文件，并非发掘具有本土意义的、有针对性解决本村问题的、切实可行的村规民约。这些借鉴来的村规民约由于缺乏本土特色、针对性弱、实用性差，往往比较宽泛，难以应对本村的实际问题，在村务治理中发挥的作用也比较有限，很容易流于形式。我们的访谈中，一些村干部和村民将村规民约理解为包括国家正式法律法规、村民自治章程、上级政府及各职能部门的相关规章制度及政策文件、村民大会会议自行订立的规约在内的全部内容，而并非发掘出乡村本土规范的独特价值，这样制定出来的村规民约内容的原创性和内生性均显不足。

案例3：经过对已经制定完善并印制成册的15份村规民约的文本分析，发现普遍存在内容合乎规章制度的规范性，但针对性和特色性都不够鲜明。顺义区根据19个镇的基础条件，将全区426个村划分为六种基本类型：社区平安建设型、流动人口调控型、民生服务保障型、村风民风引导型、村域环境优化型、浅山生态涵养型。从实际来看，各个村虽然在一定程度上兼顾到了自身的客观条件，但仍普遍存在着规约内容大而全，从践行社会主义核心价值观到福利供给的标准都在其中，冀图以村规民约囊括一切村庄治理事务。此外，从对村民走访的情况来看，用章节条目的方式制定村规民约效果并不明显，囿于村民的知识文化水平，很难认真阅读并领会其主旨要义，虽然下发到了各家各户，但只是被视为村委下发的一般性政治读物。即使村委扩大宣传力度或是组织学习，仍然难以达到预期的效果。如果能够制定出言简意赅，通俗易懂的若干口语化表述则更为符合农村社会的实际，更有利于内化于心，外化于行。课题组认为，目前的文本形式并不适宜。摒弃求大求全，以村庄实际存在的普遍性问题为导向，或以村庄的新风新貌为宣传的着力点，创制出简短而精练的村规民约是改进的方向。

（三）村规民约的制定主体和制定程序不规范

程序正义是英美法系国家的一种法律文化传统和观念，指处理事情的过程必须要合理合法，严格遵循法定程序。[1] 村规民约的制定包括制定主体和制定程序两部分。《村民委员会组织法》规定，村规民约一般有两种产生方式：一是由村民委员会召集，村民会议制定和修改村规民约；二是在人数较多或居住分散的村，可以推选产生村民代表，经村民会议授权，

---

[1] [美] 迈克尔·D. 贝勒斯：《程序正义：向个人的分配》，邓海平译，高等教育出版社2005年版。

村民委员会召集，由村民代表会议制定和修改。制定的村规民约应该报乡（镇）政府备案。由此可见，村规民约的制定主体有两个，即村民会议和村民代表会议。以上两种方式产生的村规民约，都是符合法定程序的。实践中究竟采用哪种方式，可根据各村的实际情况确定。

  本课题组在调查中发现，顺义区部分村规民约的制定过程中，存在制定主体和制定程序不规范的问题。我们的问卷调查显示，一半以上的村规民约并非由村民直接参与制定。有些村的村民委员会或村党支部代替了村民代表会议制定村规民约的职能。部分村规民约是由村民委员会制定的，由村民代表、村支部、村委会干部和党员参加，而并非由村民直接参与制定，甚至有些村民对本村村规民约的产生过程并不清楚。有部分村规民约未经过村民大会或者村民代表大会表决，部分村召开会议时，到会村民没有达到法定人数，这些都影响了村规民约的合法性。《村民委员会组织法》规定，"村民会议或村民代表会议是村民自治组织的权力机构，决策与村民利益相关的公共事务，村委会是村民自治组织的执行机构，村民委员会向村民代表会议负责并报告工作"，执行村民会议或村民代表会议的决议、决定，接受村民的监督。村民代表会议由于开会次数少，很难履行监督的职能。村民代表大会是否召开、村务是否公开等诸多事务，往往由党支部、村委会或两委联席会议来决定。村民委员会或党支部代替了村民代表会议，事实上成为决策、执行合一的机构。有的学者在对其他地区进行研究时发现，现阶段村级治理表现出强烈的社区精英主导的特点，即社区的少数人实际上掌握着村治权力。[1] 村庄权力过于集中于村两委，会影响到村规民约的制定和实施。

  案例4：某村的党支部书记和村长是一肩挑，该同志应该是一个比较有影响力的乡土精英。在该村进行调查问卷发放时，他坐在会议室里惯常的中间位置，自己填写还指导或命令其他村民应该如何填写，这些村民按照其要求去完成调查问卷（后来在统计分析问卷数据时，对这部分问卷做了无效处理，因为除了个人基本情况部分不同，对选项的回答基本相同）。在与其访谈中，能强烈感受到其责任感和优越感。问及该村村规民约的制定执行情况，他说村民的文化水平和思想觉悟都有限，不可能发动全体村民去制定村规民约，

---

[1] 郎友兴、郎友根：《从经济精英到村主任——中国村民选举与村民领导的继替》，《浙江社会科学》2003年第1期。

必须依靠镇党委提供指导，村委成员外出取经，再经过大学生村官的整理和润色，最后由村委审定通过。同时他也一再强调该村村规民约在程序上经过了村民大会和村民代表大会的全票通过，根据其较为强势的工作作风，我们并不完全相信其言辞。课题组随机采访了几位村民，他们表示对村规民约并不熟悉，知道各家各户发了一个小册子，但并没有看过，因为内容太多，也看不大懂，反正有事就去找村委会，村委会解决不了就去镇政府。问及是否参与村规民约的制定过程和表决程序，答曰反正上边说什么就是什么，只要不涉及个人利益，去村里开会就举手通过。由此看来，村民的参政议政意识、政治冷漠感、选择性遵从也是村规民约实施中的阻碍因素。总体观察，该村在一个强势村支书的领导下，各项工作基本都开展得井井有条，村民对这种乡土精英的权威还是比较认同的。

（四）村规民约的执行力不足

有效执行是村规民约发挥作用的基础。村规民约是约束人们行为的规范与准则，只有通过执行才能把这种规范变为一种实际的利益关系，从而实现对社会资源的有效分配。执行是制度运行的重要环节。政策执行有两种方式：一种是政府部门向社会发布相关公告，借助于政府公信力，通过政府的有效引导和公民自觉遵守来实现，这种方式有成本小、效果好的特点，因此政府公信力越高，执行力越强；另一种是政府职能部门组织相关力量，借助于政府强制力，通过行政命令、审批、检查、督促、惩戒等方式实现。只有公众参与的政策执行才能适应利益主体多元化、利益关系和矛盾复杂化的现实，只有实现政策和个人利益之间的相互调适，减少民众对抗以及与政府的紧张关系，达成执行主体和执行对象之间的共识，才能让执行更为顺畅。

我们在调查中发现，村规民约得不到严格执行的现象时有发生，部分村规民约制定出来后形同虚设。如表2-5-2、表2-5-3所示，在村规民约的执行过程中，"执行不严格"和"村民不配合"的比例占19.7%和31.9%。村规民约在执行过程中更多的是靠奖励性措施而非惩罚性措施，各村的村规民约很少规定处罚措施，即便规定了，也是在村规民约的最后部分做笼统性的规定，对于具体违反哪一条并没有相应的处罚，而所做的处罚也大都以批评教育为主，处罚方式单一、处罚力度薄弱，有时起不到惩戒违约村民的作用。个别村规民约中的罚款、减少福利待遇等惩罚措施则难以执行，或在执行时容易引起村民的强烈不满。有些村干部怕麻烦、怕得罪人，未能按照规定办事，或者在执行时未能一视同仁，有的村规民约只是对普通村民有约束力，对村干部和村里的"能人""强人"则缺乏约束力。多数村规民约中没有规定惩罚性制裁措施，往往仅靠道德约束、舆论监督等来实施，这导致村规民约难以有效执行。

表2-5-2 在村规民约的执行过程中，是否存在"执行不严格"的问题

评价标准		频数	百分比（%）	有效百分比（%）	累计百分比（%）
选项	普遍存在	12	3.3	3.5	3.5
	部分存在	56	15.6	16.2	19.7
	不存在	259	72.1	75.1	94.8
	不清楚	17	4.7	4.9	100.0
	小计	344	95.7	99.7	
	无回答	14	3.9		
总计		358	99.6		

表2-5-3 在村规民约的执行过程中，是否存在"村民不配合"的问题

评价标准		频数	百分比（%）	有效百分比（%）	累计百分比（%）
选项	普遍存在	15	4.2	4.3	4.3
	部分存在	97	27.0	27.6	31.9
	不存在	223	62.1	63.5	95.4
	不清楚	16	4.5	4.6	100.0
	小计	351	97.8	100.0	
	无回答	8	2.2		
总计		359	100.0		

课题组通过深入分析发现，影响顺义区村规民约执行力的深层次原因在于以下三点。

1. 村规民约制定程序和内容缺乏规范性

村规民约的制定程序和内容直接影响到其执行力。从制定程序上来看，有的村在制定村规民约时只是由少数几个村干部决定，并未让村民参

与其中，有的虽然形式上让村民讨论但并未真正采纳村民意见。从内容上来看，有的村规民约制定得比较笼统，有的甚至侵害到村民的合法权益，这样的村规民约难以让村民产生认同感。只有制定程序与内容上合法、合理的村规民约，才能更好地得到村民的认同与遵守。

2. 未建立完善的村规民约评估制度

实践是检验村规民约执行有效性的根本标准，村规民约的生命力更多体现在其实践价值上，因而需要在实际运用中考察其效果。随着顺义区村规民约制定的深化，需要建立科学、合理的村规民约评估机制，对村规民约的内容、运转效果做出一个客观、公正的评价。在村规民约实施后，需要每隔一年或两年，通过访谈、问卷调查等方式对村规民约的效果进行把握，找出村规民约中不合理、不科学、不切合实际的内容，并加以修改完善。目前在这一点上，顺义区还有丰富和发展的空间。

3. 缺乏对村规民约实施的监督机制

我们在调查中发现，当前绝大多数村尚未建立村规民约执行的监督机制。如表2-5-4所示，在关于"您所在的村是否有执行村规民约的监督方法或手段"的问卷调查中，37.4%的村民回答没有。在访谈过程中，甚至有部分受访者表示从未听过有监督村规民约执行的方法或手段。村规民约从来不会在制定后自动实施，一定需要有效的配套机制来保障和监督其运行过程。此外，村规民约的执行机构亦不明确。在具体执行过程中，村规民约大都由村委会、村干部执行，但是并没有规定由谁来监督执行者，而是笼统地规定为全体村民。

表 2-5-4　您所在的村是否有执行村规民约的监督方法或手段？

		频数	百分比（%）	有效百分比（%）	累计百分比（%）
选项	有	219	61.0	62.6	62.6
	没有	131	36.5	37.4	100.0
	小计	350	97.5	100.0	
	无回答	9	2.5		
总计		359	100.0		

村规民约是实现协同共治的具体形式，一方面体现为村民们通过契约形式实现自我行为约束；另一方面则体现为村民个人和集体对于村民委员会的监督，以及对基层政权的监督。例如，在村级经济日益壮大、经济能

人逐步取代道德权威担任村干部的情况下，如何规范并加强财务审计，是村规民约的重要内容。

目前，在顺义村规民约的制定和实施中，不同程度地存在人治的现象，在一定程度上，村书记、主任的权威越强，村规民约执行得越好。作为农村协同共治的制度支撑，村规民约理应消除人治影响，促进农村治理走向制度化、规范化。顺义区的村规民约建设不能仅仅停留在遵守公德、维持治安的层面，而是应该实现从传统的潜规则治理到科学的制度化治理、从人治到法治的转变。

案例5：在一些村容村貌较好的村走访，各村普遍采用物质奖励的方法保证村规民约的执行，诸如发一些米面粮油等生活必需品作为激励手段。一方面，以奖代罚在一定程度上有效果，村民未必真在乎这些实际好处，但聊胜于无，适度的物质奖励还是有利于村规民约深入日常生活的方方面面。另一方面，这种福利供给必须保证连续性，甚至不断增加，对那些在乎的村民而言，这种奖励比较重要。一旦间断或取消，一部分村民会将之归咎于村支部工作不力。实事求是地说，现阶段的以奖代罚也是不得不为之，因为单纯的思想动员和宣传教育的确难以深入村民的内心。

此外，对于村规民约这类非正式制度的执行问题，一般而言也很难依靠正式制度的奖罚分明或法无禁止皆可为的原则来落实，必须结合农村社会的实际运行逻辑去灵活掌握，软法的执行也要靠软性的约束。农村社会既存在着人人向善的精神诉求，也依然存在着传统文化沉淀下来的面子文化，绝大多数村民对于街坊邻居的评价还是很在意的。对于那些不遵守经广泛认可的村规民约的村民，运用无形的舆论力量去评判和监督也是一个较好的手段，被人在人前人后指指点点带来的是村民个体的社会资本丧失。群众对于政治中的大是大非未必敏感，对于日常生活中的小是小非还是能看得清楚。有村民说人活一张脸，树活一张皮，公道自在人心，对于那些有利于乡村良好风尚的规约，大家还是愿意主动遵守并且监督别人遵守。当然，村民自治也不是自生自发就形成的基本秩序，党组织的指导和监督作用绝不能缺位。

(五) 村民参与程度不够

从公共政策理论来看，理性的政府不能单独应付日益复杂的社会经济利益关系。在社会转型和治理环境快速变革的过程中，只有充分吸纳、引导公众参与公共决策，才能有效协调各方利益，政策才能获得各方认可，获得合法性。

我们在调查中了解到，顺义区存在村民在村规民约制定中参与程度不够的问题。当前村规民约常见的制定程序为：镇向各村提供统一的村规民约范本，由各村在范本基础上进行适当的修改，然后经村民会议通过后施行。如表2-5-5所示，关于"在本村的村规民约的制定过程中，处于主导地位的一方"，选择"村党支部"和"村委会"的比例达到了80.4%，选择"区政府"和"镇政府"两项的百分比为9.8%，均高于选择"村民"的比例9.2%。这种由政府主导的制定过程，没有调动村民参与的积极性和创造性。村干部与村民之间的信息不对称，使基层政府和村级组织容易操纵和控制村规民约制定过程。我们与各村村支书、村主任的座谈中也了解到，各村的村规民约"从来没有通不过的"。在这种方式产生的村规民约中，村民更多是作为被约束的对象而非制定主体的角色，自然缺乏主动参与村规民约制定的意愿。

表2-5-5　在本村的村规民约的制定过程中，处于主导地位的一方

		频数	百分比（%）	有效百分比（%）	累计百分比（%）
选项	区政府	19	5.3	5.3	5.3
	镇政府	16	4.5	4.5	9.8
	村民委员会	221	61.6	61.9	71.7
	村党支部	66	18.4	18.5	90.2
	村中德高望重的人	2	0.6	0.6	90.8
	村民	33	9.2	9.2	100.0
	小计	357	99.6	100.0	
	无回答	2	0.6		
总计		359	100.2		

案例6：村民参与程度不够，存在着难以发动村民参与和不愿发动村民参与两种情况。一方面是客观原因，部分村的基础条件比较差，村民的组织动员非常困难，例如那些空心化和老龄化比较严重的村。例如，杨镇某个村甚至连合适的村干部也难以遴选出来，村支书是由一名农电工培养起来的。大多数青壮劳动力到城区或市区工作，留下来的基本是老弱病残，以种植大棚蔬菜为主业。该村的党员平均年龄超过60岁。这种类型的村以

民生服务保障为主，需要上级政府的输血才能保持运转，在城镇化过程中的存续都未可知，一个可供选择的思路是可以和周边的村融合发展。

案例7：村民参与不足的另一方面是主观原因，乡村精英担任村干部所形成的治理方式，即传统的管理控制思维有余，多元协同共治思路不足。前述的第4个案例也在很大程度上体现了这一点。龙湾屯镇某村的村支书是一个比较有情怀和人格魅力的基层干部，工作热情很高，属于典型的致富之后回归家乡，回馈父老乡亲的致富能人。他习惯用自己的人格魅力去协调处理问题，并且卓有成效。他认为村规民约是写在纸上和刷在墙上的标语，靠这些大道理解决不了基层的诸多问题，他认为村规民约就是放在心里，公道自在人心。上级要求了也将之作为一项工作予以推进，但在实际工作中，他主要以带有自身特点的工作方法去和村民交心，在遇到问题时争取大事化小，小事化了，最终达到保稳定促和谐。"晓之以情，动之以理，辅之以烟，助之以酒"是对其工作方式的基本概括。他反问，到底是村规民约的条条框框还是我个人能解决问题。我们认为，他的情与理体现的正是村规民约的核心精髓，烟和酒体现的是践行村规民约的方法和技巧。这种过于依赖人治的治理方式的确有效果，但似乎并不能保证长期有效。一旦其任期届满，如果缺乏制度化的体制机制，村庄治理将面临新的磨合和困境。在现阶段是有其可行性和必要性，但我们更应该加强制度化的归纳和总结。

（六）农村社会组织影响力有限

顺义区农村社会协同共治需要动员全社会力量、整合各方面优势共同推进。社会组织是农村治理的重要载体，是表达村民的利益诉求和价值追求、提升公共服务水平、协调社会矛盾的重要力量。然而，当前顺义农村社会组织发育不足，是推进协同共治的"短板"之一。农村社会组织数量较少，发育不成熟，在协同共治中处于"可有可无"的境地，独立发挥作用的空间非常有限。

有学者研究发现，"党和政府一方面希望社会组织发挥参谋助手、桥梁纽带作用，希望其对政府职能起到拾遗补阙的补充作用，希望其协助党和政府缓解社会矛盾解决社会问题；另一方面又担心社会组织发展成为体制外的异己力量挑战党和政府的权威，因此对社会组织的信任程度是比较低的"[1]，在当前顺义区农村协同共治过程中，由于缺乏了解、认识不够等因素，党和政府对社会组织抱有疑虑，部分群众也对社会组织缺少了解、缺少信任和认同，这些导致顺义农村社会组织发展不足，没有在协同共治中发挥应有的作用。

顺义区农村社会组织起步较晚，已有的社会组织基本上是在政府背景下产生与成长起来的，缺乏独立性、自主性。政府常常以行政命令方式对社会组织的内部建设、成员组成、活动开展等各方面进行不必要干预，农村社会组织参与协同共治的主体地位难以得到有效保证。

农村社会组织既包括文化娱乐类组织，也包括专业化经济合作组织以及公益服务型组织。当前顺义区农村社会组织主要限于休闲娱乐型，行业协会商会类、公益服务类、科技类、环境保护类、社会交往类、教育类、扶贫类、养老助残类、妇女儿童保护类、法律援助类等社会组织非常缺乏。这既影响了顺义区农村的公共服务水平，也制约了村规民约建设和协同共治模式的实现。

---

[1] 何增科：《中国公民社会制度环境要素分析》，转引自俞可平《中国公民社会的制度环境》，北京大学出版社 2006 年版，第 125 页。

第六章 顺义区进一步运用村规民约推动协同共治的对策建议

针对顺义区运用村规民约推动协同共治存在的主要问题,在吸收与借鉴国内外相关理论研究与实践成果的基础上,本课题组提出以下建议。

一 准确定位党委和政府的角色与职能

村规民约在本质属性上是村民自我制定、自我约束的规范。本课题组认为,顺义区委、区政府在村规民约建设中,应该充当四种角色:倡导者、推动者、引导者和监管者。由于历史的原因,顺义区的村规民约曾经中断了几十年,村民对村规民约的性质、内容、作用的了解都不够充分,可能对制定村规民约的积极性不够。

在这种情况下,区委、区政府应该发挥倡导的作用,利用各种宣传手段,让村民了解、熟悉村规民约。同时,制定村规民约是一项集体行为,会存在搭便车的问题。如果没有政府的推动,村民们很难在短时间内组织起来开展这一活动。因此,政府应该以行政方式,推动村规民约试点,通过试点村的示范作用,以点带面,启动村规民约建设,督促各村加快村规民约的制定修订步伐。政府还要动员村民积极参与村规民约的制定、修订,并监督村规民约的执行,只有充分动员村民参与,才能制定出合乎民意的村规民约,村民才能认同共同制定出的村规民约。同时,政府还要起到引导作用。目前,部分村民参与意识不强,没有积极投入村规民约的制定过程中来,这需要政府积极地引导。政府制定村规民约的基本原则和范本,指导村民建设村规民约,学会依照规则管理公共事务。最后,政府还应该起到规范的作用。目前各村的做法比较多样化,政府鼓励各村根据不同情况,建立适合各自特点的村规民约,这一点值得肯定。但同时,政府应该注意灵活性和统一性的有机结合,防止有些村的村规民约大而化之、流于形式，有的村规民约内容缺失，或条款不规范，因此政府应该积极发挥规范和监管的作用。需要注意的是，在村规民约的制定和实施中，各镇政府可以指导、支持和帮助村民、村委会开展工作，为其创造良好的外部环境，但不能代替村民、村委会、村民会议制定和实施村规民约。

二 深入发掘顺义区传统文化

我们不能把传统文化与现代文明对立起来加以改造，甚至抛弃，应在传承传统文化的基础上进行发展。如果让中国农民完全抛弃传统文化，拥抱现代文化，甚至西方文化，既没有这个可能也没有这个必要，反而会导致农民的文化认同危机，不利于农村的和谐和发展。顺义区应充分调动社会资本，有效利用传统文化资源，提炼出传统文化中的有益成分，为村规民约提供有力的文化支撑，让其成为村规民约的重要内容，并为村民认同且遵守村规民约提供一个良好的文化氛围。目前，顺义区的村规民约基本建设对于传统文化资源仍提炼不足，需深入挖掘。我们认为，传统文化中至少包含如下重要价值观念：一是对个人道德品格的严格要求，例如，对人要正直诚信、尊重别人（如"己所不欲、勿施于人"），对己要克己奉公、自强不息，节俭勤劳；二是对利他主义精神、集体主义精神（如"先天下之忧而忧，后天下之乐而乐"）、合作精神的提倡和鼓励；三是对和谐的家庭关系、人际关系的重视，例如孝亲敬祖，"老吾老以及人之老，幼吾幼以及人之幼"等。

这些价值观念在祭祀、婚丧、教养、耕种、岁时、人际交往等各个方面塑造着传统农民的人格和社会心理，成为人们的日常行为准则，进而起到维系家庭关系、邻里和睦、村落和谐的作用。然而，随着市场经济的介入、快速的城市化进程、村民的大量外出务工和流动人口的大量涌入，村民的乡土观念日趋淡化，礼俗秩序正在动摇，这些价值观念也受到市场意识、享乐主义等的冲击而逐步瓦解，农村道德失范现象严重。现代的农村社会不可能回归到封闭的传统农村社会，必须将传统文化与现代文化相结合，加强农村的文化建设。

课题组建议顺义区委、区政府应将文化建设纳入顺义区农村社会发展总体规划。

第一，推动传统文化建设工程。各村可根据具体情况和特色，挖掘和整理出本村的地域文化特色，并通过修建村史馆、建文化长廊等多种方式，展示村的发展、乡贤历史、民俗文化，提升各村的凝聚力和向心力。同时，将这些地域文化资源与传统文化相融合，开展兼具地域性与传统性的文化教育活动。例如，曲阜市很多农村开展了"百姓儒学"系列儒家文化活动，宣传儒家文化的"睦邻友善""学而不厌、诲人不倦"等精华思想。

第二，加强传统文化教育。在公民大讲堂中加入传统文化教育内容，将时事热点和农民关心的话题与传统文化相结合，开展包括讲座、文化墙、乡村文化大舞台等形式多样、活泼生动的传统文化教育活动，提高村民学习兴趣。

第三，庆祝传统节日，增强村民的集体意识和民族凝聚力。例如，传统的春节办联欢会、元宵节舞狮子、闹花灯、端午节吃粽子、赛龙舟，中秋节赏月、吃月饼，重阳节敬老爱老等庆祝节日的活动既可以传承传统文化，又可以增强村民的集体意识，提高农民参与农村公共事务的积极性。

第四，既要传承农耕文化，又要创新农业文化产业。农耕文化是传统文化的一部分，要把传统的农耕信仰与现代的先进农业知识相融合，培养职业农民，同时，还要将传统的农业生产技术记录下来并进行展示，继承农业文化遗产。在发展农村特色产业创新产业发展模式时要将传统文化这一灵魂注入进去，体现传统农业文化的价值，同时要避免对农村的破坏性开发和对农村传统文化的滥用。

三 健全村规民约的内容和结构

现阶段顺义区在推行村规民约的过程中，过多地强调了村规民约的灵活性，而对村规民约的统一性重视不够。由此带来的问题，就集中体现为各村的村规民约在内容和形式上千差万别，详略失当。即使是在全区筛选的比较好的村规民约中，也体现出了这种差异。比如，某村村规民约字数高达1万余字，内容面面俱到，而另外一村则只有16条490字。本课题组认为，在村规民约的内容上应该着重完善以下几个方面。

（一）规定村规民约规范的具体领域

村规民约规范的具体领域要贴近实际，城市化进程的加快给顺义区带来机遇的同时，也在环境保护、社会治安、人口流动、土地管理等方面带来了治理难题，为此，顺义区针对环境整治、社会治安、村风民风、流动人口管理、民生保障、生态文明等六个紧迫问题选取了六类试点推进村进行村规民约建设和协同共治创新，取得了较好的效果。这六个问题是顺义区农村社会治理亟须突破的问题，理应成为村规民约规范的具体领域。

顺义区还应借鉴其他地区的成熟做法，例如，各地的村规民约都会对集体经济和婚姻家庭这两项具体内容进行具体规范；浙江省绍兴市石磁村的"乡村典章"、广东省云浮市的乡贤理事会等经验做法说明顺义区村规民约建设应在民主参与方面进行大胆创新；目前全国各地都在开展"邻里守望活动"，互助互济、邻里关系也应成为顺义区村规民约的重要领域。

村规民约规范的具体领域要贴近群众，根据本课题组访谈实际情况和调查问卷的数据统计，目前顺义区老百姓最为关心的热点问题是以下十个问题（依问卷调查得分高低排序）：环境整治、社会治安、互助互济、邻里关系、流动人口管理、民主参与、文教卫生、公益福利、集体经济、婚姻家庭。

综合以上几个方面，本课题组认为，村规民约的范本应该主要包括以下十项内容：环境整治、社会治安、互助互济、邻里关系、流动人口管理、民主参与、文教卫生、公益福利、集体经济、婚姻家庭。

（二）在规定村民的义务的同时，注重规定村民的权利，做到村民的权利与义务相统一

目前顺义区大多数村规民约很注重用强制性的制度来约束村民行为，义务本位现象突出。以顺义区北小营镇榆树林村的村规民约为例，共12条，均以"禁止"这一用语开头。再以顺义区李桥镇张辛村的村规民约为例，共14条，其中有13条是义务条文，有6条义务条文中使用"不准""禁止""不得"之类的禁止性用语。仅有1条是对村民权利的规定，即第三条："村民正确行使民主选举、民主决策、民主管理和民主监督权力，公平、公正的参与本村民主政治建设和其他各项公益事业建设。"这样笼统的规定不具有可操作性。榆树林村和张辛村的村规民约是顺义区相对比较优秀的村规民约之一，仍然是权利义务严重不对等、义务本位思想突出。即使是顺义区其他更为优秀的村规民约对于村民权利的规定一般也

只涉及人身权、财产权，只有极少数村的村规民约涉及授权性规范，例如南法信镇三家店村的村规民约明确规定了村民对村干部和村务的监督权和讨论决定村中重大问题的权利。借鉴浙江省绍兴市石磁村的"乡村典章"的经验做法，本课题组建议顺义区的村规民约要多以权利条款的形式出现，在村规民约建设中要明确规定村民对村干部的监督权、对村组事务的建议权、管理权和决策权，并将此列为村规民约的统一内容。同时，在村务管理上，要切实做到村民知晓、村民作主、村民监督、村民满意。这可以增强村级治理的规范性，提高透明度，从而提高全体村民的责任感，构筑普遍信任的制度机制。

（三）更加深入地考虑如何发挥村规民约对流动人口的约束和规范作用

伴随快速推进的城市化进程，顺义区的村民大规模走出农村，向城镇地区转移；同时，顺义区农村也流入了大量的流动人口。这种现实打破了村规民约的排他性。目前，有一些村规民约对于流动人口管理有所体现，但主要集中在出租房屋管理，内容比较狭窄。2015年中共中央办公厅、国务院办公厅印发的《关于深入推进农村社区建设试点工作的指导意见》中提出，要促进流动人口有效参与农村社区服务管理。本课题组的建议：一是顺义区流动人口较多的村在制定村规民约过程中，不仅要单列对流动人口行为规范的约束性条款，还要允许和鼓励将流动人口作为一个重要主体纳入村规民约的制定与修订过程中；二是在村规民约明确规定流动人口参与农村公共事务和公益事业的协商议事过程；三是村规民约建设中要依法保障符合条件的流动人口参与村民委员会选举和享有农村基本公共服务的权利；四是做好针对流动人口的宣传和普及工作，将制成文本的村规民约发到流动人口手中，督促其参与制定并遵守村规民约；五是本村的外出务工人员有权参与村规民约的制定，也应受本村村规民约的约束和规范。

（四）进一步明确解决村民社会纠纷的机制

顺义区大多数村规民约没有解决村民社会纠纷方面的内容，少数村规民约涉及这一内容，但条文较为笼统，并没有具体的机制保障。村规民约作为软法，应发挥整合作用和教化功能，在本村尽可能地解决村民的家庭、邻里纠纷，建设和谐村庄，尽量不将矛盾上交政府，不将纠纷诉诸法律。解决村民的社会纠纷应是村规民约的一项重要内容。本课题组建议顺义区在村规民约建设中应明确并健全解决村民社会纠纷的具体机制，可以借鉴厦门市同安区五显镇成立"农村家事纠纷援助中心"的经验，明确要求成立解决村民社会纠纷的机构，指定由村委会的治保主任、调解主任、妇女主任和德高望重、办事公道并热心公益事业的乡贤组成，并请本村的法律顾问进行指导，力争运用本村村规民约这一非正式制度来更好地解决村民的家庭和邻里纠纷。

（五）进一步增加村民互助救济的内容

传统村规民约的一个重要功能就是村民之间互助互济，"德业相劝，过失相规，礼俗相教，患难相恤"。调研中我们发现，顺义区现有村规民约有道德劝诫、过失惩戒、礼俗教化，但患难相恤体现最少，这种朴素的互助精神正在快速地流失。本课题组建议，在村规民约中增设互助救济条款，从制度上保障农村互助救济行为的健康发展。鼓励各村根据自身实际情况，成立"自助会"等社会组织；同时，对村民自发形成的各种互助组织进行对口扶持。重点探索建立以农村社区互助养老为核心的新型养老模式，弥补传统居家养老模式的不足。经济条件许可的村落可以尝试探索大病帮扶、二次报销等制度。

（六）进一步合理定位村规民约与村民自治章程、法律之间的关系

课题组研究认为，顺义区在村规民约的内容上，应该重点把握两个方面的问题。一是村规民约和村民自治章程之间的有机统一。村民自治章程中规定的内容主要涉及村民自治的相关内容，其主要条款应当着重于规定程序性的问题，尤其是与村民政治权利相关的问题。村规民约的内容则应该在坚持和遵守村民自治章程的前提之下，对于村务管理中的具体性公共事务予以详尽规定。二是要把握好村规民约与法律之间的关系。凡是法律中已经有明确规定的项目和内容，村规民约中可以不予考虑；即使考虑，也应当严格限定在法律允许的裁量空间之内。在顺义区的村规民约中，比较突出的问题主要涉及人身权、财产权等，比如外嫁女、上门男、集体经济管理等现象。村规民约在处理这些问题时，一定要注意与法律的相关条

款相互协调和补充。

四 规范制定村规民约的程序

要规范制定村规民约的程序，首先需要明确制定村规民约的议事机构和执行机构。根据顺义区农村实际情况，并借鉴美国农村社会治理的经验，我们认为，村规民约的议事机构是村民会议，村规民约的执行机构是村委会。从本质上讲，村规民约是村民自我制定、自我约束的规范。所以，村规民约应该由村民会议制定和修改。《村民委员会组织法》第27条规定，村民会议可以制定和修改村民自治章程、村规民约，并报乡、民族乡、镇的人民政府备案。必须按照这一规定，严格按照相关程序制定和修改村规民约，以确保村规民约的权威性和执行力。

如果全村村民同意由村民代表会议代替村民会议来制定和修改村规民约，就要确保村民代表由全体村民选举产生，而不是由村委会指定。缺席村民代表应该书面委托他人代为表达意见。在村民会议对重要事项进行表决时，需要严格贯彻无记名投票方式，确保村民或村民代表的意见得到自由表达，避免相关人员对投票过程和结果进行操纵。村民会议可以下设处理各种事项的委员会，具体协商处理集体经济、公益福利等事宜。这些下设委员会也需要遵照村规民约的规定，将其操作过程向村民公开，不能侵害村民的基本权利。

村委会是主持村务工作的常设机构，由全体村民选举产生，各地实践中基本由村委会负责村规民约的执行。执行人员应由村委会成员和德高望重、办事公道的村民代表共同组成。村民代表的人选可以借鉴广东省云浮市建立乡贤理事会的做法，选择本村的老党员、老教师、老模范、老干部、复退军人、经济文化能人等热心公益事业的乡贤吸纳到村规民约的执行机构中来，协助村委会经常检查落实村规民约的执行情况。

课题组建议，顺义区村规民约的制定和修订程序应包括如下基本步骤。

1. 村委会通过多种形式对村规民约的重要性进行广泛宣传，发动全体村民参与，并广泛征求民意。

2. 由村民会议对村规民约制定小组成员进行民主推选。该村民会议应当由本村十八周岁以上公民的一半以上，或者本村2/3以上住户的代表参加。

3. 由村规民约制定小组基于民意调查先起草一份村规民约，要坚持因地制宜的原则，体现本村的地域特色、乡土特色、文化特色，将老百姓达成共识的民意整理成简明易行的村规民约草案，然后提交到村民会议进行讨论和修改。

4. 充分讨论。村规民约制定小组要将村规民约草案在本村进行张贴，在本村范围内反复征求老百姓对该村规民约草案的意见，征求意见的对象包括本村的全体村民、流动人口、经济组织成员、社会组织成员等，经过充分的协商和讨论，充分尊重村民的利益诉求和意愿，并结合其他人员和组织的意见，进行认真修改。

5. 召开村民会议讨论、表决，经到会人员的过半数通过。

6. 基层司法部门或村法律顾问审核把关。

7. 报乡镇人民政府备案审查，确认其合法性。

8. 公布实施。可以采用召开村民会议、通过广播、张榜公布、印制册子等方式，正式公布成文的村规民约，做到家喻户晓，人人熟知，以保证村规民约的执行效果。

五 健全村规民约的审查与执行机制

（一）健全顺义区、镇两级政府层面的审查机制

虽然村民会议在制定村规民约中发挥着举足轻重的作用，但政府也需要以推动者、监管者的角色适当介入。根据《中华人民共和国村民委员会组织法》相关规定，村民会议制定的村规民约需要报经人民政府备案，村规民约及村民会议或者村民代表会议的决定不得与宪法、法律、法规和国家的政策相抵触，不得有侵犯村民的人身权利、民主权利和合法财产权利的内容。这些都需要镇、区两级政府进行适度监管。

本课题组认为，区、镇两级政府在监管中，应该落实备案审查制度，不仅要备案，而且要进行严格审查；不仅要针对村规民约的制定程序审查其民主合法性，还要针对村规民约的内容审查其合法合理性。一旦发现村规民约的制定程序或内容方面存在问题就要责令村民会议改正，需要注意的是，政府没有直接修改村规民约的权力。课题组建议顺义区政府要针对

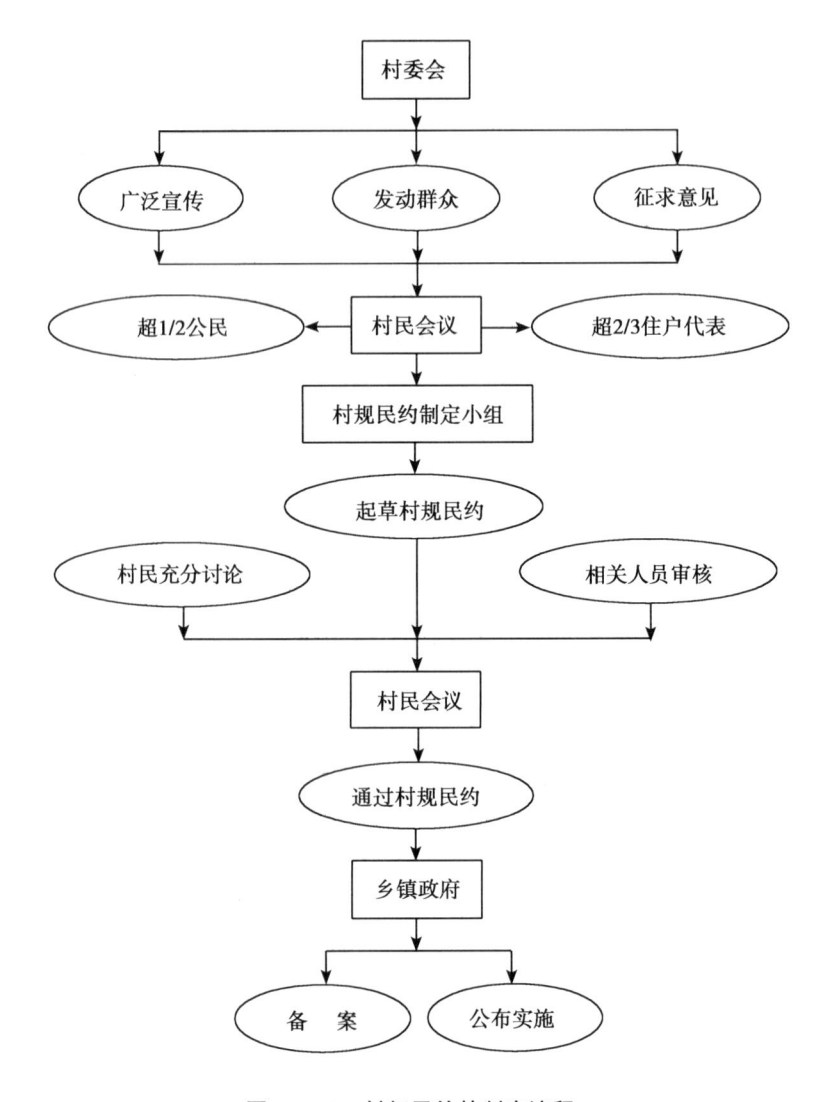

图 2-6-1 村规民约的制定流程

村规民约建立定期检查制度，对各村村规民约定期进行检查，对于那些不适应现代农村社会发展或不符合本村老百姓需求的村规民约要督促各村村民会议及时进行清理和调整，坚决制止违反国家法律和政府政策的"土规定"。

本课题组建议，在顺义区村规民约建设中，应该建立"专家审查制度"和"一村一法律顾问制度"，以保证村规民约内容和程序的专业性和科学性。建议区政府拨出专项经费，在全区每村配备一个法律顾问，这样既可以防止因村规民约内容违法问题而引发的村民上访、诉讼等内部纠纷，又可以培育村民的法治意识、契约精神。如果暂不具备条件做到这些，可以委托律师、法学专家或第三方机构对村规民约的合法性进行审查。

（二）完善村规民约的执行机制和监督机制

村规民约执行力不强，反映出村委会在执行方面存在的问题。村规民约是经全体村民讨论制定的，一经通过就应对全体村民产生约束和规范作用。本课题组认为，村委会作为村规民约的执行机构，要确保村规民约得到严格执行：一是村委会成员应有明确分工，各司其职，明确村规民约的执行人员；二是要坚持有约必依，执约必严，村规民约面前人人平等，不搞特殊化；三是村委会成员带头遵守和执行村规民约。

同时，仅仅依靠村委会的内在自觉是无法保证村规民约高效执行的，还应有明确的监督机构对其进行监督。目前，村规民约的监督机构主要有两个。一个是村民代表会议，这些村民代表通常由村民按户数或人口比例推举产生，他们一般是村内德高望重、办事公道、有才能的村民，他们代表全体村民监督村规民约的执行情况和村委会的日常工作。第二个监督机构是村民会议，这是村里的最高监督机构，村民代表会议和村委会都必须对村民会议负责并报告工作，村民会议有权对他们的工作业绩进行评判，对不称职的村干部和村民代表有权撤换。

本课题组建议，顺义区应该建立健全村规民约监督机制，成立由村"两委"成员、村务监督委员会成员、德高望重的村民代表、村法律顾问、经济文化能人参加的监督评议小组，对村规民约的制定、执行、激励等进行监督和评议。必须定期将执行情况予以公开，接受全体村民监督。同时，要将村规民约建设工作与社会治安综合治理工作、党组织建设及乡村治理结合起来，将村规民约作为一项政绩定期考核，提升基层社会治理绩效。

（三）完善村规民约的正向与负向激励机制

村规民约必须与相应的激励机制配合，才能得到有效实施。本课题组认为，鉴于村规民约和法律在强制性程度方面存在的差异，村规民约应该

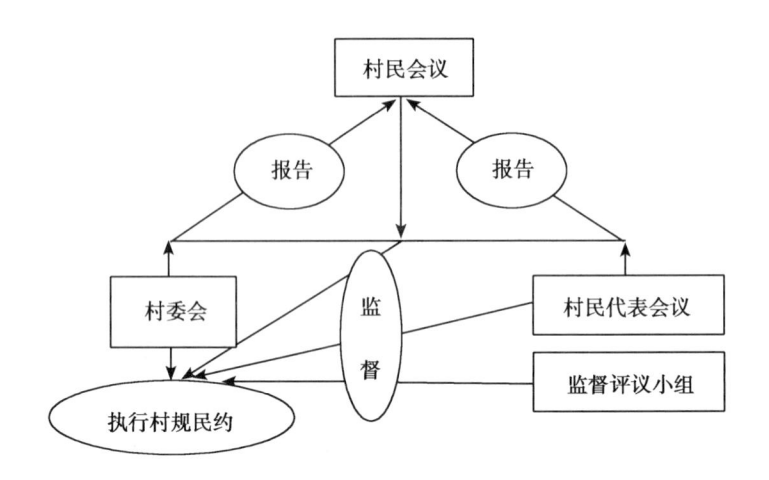

图 2-6-2　村规民约执行和监督机制

以正面的激励为主，更多体现倡导性和鼓励性，不能过多依靠惩罚机制，成为"罚约"。我们建议顺义区更多地开展各种形式的正向激励活动，例如，开展遵守村规民约模范户评选活动，对模范户进行张榜公示、发放奖状、奖励一定金额等；可以根据各村情况确定奖励方式，对有一定经济基础的村庄，可以适当设立奖励项目对先进奖励；对经济条件相对薄弱的村庄，可以通过张贴奖励通报等方式进行精神鼓励。我们建议提高奖励的区分度，设置不同的奖励层级。

在不得已的情况下，可以适当采用负面激励机制，以思想教育为主，依靠群众舆论和道德的力量来保证村规民约的执行。对较严重的违规行为，可以采取罚教结合的方式，在对违反村规民约的村民进行思想教育工作的同时，以曝光、削减福利等多种方式予以适当惩罚。部分条款可以与村级福利挂钩，对于不遵守村规民约的村民，缓发或停发各项福利。对已构成犯罪的案件，要及时移交司法机关处理。

六　培养村民的公民意识与契约精神

中国封建社会两千多年的专制统治，加上几千年来中国农业的小农经济模式（自给自足，自我循环），形成了以封闭、分散、愚昧和脆弱为基本特征的社会结构；受儒家、道家、佛教三家"师古斥新""后世轮回"

等思想的影响，传统农民逐渐形成了"乐知天命、尽在自我"的消极适应的思想，变得安贫乐道，清心寡欲。① 因此，传统的中国农民具有臣民意识甚至是奴性，缺乏权利意识和独立组织的人格特征。所以，中国农民的公民意识非常薄弱。现代农村公民意识的薄弱主要体现在四个方面：主体性权利意识缺乏；主动参与意识淡漠；平等、民主意识不足；规则和契约意识不强。② 根据课题组对顺义区农村社会的实地调查，我们发现，这四个方面在村规民约的制定和执行过程中均表现明显，尤其是契约精神不强。

村规民约是一种契约，应体现契约精神，契约理念要求意识自治，即每个人不受任何外在因素的压力、影响和制约，来自由地表达自己的意愿③。然而，中华人民共和国成立以来，国家政权直接控制的层级进一步加强，已经完全深入农村社会，"甚至自治几乎不存"。④ 因此，中国农民缺乏培育契约精神所必需的外在支持。内外部因素的共同作用使得中国农民往往是契约的被动接受者，而不是主动参与者。

本课题组建议顺义区委、区政府启动培育村民的公民意识和契约精神的专项项目。培育村民的公民意识和契约精神不仅对于村规民约的制定和执行具有重大意义，而且对于促进顺义区农村社会的治理现代化具有至关重要的作用，顺义区委、区政府一定要高度重视这一项目。具体来讲，顺义区要在全区各村建立公民大讲堂，定期对村民加强法律知识、权利意识、参与意识、民主意识、法治观念、契约意识等理念的宣传。第一，该项目要有经费保障。这需要区、镇两级政府拨付专项资金来支持该项目，同时，应鼓励地区社会组织和企事业单位参与到该项目中来。第二，该项目要有场地保障。每个村要设立专门的场地来保障该项目顺利进行，场地要能够容纳本村全体村民。第三，该项目要有规划。可以委托专家在学理分析和民意调查的基础上对该项目进行整体规划，包括年度计划、月计划，每个月都应有一个主题，围绕该主题设计2天课程或活动。第四，该项目形式

---

① 闫威、夏振坤：《利益集团视角的中国"三农问题"》，《当代财经》2003年第5期。
② 赵泉民：《农民的公民意识与中国乡村合作经济组织的发展》，《社会科学》2010年第8期。
③ 于建嵘：《失范的契约——对一失范性村民自治章程的解读》，《中国农民观察》2001年第1期。
④ 谢晖：《当代中国的乡民社会、乡规民约及其遭遇》，《东岳论丛》2004年第4期。

要丰富。公民大讲堂的对象是村民,要让村民愿意参与就必须采取多种形式,既有讲座、论坛,又有影视、小品、各类活动等。例如,北京市大兴区采育镇在2012年为村民举办的"做文明有礼的北京人"知识讲座中,邀请村民上台表演小品,百名村民代表无一人提前退场。公民大讲堂的授课老师既可以来自大专院校、政府部门,又可以来自社会组织,企事业单位,甚至本村乡贤。通过该项目培养村民的公民意识、契约精神与规则意识,使村民参与公共事务、遵守规范成为一种内化的行为习惯。

针对顺义区农村社会的"人治"问题,必须加强法制宣传,对村干部进行定期培训,尤其是法律知识和法治观念的培训,就村规民约的制定修订、工作程序等内容进行专门辅导,明确操作流程和注意事项,并结合民意评估和上级考核等多种方式来强化村干部的法治意识、规则意识和责任意识。另外,还应发挥村规民约对村干部的约束力。作为村的管理制度,"既要有管理村民的规定,更要有约束干部的条例,把干部和群众共同置于制度管理之下"①。

村规民约应由全体村民共同制定,因此,它是村民之间的契约,不能成为村民和村委会之间的契约,更不能成为村民与政府之间的契约。本课题组建议顺义区委、区政府要给予村民平等参与公共事务治理的权利,要大力鼓励全体村民参与到村规民约的制定修订过程中,使各村村规民约真正体现本村村民的意思自治,如此,才能制定符合本村公共利益的村规民约。

七 培育和发展顺义区农村社会组织

目前顺义区仍然是"大政府,小社会",政府在农村治理中扮演着支配性的角色,对农村社会组织的培育和发展不够重视,社会组织发育不足,对社会组织信任度较低,这是顺义区协同共治中的短板。从世界范围内来看,建立政府与社会组织的合作伙伴关系,已经是发达国家政府改革的重要举措。我国政府总揽一切事务的全能型管理模式已经不适应社会发展的需要。顺义区要建立协同共治模式,首先要充分认识到农村社会组织的重要性,重视社会组织的培育和发展。目前,中央政府正在努力推动政

---

① 徐勇:《中国农村村民自治》,华中师范大学出版社1997年版,第125页。

府向社会组织购买服务、推动社会组织承接政府职能。我们建议顺义区在建立协同共治的过程中，对政府的职能加以梳理，把可以交给社会组织来做的事务，尽可能交给社会组织来完成。政府要从社会和市场中撤出，不该政府管的事项要交给农村社会组织来承担，充分发挥社会组织在分担政府事务、发展经济、环境治理、反映民众诉求、化解社会矛盾、促进社会和谐方面的作用，积极在顺义农村探索政府向社会组织购买公共服务。要充分认识到农村社会组织在村规民约制定和协同共治中的重要作用，增加对社会组织的信任，增加社会组织的数量和规模，培育社会组织的能力，让社会组织作为重要主体参与到顺义区村规民约建设和协同共治中来。

把农村社会组织的培育和发展纳入顺义区农村社会发展总体规划。一个地区社会组织的发育程度，是建成"小政府、大社会"治理模式的关键，因此必须把社会组织的培育和发展作为一项战略任务来看待。顺义区农村社会组织应涵盖社会生活各个领域，形成门类齐全、层次分明、覆盖面广的社会组织体系，履行社会服务、利益诉求、价值倡导、互济互助等多项功能。尤其要优先发展行业协会商会类、科技类、公益慈善类、社区服务类社会组织，这些社会组织的发育程度，直接影响到顺义农村经济发展和民生服务的水平。我们建议把社会组织发展纳入顺义区农村发展的总体规划，制定近期目标和长远目标，加大对社会组织的培育力度，让社会组织迅速成为顺义农村协同共治的重要主体。

社会组织的培育应分类别对待，不能一刀切。对于那些在政府的扶持下已经发展得较为成熟的社会组织，应尽快实现管办分离，保证其独立性；对于那些自发形成、运转良好且有益的社会组织，要保护其独立性，鼓励其作为重要主体平等参与村规民约建设和协同共治；对于那些需要社会组织发挥重要作用的行业、科技、公益慈善、社会服务四个领域，要尽力发展各类社会组织，在条件成熟的领域，允许并鼓励村民自发成立社会组织，在条件不成熟的领域，可借鉴日本以及其他地区的经验，发展半自治性、半行政性的社会组织，发挥它们在顺义区农村村规民约和协同共治中的重要作用。

第三篇

深化与人民的血肉联系加强执政党建设

——建设"扎根型"基层党组织

第一章 研究背景

近代中国历史的重大教训之一就是国家权力"悬浮"于基层社会之上导致国家分裂和社会瓦解。在传统国家治理向现代国家治理转型的过程中，由皇权和神权组成的较为牢固的国家和社会治理结构被打碎，新的领导力量并没有及时有效地填补其间。国民党统治大陆时期，最大的教训就是国民党呈现出所谓"精英党"的特征，没有真正认识到在从"天下国家"向"民国"转变的过程中，政权悬浮于基层社会之上必然导致国家治理的无效性。中国共产党深刻认识到中国社会根本属性，深刻认识到中国社会各阶级的构成及其特征，始终坚持党的领导，有效组织动员起基层社会，带领人民完成国家和社会治理现代化的一系列艰巨任务。

政党扎根基层不仅出现在中国，在世界其他国家也有体现。新加坡人民行动党为了选举战略而积极服务民众、扎根基层，保持了长期执政并实现了文明国家的转型。美国前总统奥巴马在谈及民主党2015年的大选失败时，也认为希拉里在很大程度上脱离了基层社会和民众。

办好中国的事情，关键在党。中国特色社会主义最本质的特征是中国共产党的领导，中国特色社会主义制度的最大优势是中国共产党的领导。美国政治学家亨廷顿也认为，发展中国家的政治动态稳定依赖于政党组织的适应性、复杂性、独立性和凝聚性的程度。党的建设作为共产党的三大法宝之一，在共产党领导革命、建设和改革的过程中始终发挥着至关重要的作用。理论和实践相结合的作风，和人民群众紧密地联系在一起的作风，以及自我批评的作风，是中国共产党区别于其他任何政党的显著标志。马克思主义政党究其本质是一个群众型政党，因此，群众路线是共产党的生命线和根本工作路线。

习近平总书记在庆祝中国共产党成立95周年大会上的讲话中指出："坚持不忘初心、继续前进，就要保持党的先进性和纯洁性，着力提高执政能力和领导水平，着力增强抵御风险和拒腐防变能力，不断把党的建设新的伟大工程推向前进。"中国共产党成立95年以来,从小到大、从弱到强的一个至关重要的因素就是党的思想建设卓有成效,组织建设深深地扎根在基层社会,广泛动员起了最广大的人民群众,代表全国各族人民的根本利益。抓住民心是最大和最根本的政治。民心向背决定政权的生死存亡。"九层之台起于垒土,千里之堤毁于蚁穴。"基层不牢,地动山摇。基层党建是整个党建工作的基础和末梢神经。

党的十八大以来,以习近平同志为核心的党中央积极推进全面建成小康社会、全面深化改革、全面依法治国、全面从严治党的战略布局。全面从严治党是推进"四个全面"战略布局的关键,全面建成小康社会、全面深化改革、全面依法治国,必须首先坚持党的领导,加强和改善党的领导。十八届三中、四中全会对"加强和改善党对全面深化改革的领导""加强和改进党对全面推进依法治国的领导"进行了专门论述,不论是全面深化改革还是全面推进依法治国,都对从严治党提出了新要求,也都以党的领导作为目标实现的根本保证。十八届五中全会提出要全面建成小康社会,必须坚持以人民为中心的发展思想,这也是新时期党建工作的重要范畴和着力点。十八届六中全会根据改革开放以来党所面临的形势任务,基于党的建设积累的新成果和新经验,清醒地认识到面临的新情况和新问题,专题研究了全面从严治党问题,提出要进一步严肃党内政治生活,净化党内政治生态,同时还制定了《关于新形势下党内政治生活的若干准则》,修订了《中国共产党党内监督条例(试行)》。这对于系统总结梳理党的十八大以来党要管党、从严治党的理论和实践,坚持思想建党和制度治党相结合的部署安排有着重要的指导意义。

习近平总书记指出,加强党的建设必须把握的基本规律是,党和人民事业发展到什么阶段,党的建设就要推进到什么阶段。因此,必须深入思考党建引领如何与时俱进的问题。党的十八届六中全会通过的《关于新形势下党内政治生活的若干准则》明确规定:"党的各级组织、全体党员特别是领导干部必须提高做群众工作能力,既服务群众又带领群众坚定不移贯彻落实党的理论和路线方针政策,把党的主张变为群众的自觉行动,引领群众听党话、跟党走。"十八届六中全会不仅指出了在新的历史条件下党建工作的重要性,而且指明了党建工作的实施路径和发展方向。

一 问题缘由

在新的历史条件下,世情、国情、党情发生深刻变化,党的领导面临着"四大考验"和"四种风险"的挑战,党的建设遇到了许多新情况新问题。市场经济极大地改变了整个社会的上层建筑,随着工业化程度不断加深,城镇化步伐不断加快,工业化甚至后工业化的某些社会特征复杂交织,以城镇为中心集聚着越来越多的资源,传统农村社会的发展乏力,这种历史性变革迫切需要党强有力的执政能力。

基层处于承上启下的节点,处于各种矛盾的焦点,处于工作落实的重点。但是,本课题组深入基层调研发现,党的建设在不同程度上存在着精神懈怠、能力不足、脱离群众和消极腐败的危险,造成了基层党组织的合法性与组织动员能力不断被削弱。当前基层党建的突出问题主要表现为党的威信在基层有所降低,基层政府形象不尽如人意;党对基层社会组织动员能力相对弱化,群众的政治疏离和冷漠现象较为严重。为此,必须清醒认识到,我们党在革命战争时期熟悉的东西渐渐变得生疏了。

党的十八大以来,习近平总书记关于党的建设的重要论述有两个鲜明特征。第一是从不讳言我们党自身存在的问题,体现出强烈的问题意识和忧患意识。他在亲自指导河北省第一批教育实践活动中指出,要更加强化问题导向,注重解决实际问题,特别是对需要侧重解决的问题进行调查梳理,提前做到心中有数,从解决具体问题抓起改起。他在参加兰考县委常委班子专题民主生活会时提出,要着力解决联系服务群众"最后一公里"的问题。这要求基层党建工作者必须坚持问题导向,牢固树立问题意识,通过学习实践提高驾驭和解决问题的能力。第二是强调要重视基层和实践,以改革创新的精神深化推进党的建设工作,提高党的执政能力。如各级党组织要紧密结合新的形势和任务,以改革创新精神加强和改进基层党建工作,特别要在扩大基层党组织覆盖面、创新活动方式、有效发挥作用上下功夫;重点要抓好理念创新、手段创新、基层工作创新,努力以思想认识新飞跃打开工作新局面,积极探索有利于破解工作难题的新举措、新办法,把创新的重心放在基层一线。习近平总书记的重要讲话精神给予顺义区委、区政府以极大的启发,这就是:必须将问题意识和改革创新思维贯穿于基层党建的始终。

2014年5月,中共中央办公厅印发《关于加强基层服务型党组织建设的意见》提出基层党组织要寓领导和管理于服务之中,通过服务贴近群众、团结群众、引导群众、赢得群众。同时,基层党组织要在强化服务中更好地发挥领导核心和政治核心作用,将政治功能和服务功能有机统一于基层服务型党组织建设具体实践中,使党的执政基础深深植根于人民群众之中。2014年12月,中共北京市委办公厅印发的《关于进一步加强基层服务型党组织建设的实施意见》把握新形势下首都发展的形势任务和党员群众的现实需要,对全市基层党建工作做出了全面部署,对进一步加强基层服务型党组织建设的目标任务和实践路径进行了明确和细化。顺义区在贯彻落实这些重要文件精神的同时,也在对比查找自身的不足。

问题意识倒逼改革创新。党的建设和全面从严治党如何在基层落地,是党建理论的切入点和创新生长点,也是各级组织部门鼓励各地下大力气重点研究关注的课题。实践中,各地有很多积极的探索和创新,应该对其进行科学评估,对初步形成的经验模式进行总结归纳,对仍然存在的问题提供因应之策。顺义区着力克服基层党建的弱化和虚化问题,努力做到了理论上有新发展,实践上有新创造,是一个较好的创新样本。

二 理论框架

本课题致力于回答三个问题:顺义区党建当前面临的主要问题和矛盾是什么?应对手段策略是什么?要达到的目的是什么?同时,本课题总结其实践探索的经验和启示,这种总结从三对基本关系入手:党自身的建设与执政能力的关系;党内与党外的关系;党与基层社会的关系。事实表明,这三对关系是国家治理中具有本土特色的重要内容,因为只有党将执政重心落到基层,才能增强执政基础,改善干群关系。

党的建设研究框架和分析话语有助于更好地阐释党建的发展逻辑。在本课题的研究中将综合运用"党群关系"和"党—国家—社会"两种研究框架。

第一,"党群关系"研究框架。党的建设是中国共产党加强自身建设的过程,党的建设研究包括对于思想建设、组织建设、作风建设、反腐倡廉建设和制度建设的研究,也包括对于党的执政能力和先进性、纯洁性的研究,同时还有对于各级党组织、广大党员开展党务工作的研究。因此,加强党的自身建设目的在于密切党同人民群众的联系、提高党的执政能力、巩固党的执政地位，而这个分析框架就是研究党如何通过自身建设和基层党务以实现上述目标，从中国共产党领导革命、建设和改革的历史过程中总结提炼出有价值的实践经验和本土化的理论思想。这个分析框架不但在党的历史上发挥了重要作用，在今天同样发挥着重要作用，需要进一步丰富和完善发展。比如对于民主集中制、党内政治生活、党的执政能力、党内民主、基层党组织建设、思想建党与制度治党相结合等领域的研究，都可以运用这个研究框架加以分析。

第二，"党—国家—社会"研究框架。中国共产党是执政党，党的大量工作是围绕着治国理政过程开展的。因此，观察、思考和研究中国共产党推进国家治理体系和治理能力现代化的历史，就需要从"党—国家—社会"三位一体的研究框架来分析这个历史过程。比如，对于推进国家治理体系和治理能力现代化的研究、对于依规治党与依法治国的关系的研究、对于党领导全面深化改革的研究等，都可以运用这个研究框架加以分析。具体而言，"党—国家—社会"研究框架可以细分为三个层面。首先，党与国家的关系，主要表现为党的执政活动，主要通过党对国家政权机关的领导、党在人民共和国的执政功能来实现；其次，党与社会的关系，主要表现为党的领导活动，是党组织对同区域内、同层级内各类组织的政治领导、思想领导和组织领导；最后，党、国家、社会相统一的关系，党发挥利益代表和表达功能，整合人民群众的利益，带领人民制定和执行宪法法律，将党的意志和人民意志统一起来，形成推进国家治理体系和治理能力现代化的合力，完成好党治国理政的历史使命。[1]

三　研究路径

1. 基层党建的研究述评

基层党建是党建研究的重点领域，相关研究既涵盖党务工作者的实践，也有党建研究者的成果，文献数量多、涉及内容广。党的十八大以来，党中央高度重视加强基层组织建设，出现了新的研究热潮。

---

[1] 参见祝灵君《党建研究：定位、框架与趋势》，《中共浙江省委党校学报》2016年第2期。

回顾以往的研究可以发现，有较多研究是从理论层面对党组织的功能变迁以及基层党组织转型角度进行探讨的。如有学者提出，[1] 要实现党由全能型政党向服务型政党的转变，有学者对不同时期基层党组织的功能进行了比较，认为基层党组织从革命时期到建国后计划经济时期再到改革开放至今，经历了一条"政治功能—超政治功能—政治功能"的路径。[2] 有学者提出，党基层组织应当强化服务功能，认为应从服务群众实际生产生活、保障政治输出中的群众利益、引导群众政治参与并以服务赢得领导资格。[3] 这些研究多数集中关注基层党组织的功能变迁，[4] 并从宏观的理论层面对变迁的背景与因素进行了分析。

另外，由于基层党建与基层区域治理，尤其是乡村治理的讨论密不可分，所以也有研究从农村政治社会生态总体解读的角度来谈论基层党组织建设。正如有学者总结到："除党建学者之外，政治学、社会学、历史学等学科的研究者也有不同程度地涉及，他们从历史、结构功能、社会整合、政治生态等视角研究农村基层党建问题。"[5] 在这些研究中，学者从不同学科路径来谈论基层党建，对目前基层党建所面临的问题也有着丰富多元的论述，如从结构—功能视角出发来分析农村基层党组织建设结构与功能层面的转换，[6] 还有学者把村民自治、税费改革等政治因素、市场因素及农民群体思想观念冲突的文化因素联系起来，来探讨农村基层党组织

---

[1] 王长江：《由全能党变成服务型政党》，《中国改革》2008年第11期。
[2] 方开淇等：《党的基层组织在不同历史时期功能的比较》，《上海党史与党建》2002年第3期。
[3] 高新民：《论党的基层组织功能转换》，《理论学刊》2003年第4期。
[4] 如王长江、高新民等人的研究，还有如丁伟《新形势下服务型农村基层党组织建设研究》，博士学位论文，中共中央党校出版社2014年版；徐森鸣《基层服务型党组织建设的路径思考》，《党建研究》2013年第3期；钟龙彪《服务型基层党组织建设的现状分析与理论思考》，《长白学刊》2013年第2期等。有不少研究围绕具体的基层党建实践经验来展开，例如，著名的遵义经验（中共遵义市委党校课题组：《创建农村服务型基层组织》）、郑成根的《我国农村服务型基层党组织建设的实证研究——基于对江西省婺源县的调查》（硕士学位论文，华中师范大学，2014年）等。
[5] 谌玉洁：《转型期农村基层党建的理论与路径研究》，博士学位论文，中共中央党校出版社2014年版。
[6] 殷焕举、李毅弘、杨雅涵：《结构功能视阈下转型期农村基层党组织着力点探析》，《中共中央党校学报》2011年第2期。

建设的政治生态等。① 这些研究更关注对基层现实和底层实践的观察和反思，从微观层面对基层党组织建设的研究提供了丰富的素材。

现有的研究从宏观到微观、从理论到素材都为本课题提供了扎实的研究基础，但存在以下两个方面的不足。

(1) 对目前基层党组织建设所面临的问题与挑战、转型思路，具有较强解释力的理论建构不足。现有研究大都提到了党基层组织建设存在的问题，但多以描述为主，且多停留于经验层面，较少上升至理论概括层面，因此显得比较零散，并且解释力不足；与此相关的是，建设服务型基层党组织的路径选择呈现出众说纷纭、观点多元的特性，缺乏理论上的概括。因此，构建具有一定解释力的概念来阐述目前基层党建工作面临的问题与改进思路有重要意义。这一概念不仅是对基层党组织建设工作的描述，更应该是当前与未来基层党组织本质属性的概括，它既需要指出当前基层党建工作需要处理的主要矛盾或矛盾的主要方面，也能够明确未来的发展思路和方向。

(2) 缺少跨领域、跨学科、融合多种理论视角的研究视野，对基层党建问题的关注过于静态。现有对基层党建问题的研究很多仅停留在对于基层党组织的具体分析，缺少跨界研究的视野与理论融合。如前所述，对基层党组织尤其是农村基层党组织建设的研究，是与国家基层政权、乡村治理等议题紧密相关的，而这些议题拥有大量理论资源可以借鉴。就此而言，从政治学、社会学等学科路径进入的研究往往能提供不少理论启示，例如，从现代国家构建的视角出发，可以把基层党组织建设问题与国家治理现代化问题联系起来，使对基层党建的关注不再是局部的、静态的，而

---

① 赵理富：《农村基层党组织建设的政治生态考察》，《党政干部论坛》2004年第6期。就政治学领域中的乡村政治领域而言，如村两委关系、村民自治、基层民主、村民维权等传统论题都在某种程度上涉及了基层党组织的建设，例如，马宝成等学者对村"两委关系"进行了归纳梳理（马宝成：《中国三农问题：现状与未来》，《山东社会科学》2005年第10期；穆晓辉、张彦飞：《农村党建问题研究——从农村"两委"的视角》，《学理论》2011年第18期等）。陈家喜等学者就有关农村基层党组织的选举与基层党内民主的探讨等（陈家喜：《农村基层党组织选举改革：进展与问题》，《云南行政学院学报》2006年第1期）。当然，在这之中最有名的当属华中师范大学"中国农村问题研究中心"的一批学者，如徐勇、于建嵘、黄辉祥等研究者都对此主题有很多贡献，例如徐勇的《"政党下乡"：现代国家对乡土的整合》（《学术月刊》2007年第8期）以现代国家构建的视角分析了政党对乡土治理体系的改造，同时也分析了新兴精英的权力化带来的"脱草根性"问题，指出未来方向。

是全局的、动态的。

　　结合对以往研究的梳理，基于对顺义区基层党组织建设实践的考察调研，本课题组将以"悬浮"与"扎根"这一对概念来统合基层党组织建设面临的问题与改进思路。

　　"悬浮型"基层党组织表现为基层党组织与基层社会相脱离的组织形态。这一概念引介于"悬浮型"基层政权，它所描述的是税费改革后，乡镇政权由于不再承担基层税费征收的任务而较少与民众发生关联或财政能力较弱导致无所作为。[①] 农村税费改革虽然是针对农民税费负担过重、税负倒挂的现象展开，但它对于基层治理，特别是对乡镇政权的影响则非常深远。改革前，以"三提五统"为主的预算外收入是乡镇政府的自主资金，除了发放工资补贴、维持基层政府日常运转，还保障公共服务的供给。改革后，乡镇政府的公共财政逐渐空壳化，从工资补贴到教育、农村卫生、水利及交通等公共物品都由县财政直接拨付或依赖于中央政府的项目制转移支付。财权与事权的改变使得乡镇政府并未成为公共服务供给和基层治理的直接承担者，反而热衷于借贷、"跑钱"，与农民脱离了原有的联系，变成了"表面上看上去无关紧要、可有可无"的一级政府组织。

　　"悬浮型"基层政权的现象及形成原因有助于理解"悬浮型"基层党组织。税费改革之后，乡镇政权所表现出来的组织涣散、制度建设滞后，与群众联系不紧密等"悬浮"现象都与目前基层党组织所遭遇的困境相类似，更重要的是，两者都是在财政体制调整和城镇化进程的转型背景下产生的，且在条块分割治理结构的影响下呈现相同的特性。所不同的是，乡镇政权的悬浮化主要是"钱财"问题，需要依赖政府层级间的关系重构才能完成，而基层党建的悬浮主要是"人"的问题，是在乡镇一级政权悬浮化之后产生的。

　　宏观政策的调整客观上造成了基层政府间关系的变化，由此产生了事权分配变化、乡镇政府财权减弱、政府行为模式改变的一系列后果。因此，造成基层政府"悬浮化"的主要原因在于政府间财政关系的变化，或者说，主要原因可以归咎于"钱财"的配置。"悬浮型"基层党组织产

---

① 这方面以周飞舟等学者的研究为代表，参见周飞舟《从汲取型政权到"悬浮型"政权——税费改革对国家与农民关系之影响》，《社会学研究》2006年第3期。本文对这部分的论述多受惠于周飞舟的研究。

生的大背景主要是城镇化浪潮下，乡村精英的流失造成了农村基层党组织领导能力的减弱，以及农村整体治理阻力的加大。尽管也有上下级党组织的协调问题、经费分配问题等，但造成基层党组织治理问题的主要还是来自"人"，变革的核心在于在治理区域内如何组织党员干部，动员基层群众，使得干群之间建立以服务为核心的互动方式，产生良性的制度化互动。

目前，以"悬浮—扎根"为关键词来描述基层党组织形态的思路与论述并不多见。尽管有少数专门论述基层党组织"悬浮"问题的文献，[①]但也只是对党组织存在的问题做了一般性的描述，并没有把它作为一种独立的组织类型做深入分析。本研究认为基层党组织的"悬浮"现象是目前基层党建面临的各种问题的集中体现，"扎根型"基层党组织是指党组织深深地嵌入基层社会当中，不仅能够满足民众的利益需求，还能够引导和动员基层民众参与基层治理。由"悬浮型"基层党组织转为"扎根型"党组织是基层党建发展的一条创新路径。

2. 研究方法

（1）调研访谈

2016年4月以来，课题组成员与区委研究室密切联系，先后同区纪委、区委组织部、宣传部等职能部门进行了座谈，听取了北小营镇、南法信镇基层党建的开展情况，从宏观层面对顺义区的基层党建有了基本认知。对以赵全营镇和旺泉街道为代表的镇街层面党建工作进行了全面考察。课题组选取空港街道裕祥花园社区、旺泉街道宏城花园社区、马坡镇石门营村、牛栏山镇金牛村进行了详尽的研究。同时还到北京现代、空港经济区的公司企业考察了企业党建的开展情况。调研访谈的范围涵盖了顺义区所有建立党组的行政事业单位及公司企业。经过大量的调研和分析，掌握了尽可能多的一手材料，形成了对顺义基层党建的全方位认识。

（2）案例分析

本课题围绕"悬浮型"和"扎根型"两种党建模式，从正反两方面总结了相应的案例。"悬浮型"党建的典型是国民党统治大陆时期的党治模式，与之形成鲜明对比的是中国共产党在革命战争时期的党建经验。国

---

① 也有少数专门针对基层党组织"悬浮"问题论述的文献，例如任晓玲《公共管理视角下绍兴县村级党组织悬浮问题的研究》，硕士学位论文，吉林大学，2014年。

内外的"扎根型"党建和基层治理的探索创新也是较好的参照物。新加坡的人民行动党自建党建国之始，一直保持着良好的治理绩效和很高的认可度。新加坡虽然是个城市国家，但与中国有一定的文化近缘性，自中华人民共和国成立之初也是长期一党执政。人民行动党的政党治理的做法和经验有一定的启示意义。同时考察借鉴了国内其他地区较为典型的基层党建创新实践，包括深圳罗湖区以"质量建党"促进全面从严治党落实落地；宁波市以基层党建引领社会治理的创新经验；嘉兴以党员志愿者为载体，通过网格化、规范化和常态化打通党建"最后一公里"的实践探索。

（3）文献梳理

通过对相关文献资料的梳理，能够清晰地看出顺义区委对基层党建的重视程度，以及不同阶段的党建思路和举措。课题组系统研究中共中央及北京市关于党建的重要文献资料，全面整理顺义区党政机关下发的有关党建问题的文件，包括实施方案、通知、汇报材料等；区委、区政府主要领导相关系列讲话文稿；顺义区各乡镇街道及村社区的党建汇报材料。

第二章　基层党组织的"悬浮"与"扎根"

"悬浮型"与"扎根型"是本研究分析基层党组织建设的核心概念，也体现了顺义区基层党建探索的起点与目标。"悬浮型"形象地概括出党组织游离于基层社会，成为无源之水，难以融入群众，更难以实现基层社会的有效组织和动员的现象。改革开放以来，随着农村联产承包责任制的推行，村委会的诸多管理和组织功能逐渐弱化。市场经济的深入发展使得城乡人口的流动性大大增强。尤其是农村税费改革之后，乡镇一级政府收取涉农税费的职能萎缩，一些地区的乡镇政府开始出现"悬浮型"特征，基层党建也随之弱化和虚化。相对而言，"扎根型"党组织是一种与"悬浮型"相反的组织模式，要求从组织制度、党员意识和工作作风、资源分配、社会再组织化等方面都进行调整和优化。深入剖析"悬浮型"基层党组织的危害和症结，有助于认识到"扎根型"党建不仅是克服现今基层党建工作问题的解决思路，更是基层党建工作的努力方向。

一　基层党建工作遭遇的困境："悬浮型"党组织

1. "悬浮型"基层党组织的基本特征

从群众中来，到群众中去，党的基层组织扎根于群众，本是基层党建的本质属性。然而，一段时期以来，基层党建工作形势却不容乐观。总体而言，基层党组织普遍呈现出与扎根紧密的本质所相反的特征，即"悬浮"趋向。所谓基层党组织的"悬浮"，即在组织制度、党员认同、基层干部作风、群众信任、基层环境治理等一系列因素影响下，基层党组织不能充分发挥应有的政治功能与服务功能，进而失去群众的信赖和支持。在这种状态下，作为党执政基础的基层党组织失去了力量之源，其存在意义大于其应有的组织动员作用。"悬浮型"党组织有以下典型特征。

第一，组织软弱涣散。这包括对基层党员吸纳能力不足、党的组织生活要么不开展，要么开展不积极、基层党组织干部抓党建不力等。基层党组织内部的党员构成，或者党员在基层社会人口结构中所处的位置也有影响。农村党员的构成及其经济状况已经有明显分化，城市社区的党员职业来源也较为复杂，难以将这些不同行业和社会层次的党员有效组织起来。此外，上下级党组织之间衔接不畅、上级党组织领导不力或没有给予基层党组织足够支持。

第二，制度化程度低下。党组织内部的规章制度不完善，包括支部书记"一言堂"、党员群众的监督机制没有建立或者有效运行、党员联系群众无法实现常态稳定的制度形式等，日常工作开展难。较低的制度化水平和制度权威使得党组织长期处于人治状态，不仅难以保障基层党组织正确而有效运行，即使有好的工作思路和做法也难以维系下去。

第三，党员政治认同度低。在思想建设层面，党员的政治理论学习缺失，思想政治觉悟不高，党员党性修养不足，支部书记、普通党员的作风都有一定的问题。这些因素导致支部书记、普通党员的政治认同感不强，或对自我身份的认同度低，只在换届选举中体现出党员身份，日常工作中难有存在感。

第四，腐败问题严重。在制度化水平较低、监督管理措施不完善的情况下，以及在贫富悬殊的社会现象影响下，腐败问题产生难以避免。另外，基层政府的资源禀赋不同，基层党组织所能调动的经济资源也有很大差别。如在不少城乡结合区域，伴随城镇化过程产生的土地升值及相应的拆迁、租赁成为一些党组织负责人腐败的契机，小官巨腐现象时有发生。

第五，群众信任度低。以上问题的复杂交织造成了党组织与群众的疏离，基层党组织在基层公共治理过程中存在感不强，群众对党组织、党员的信任度降低。在以往基层党组织凝聚力号召力强的情况下，群众有困难、有问题都会想到找党组织，但随着这种信任关系破裂，群众更愿意以自己的方式解决问题。党组织的不作为与不被信任导致本应是鱼水情的干群关系，逐渐向对立的方向发展。

总体来说，"悬浮型"基层党组织在于党组织与群众相脱离，关系僵化乃至对立，它同时存在于组织内部以及组织和群众之间。这首先表现为群众的利益诉求无法通过组织渠道进入组织决策过程中，党组织也无法实现与群众的有效互动。同时,"悬浮"现象不仅体现在物质需求的表达与满足上,也体现在思想意识的相互信任上,当这两个层面都出现了党组织与群众的疏离,"悬浮型"基层党组织也就成为常态。

2. "悬浮型"基层党组织出现的主要原因

从概念的界定与基本特征分析来看,"悬浮型"基层党组织出现的原因需要从内外部因素角度进行具体分析。

首先,城镇化浪潮带来的基层社会人员结构变化和社会流动性加大。伴随经济社会的发展,城镇化进程不断加快,基层社会人员结构发生重大变化,基层党组织的治理环境也在经历着巨大变化。主要表现为,农村青壮年人口大规模流向城市,农村地区常住人口中党员数量大大减少,尤其是作为党员发展后备力量的中青年党员的流动导致党员年龄结构偏向老龄化。城镇化对农村基层党组织带来了巨大冲击,无论是就人口素质还是年龄结构而言,都对农村基层党组织建设本身提出了严峻挑战。而城市街道社区还存在外来人口流动、本地党员"断线"等现象,这无疑都增加了基层治理的难度。在这样的大背景下,基层党组织要完善组织制度建设、加强自身凝聚力面临着巨大的挑战。

其次,基层党建工作与传统乡村治理逻辑之间存在着张力。基层党建工作与基层社会治理是分不开的,从深入调研的情况来看,基层党建工作与基层社会治理都受到传统治理逻辑的影响。例如,当基层党建工作与乡村宗族政治、乡村精英相遇时,就不可避免地发生矛盾。基层党员干部与传统乡村精英之间的身份经常混淆,在当地具有一定威望的乡村精英很可能借助这种影响力取得支部书记的职位,实际上仍然延续传统宗族政治的治理方式。某种程度上,基层党组织的"悬浮"化与乡村政治的历史传统有很大的相关性,传统的政治伦理往往阻碍基层党组织发挥规范有效的作用,从而阻碍了与群众的紧密联系。

再次,党组织自身建设落后于客观形势。党的基层建设没有积极开动脑筋,真正展开与时俱进的思考与创新。基层党组织在政治建设、思想建设、组织建设、作风建设、反腐倡廉建设、制度建设等多方面并没有跟上实际治理需求。制度化水平较低,思想政治建设落后,同时意识形态宣传不到位,基层党务工作者对基层党组织需要承担的政治功能与服务功能并没有清醒的认识,同时上下级党组织之间工作配合有待加强,经费保障、有效监督也没有落实到位。如果说前两点表明当下经济社会发展带来的客观基层政党治理形势的变动，那么第三点则说明基层党组织自身的主观问题也是导致"悬浮"化的重要原因。

最后，基层社会治理结构中条块分割与条条收权放责的因素。当前存在的条块分割与条条专政、条条收权与条条放责的制度安排，对基层党的有效治理有着结构性影响。现有的治理结构使基层组织权责不平衡，在某些方面权力上收责任下放，客观上造成了基层政权无法深入扎根于基层社会。在此背景下，基层干部心态就会失衡，工作重心发生了变化，从对群众负责转移为维持自身日常运转或对上级负责。久而久之，"慵懒散浮拖"现象就会泛滥，基层党组织的"悬浮"化就表现出来。

二 基层党建工作的努力方向："扎根型"党组织

克服基层党组织的"悬浮"现象，通过紧密党群关系走向"扎根型"基层党组织，这不仅是传统国家治理向现代国家治理转型的发展要求和趋势，更是中国共产党本质属性的必然要求。与"悬浮型"基层党组织相对应，"扎根型"基层党组织在组织制度建设的完善、党员思想认同的统一、基层干部作风的务实、执政资源的下沉等各方面都更为符合当前的工作实际，作为活跃度高、存在感强的治理主体，"扎根"于基层社会之中，与基层社会紧密相连，再组织化程度高，再动员能力强。其主要特征体现如下。

1. 组织制度建设完善

与软弱涣散的党组织相对，扎根型党组织在组织形态上呈现出紧密、完善且强有力的特点，并且突出表现于自身内部与外部互动过程中制度化程度高，成为党与基层社会联系的坚固的战斗堡垒。具体包括党组织覆盖面广、对基层群众吸纳能力强、有稳定的组织生活等；党员队伍年龄结构合理；组织并非有名无实，制度建设水平高，而非通过熟人关系、暂时性阶段性的工作形式联系群众。在这些前提下，党组织才有扎根下去的组织保障。

2. 党员政治认同度、思想觉悟较高，有积极的代表与服务意识

"扎根型"党组织在思想建设方面也能够实现高标准，尤其表现为党员干部有意识加强思想政治学习，积极贯彻落实中央与上级党组织的精神，加强党性修养，有着较高的理想信念与思想觉悟。党组织的团结与否

直接决定了这个组织是否能更好地实现为人民服务的宗旨，影响与基层社会的联系程度。"扎根型"党组织的党员在思想上应当是相当先进的，同时也加入了熟人社会的优良道德伦理，让传统文化的社会资本良好运转起来。就此而言，熟人社会的逻辑在组织制度方面应当降低，而在思想认同与服务意识方面应当加强。

3. 治理效率高，资源调配能力强

就具体的"扎根"方式而言，扎根型党组织有着高效的治理效率，在调动各种资源推动政策落实方面有着很强的行动力。在组织形态与思想建设都有保障的前提下，党组织与基层社会联系紧密的一个重要表现是治理效率或是资源调动能力。高效的资源调动能力同时也会带来良性有益的循环，而治理效率低下的后果之一是党组织越发得不到群众的信任，而更加脱离群众。这一点在社会不稳定时期的表现尤其突出，比如，中华人民共和国成立前的国民党"悬浮型"基层党组织在社会混乱时期对基层资源的汲取与调动是相当失败的，而"扎根型"党组织则完全相反。

4. 基层干部作风务实优良

"扎根型"基层党组织的党员干部很难出现官僚主义盛行的现象，自身思想建设的到位与扎实的群众基础决定了基层干部的作风问题能够得到切实保证。这有助于获得基层群众的信任，缓和当群众因要求得不到满足，或因某些原因导致利益得到损害时，不至于发生极端的诉求方式，而通过理性平和的途径予以纾解。群众的对党组织的信任是可贵的社会资本，有利于降低社会治理成本，有效解决基层社会与党组织之间出现的某些问题。

5. 党组织活跃度高、利益代表性广，再组织化程度高

"扎根型"基层党组织的本质在于基层党组织与群众联系紧密，与基层社会融于一体，重建党和群众的鱼水之情，真正填补了基层社会治理的空心状态。党组织表现出很高的活跃度与存在感，能够较好地实现基层党组织的政治功能与服务功能，切实代表基层群众的利益，基层党组织的再组织化程度得到提高。

走向"扎根型"基层党组织的基本思路在于紧密党群关系，坚持走群众路线，具体的方式方法需要基层党组织在实践中不断摸索。去"悬浮"化的基本思路在于深刻认识到"悬浮"化的危害，通过各种体制机制创新加强基层党组织与群众之间的密切联系。为应对基层党建的"悬

浮"化问题，国内一些地方进行了相应的体制机制创新。顺义区克服"悬浮"化的基本思路是，通过执政资源下沉和体制机制创新，好事让地方干，好人让基层党组织做，激发基层党员干部的积极性、主动性、创造性，理顺基本政治微循环，大力改善基层政治生态，着力塑造和谐的政治文化，由此逐步形成了走向"扎根型"党建的根本路径。

三 顺义区基层党组织曾经的"悬浮"现象

基层党建"悬浮"趋向是目前基层党建工作面临的普遍问题。党群关系一旦疏离，群众对基层党组织信任程度降低，重新修复鱼水关系就成为一件旷日持久的艰难工作。在党建基础较为良好的顺义区，基层党组织也一度出现一定程度的"悬浮"现象。归纳总结顺义区以往基层社会中的这种现象，不仅可以了解顺义区党建改革的背景和动力，还能够明确下一步推进党建创新的努力方向和重点。

1. 基层社会人员结构的变化给顺义基层党组织带来冲击，造成党组织覆盖面窄，党员分散等现象，党员自身政治认同度有待提高

顺义区地处北京的东北方向，相对北京主城区，其本身的城乡接合部特征比较明显。顺义区自身也存在着城乡发展不均衡的问题。随着近些年北京城区建设的饱和与远郊功能分区的开发，顺义基层社会的治理环境发生了巨大的变化。原有的以村为单位的党支部建制被打破，党员的分散性、流动性增大，普通党员的工作与生活重心不再固定在某一地方。由此导致出现了若干问题，比如，一些村的居住人员构成比较复杂，既包括户籍村民、"转非"村民，又有外来务工人员等；人口流动性强，流动党员很少主动到村党支部亮明身份，村党组织对流动党员的实际情况掌握不够；外出打工党员较多，与党组织长期失去联系；有些流动党员、企业下岗党员、复员军人党员既脱离原单位和原属地党组织管理，又不向居住地报到，成为管理的盲点；而在城乡接合部改造中也产生了一些"失意"党员，因预期收益没有得到及时满足、因经济收入低造成心理失衡，对党的政策不理解，对党组织的管理教育存在抵触情绪，游离于党的管理之外。同时，随着城镇化进程的加快，新的大的城市社区不断出现，社区内部人员结构多元，陌生人社会中的联系纽带松散，这也造成社区党员的联络工作难度持续增加。

此外，以经济发展为中心在一定程度上弱化了对党建工作的重视，对全体党员的思想政治学习并没有一以贯之地高标准严要求，党员对党组织以及自身身份认同还存在不同程度的偏差。具体而言，党员对于自身的责任义务并不十分明确，与党组织联系并不十分密切，在思想激励与有效考核都有所缺失的情况下，基层党组织开展工作的动力不足。在这种情况下，部分顺义基层党组织出现了空心化、存在感不强的问题，导致很难与群众展开有效互动，难以承担起对基层社会的治理责任。

2. 党建经费来源有限，使用效率不高

巧妇难为无米之炊，基层党组织活动经费问题，是基层党建工作难以深入开展的一个重要问题。顺义区不同区域经济社会发展仍然不均衡，存在着河东河西的发展差距，浅山及以农业经济为主的区域与核心城区及周边的发展差距，由此导致各个乡镇及社区的经济收入差别较大，党建经费支出相应也有较大差别。此外，虽然区委、区政府一直高度重视对党建工作的预算投入，各地方的党建经费比较有保障，但地方缺乏开展工作的灵活性，有时存在着有钱不敢花和有钱不会花的问题，反而导致专款专用的使用效率不高。

3. 基层干部党员与群众之间的互动仍然受到传统的惯性思维影响

在治理环境变化的大背景下，基层干部党员与群众之间本身尚未建立长效稳定的联系，因此，基层干部或普通党员与群众之间的互动仍然受到传统惯性思维左右，有时并不依赖党组织，而是靠私人联系进行相关工作的开展。某种程度上，基层干部的官僚主义作风也有所表现。传统惯性思维包括乡绅性质的互动方式、裙带或宗族关系、物质利益交换、对党建工作重视不够等，即使是党建工作一向开展良好的顺义区，这些现象在某种程度上也是存在的。如前所述，这种惯性思维仍然是传基层社会治理模式。当然，在之后对"扎根型"党组织的理论分析与对顺义成功经验的描述中可以看到，实际上传统的优良道德伦理关系依然是基层有效治理模式可利用的重要资源，只不过这种传统伦理关系应当体现在党组织与基层社会的结合方式上，而不应体现在制度化的组织工作方式上。当组织工作呈现制度化水平不高的特征时，一些不利于基层党组织承担有效功能的现象就会出现，给基层社会带来损害。就顺义区而言，之前某个时期仍然受到传统治理模式较大的影响，并没有充分有效吸收传统伦理资源于现代治理模式之中，于是呈现出"悬浮"的现象。

4. 基层党组织没有能够及时实现再组织化，群众对党组织的信任度降低

基层党组织工作开展方式的制度化水平不高表现在两个方面：一是党组织自身内部的规章制度建设有待进一步加强；二是党组织与群众之间的联系无法通过有效制度形式固定下来，这就导致了党组织再组织化程度下降，有的党组织较为涣散。同时，对群众而言，党组织存在感不强。制度化水平低直接导致了党组织凝聚力和战斗力的弱化。

在治理环境发生重大变化的背景下，基层党组织没能实现再组织化，脱离了基层社会就逐步丧失了群众的信任。再组织化不仅包括党组织的自身建设，也包括党组织对基层社会资源的调动与整合。顺义区的基层党建工作在过去一段时期内，并没有很好地实现再组织化的任务，在某些方面也没有获得基层群众很高的信任。信任感的流失将会越发推动党组织的"悬浮"化，造成党组织与基层社会的裂痕，陷入恶性循环之中。在调研过程中，课题组发现，以往顺义党建工作开展有一定程度的阻力，恰恰正是群众在思想意识上不够信任所导致的。在基层党组织自身建设不利、与群众互动无法有效开展的情况下，群众遇到困难不会首先想到求助于基层干部或党员，而是首先想到利用私人关系。群众与党组织之间关系的裂痕会越来越大，信任很难获得重新修复。

总体而言，基于调研分析，在过去一段时期内，顺义区基层党组织在不同程度上呈现出了"悬浮"的特点。在此背景下，探讨顺义区是如何克服"悬浮化"的趋势，从不同层面入手实现基层党组织与基层社会的紧密结合，是十分必要的。尽管顺义区进行基层党组织再组织化的任务繁重，但仍然结合实际，以改革创新的思维和积极作为的方式找到了一些突破口。

第三章 顺义区实施"六三战略"，推进"扎根型"党建

现阶段，基层党组织存在的主要问题是政治引领作用有所弱化，基层党组织的领导核心和政治核心作用没有全面发挥好，政治功能和服务功能相互割裂。首先，党自身的建设问题是基层党建的核心问题。打铁还需自身硬。执政党只有强化自身建设，才能有效地治理社会。正如习近平总书记指出："基层党组织是我们党全部工作和战斗力的基础。建设基层服务型党组织，是功能上的一个要求，但基层党组织作为党的执政根基，具有鲜明的政治属性，是战斗堡垒，不能变成纯服务的组织，必须强化其政治功能。"其次，如何在新形势下切实加强基层服务型党组织建设。随着市场经济的发展，基层党组织所掌握的社会资源越来越有限，面临着人、财、物的匮乏，社会成员对党组织的依赖程度越来越低。在给基层下达"过河"任务时，也要切实指导帮助解决"桥"和"船"的问题。

基于此，基层党组织需要转变服务理念和服务方式，加强基层党组织的凝聚力。因而，从"悬浮"走向"扎根"，关键在于如何将加强基层党组织的自身建设和有效提供公共服务结合起来，从而进一步扩大基层党组织的影响力。

那么，基层党组织如何发挥其政治引领功能，使得组织更具有凝聚力、影响力和号召力；如何在确保基层政权和自治组织职能独立的情况下，通过民主、法治的制度和程序引导而非代替其提供公共服务；如何通过运用组织资源、干部资源、党员资源而非行政资源，扎根社会、回归社会，构建完善新时期服务工作体系？顺义区结合自身特点，整合资源优势，探索出一套加强基层党组织建设促进基层治理的实践经验：通过党组织自身建设方式创新推动组织扎根；通过党代表任期制推动体制扎根；通过党员激励机制创新推动党员思想扎根；通过党建经费投向基层推动资源扎根；通过完善社会治理体系推动功能扎根；通过转变服务理念和服务方

式推动服务扎根。

一 推进组织设置方式"三大创新",扩大基层党组织的覆盖面

随着城镇化进程的深入,农村的生产经营和村民的生活方式较过去发生了很大变化,社会流动性增强,根据地域设置基层党小组的模式已经被打破或失效,在一定程度上制约了基层党组织作用的发挥。党员的分散性、流动性加大,出现了若干问题。比如,一些村(社区)的居住人员构成比较复杂,既包括户籍村民、"转非"村民,又有外来务工人员、小商小贩等;流动性强,流动党员很少主动到村党支部亮明身份,村党组织对流动党员的实际情况掌握不够;外出打工党员较多,与党组织长期失去联系;城乡接合部改造中产生"失意"党员,因经济收入低、预期利益得不到满足造成心理失衡,对党的政策不理解,对党组织的管理教育存在抵触情绪,游离于党的管理之外。针对这些具体问题,顺义区基层党支部根据各自不同特点,对农村(社区)党小组设置进行改革,以扩大基层党组织的有效覆盖。

1. 经济功能区周边村的"层级"模式:将党小组建在功能区上

按照基层党建"全覆盖"的要求,在全村范围内划分若干个工作层面,打破原有农村党组织的设置模式,按功能分门别类地设立工作小组,形成"村党支部—功能工作小组—党员—群众"的层级工作模式。在这个层级结构中,村党支部是领导核心,每个工作小组成员以党员为骨干,组长可由村两委班子成员担任。工作小组不仅对群众进行服务,还对党员进行管理。对于村里的其他社会组织,还可以按照挂靠、联建等方式纳入层级模式的管理系统中。这种变地域划分、垂直管理的模式为顶层设计、平台互补的基层党组织管理体系,使党的基层组织体系能够覆盖到域内的每个层面、每个组织,辐射到每一名党员和群众,形成一个层级完备、符合实际需要的组织管理系统,并保持其高效运作,以党组织的覆盖到位、管理融入为基层治理提供坚强的组织保障。

2. 拆迁村的"分布"模式:按年龄、兴趣、行业划分党小组

村民搬迁上楼后,原有党员居住分散不易管理,在传统的分片小组管理模式下,把党小组建在村民小组上的做法已不符合实际情况。党组织的

触角延伸受阻,党员发挥作用受限。针对这种情况,顺义区的拆迁村提出一种"分布式"动态党组织设置模式,按党员年龄、素质或者原来在村里从事或擅长的行业来设置党小组,使党小组成员构成趋于同质,整合党员队伍的合力。党员可以参加社区和农村党组织的双重活动,积极开展社区服务和参加各项公益活动,发挥先锋模范作用。通过这种模式搭建与城市化管理相适应的党组织框架,与社区、物业的管理联动,对社区服务型组织进行整合和提升。例如,仁和镇塔河村回迁村民分散在3个不同的小区,这些村民既要归社区管,又要归村支部管,"婆婆"多了,就容易出现工作责任不明确、管理混乱的现象。采取这种分布式党组织设置法,并与当地社区积极沟通协调,就可以使党组织的覆盖更加有效,活动的开展更加有力。

3. 城乡接合区"楼门党建"模式:将党小组建在楼栋熟人圈上

在城镇化进程种,出现了一些新建街道和社区,这些街区的主要特点就是"融合",街区中既有回迁"上楼"的村民,也有高档小区中的外企白领,同时也有安置小区中的国企职工。人员构成复杂,社区形态各异。各社区也探索了相应的党组织建制方式。例如,旺泉街道宏城花园社区的"楼门党建",以"楼栋熟人圈"为平台,架起党群"连心桥",发挥"五彩服务队"的作用,结合"四诊"工作法(值班式坐诊、代理式寻诊、专家式会诊、回访式复诊)和社区党员干部包楼门制度,开展"每周一党建责任区走访日"活动,深入社区居民中宣传政策,帮助居民解决具体问题。

二 尝试实行党代表任期制"三大举措",提升基层党组织的代表性

党代会代表任期制是完善党代会制度的重要途径,也是发挥闭会期间代表作用的有效形式。按照以往的制度设计,党代表只在会议期间按照自身的认识和理解来履职,很少顾及普通党员的具体诉求,而党代表任期制用动态和持续的履职工作弥补了这些不足,使党代表能够更加全面、系统地反映党员的思想和诉求。自2014年被中央组织部确定为全国党代表任期制联系点以后,顺义区通过强化党组织和党代表的主体意识,抓好党代表选拔培训、履职尽责、宣传展示的平台建设,突出党代表参与决策、参

与民主监督、参与党的自身建设、联系服务党员群众的作用发挥这三大举措，提升了基层党组织的代表性。

1. 通过制度建设，强化党组织和党代表的主体意识

在强化党组织主体意识方面，区委成立党代表任期制工作领导小组，建立定期例会制度；各党工委和部分区属二级单位建立党代表联络专门机构，初步形成了区委、各党工委、区属二级班子齐抓共管、协同推进的工作格局。在强化党代表责任意识方面，区委建立党代表"五列席""六征求"和"八通报"制度，不断增强党代表的荣誉感、责任感和使命感，充分落实党代表主体地位，厚植党代表主体意识。

2. 建设党代表选拔、履职和宣传平台

合理分配代表名额，科学划分选举单位，适当提高基层一线党代表的比例，并制定区党代表培训规划；建立138个区直和基层党代表工作室，构建工作载体；定期组织代表团开展调研月、专题座谈会和联络会等活动，构建党代表活动载体。

（1）党代表选拔培训方面。首先，提高代表名额分配的合理性。顺义区第四次党代会代表有338名。其中，各级领导干部222名，占代表总数的65.7%。基层一线代表116名，占34.3%，其中工人代表5名，占1.5%；农民代表25名，占7.4%；非公经济组织和社会组织代表6名，占1.8%。妇女代表115名，占34.0%；少数民族代表9名，占2.7%；具有大专以上文化程度的代表327名，其中具有研究生文化程度的72名，占96.7%；年龄在50岁以下的代表233名，占68.3%。区党代表与区人大代表交叉任职的66名，占19.7%；区党代表与区政协委员交叉的29名，占8.7%。到2016年，区五次党代会代表有345名代表。其中，各级领导干部211名，占代表总数的61.2%，同比降低7.8个百分点。基层一线代表134名，占38.8%，同比提高4.5%，其中工人代表12名，占3.5%；农民代表37名，占10.7%；非公经济组织和社会组织代表14名，占4.1%。妇女代表132名，占38.3%；少数民族代表19名，占5.5%；具有大专以上文化程度的代表334名，含硕士104名、博士16名，占96.8%；年龄在50岁以下的代表239名，占69.3%。区党代表与区人大代表交叉任职的51名，占14.7%；区党代表与区政协委员交叉任职的27名，占7.8%。可见，区五次党代会代表结构比例进一步优化，实现了"三升三降"。即基层一线代表比例比上届高4.5个百分点，女代表比例

较上届提高4.3个百分点;具有研究生文化程度的代表比例提升12.9%,领导干部比例比上届下降4.5个百分点,代表平均年龄由上届的47.1岁降至46.3岁,与人大代表、政协委员交叉比例进一步降低,其中,人大代表交叉比例由19.7%降至14.7%,政协委员交叉比例由8.7%降至7.8%。

其次,完善党代表选拔和培训平台建设。明确区党代表资格审查委员会的组成、任期和工作任务,加强党代表资格管理;结合区、镇两级换届,全面做好区、镇党代表的选举工作,通过合理分配代表名额,科学划分选举单位,适当提高基层一线党代表的比例,实现党代表结构科学化、多元化建设;制定区党代表培训规划,将党代表培训工作纳入全区党员干部整体培训体系,不断提升党代表履职能力和水平。

(2) 党代表履职平台建设方面。按照"八有"标准,即有固定场所、有责任人、有专兼职工作人员、有工作制度规范、有代表驻室安排、有代表定期活动、有工作计划和总结,建立138个区直和基层党代表工作室,构建工作载体;定期组织代表团开展调研月、专题座谈会和联络会等活动,构建党代表活动载体。目前,顺义区共有区党代表332名,镇党代表2221名。试点以来,全区共建立党代表工作室138个,其中,在镇街和区直党工委建立党代表工作室37个,在条件成熟的村、社区、非公企业建立党代表工作室101个,每月10日、20日组织开展党代表接待日活动,为党代表约谈创建载体。顺义区级领导44人次"组团式"驻室开展活动,约谈了227名党代表、党员群众和人才代表,收集关于基层组织建设、改善民生等方面意见建议363件,已办结331件。

组织党代表全员参加区委全会、分团视察调研、开展提议等活动,发挥党代表参与决策作用。2014年以来,区党代表1050人次参加了区委四届十次、十一次、十二次全会,16个代表团提出了强化基层党组织建设等34项提议,9名代表在会议上作主旨发言;围绕"十三五"规划纲要制定,提出52条合理化意见建议,为全区科学发展提供智力支持;通过开展调研月活动,形成了《强化管理能力,提升城市品质,助推京津冀"一体化"发展》《关于加强村党组织书记队伍建设的思考与实践》等50篇有针对性的调研报告。通过发挥党代表参与决策作用,进一步提升了区委决策水平。

邀请党代表列席区委、区纪委重要会议,开展党代表专题询问工作,下发"党代表直通车"信件，发挥党代表参与民主监督作用。

组织党代表参与基层党建工作、指导开展"六星"基层党组织创建等活动，发挥党代表参与党的自身建设作用。

（3）党代表宣传展示平台建设方面。做好重要节点、重要典型、重要事件的宣传报道，展示党代表履职风采；通过开辟党代表网上工作室、开通区党代表微信群、微信公众号、即时短信平台等方式，搭建党代表沟通交流的新媒体平台。

3. 建立"四联"层级联系体系，发挥党代表联系群众、参与党的决策和监督、引领社会治理的作用

这个层级体系包括：区委常委联系区委委员（候补委员）、区委委员（候补委员）联系区党代表、区党代表联系党员、党员联系群众。

创新开展区领导"组团式"驻室工作，区级领导44人次"组团式"驻室开展活动，约谈了227名党代表、党员群众和人才代表，收集关于基层组织建设、改善民生等方面意见建议363件，已办结331件。区、镇两级党代表驻室1448人次开展接待、约谈活动，接待党员群众2754人次，收集意见建议1677件，已办结1467件。如党代表提出的提高村"两委"干部待遇保障问题，区委制定出台了《顺义区村级干部待遇保障办法（试行）》，实现制度化解决。增加农村公交数量、发车频次和建设卫生服务站，解决农村百姓出行难、看病难问题，都得到了相关部门的及时回应和有效办理。

随着党代表任期制工作的开展，党代表履职作用的发挥在提高决策民主化的同时，增强了党委的领导核心作用，调动了党代表参与党内事务的积极性，提高了基层党组织的凝聚力，赢得了党心民心。以全区19个镇（地区）召开镇（地区）党代会为契机，同步推进镇党代表任期制工作。在召开镇（地区）党代会期间，组织代表开展提案工作，19个镇（地区）共受理提案38件，涉及镇域环境整治、舞彩浅山开发、村级后备干部培养等具体建议和措施；组织27名区党代表围绕农村、社区、非公企业党建工作对区委社会工委、区民政局、石园街道和北小营镇的主要负责人进行专题询问，了解农村、社区、非公企业党建等相关工作开展情况，等等。党代表直接参与党的决策和监督，对接服务群众的具体需求，解决"最后一公里"的问题，在提升管党治党水平的同时，引领了社会治理，实现了社会治理精细化。

三 构建党员政治激励"三大机制",增强基层党组织的活跃性

组织认同是将自身与组织视为一体的自我认定,表现为个体对组织的归属感、自豪感和忠诚感。这种情感归属不仅能够提高个体对组织的认同,还能提高组织的凝聚力。在加强政治学习的同时,顺义区通过为党员定岗定责、开展公益活动以及为支部书记立传等激励手段,加强党员的自我认同、组织认同,提升基层党组织活跃度。

1. 结合基层社会治理实践,为党员定岗定职定责

为增强党支部的凝聚力和战斗力,充分发挥基层党员的先锋模范作用,拓宽党员联系服务群众渠道,顺义区党支部开展党员认岗定责活动,并推动其深入开展,避免流于形式。例如,金牛村在调研的基础上,实行了如下举措。

(1) 科学设岗,搭建为民服务平台。结合工作实际和群众关心的热点、难点问题,划分民事调解岗、社会治安维护岗、公共设施维护岗、环境卫生维护岗、文明新风监督岗、和谐家庭示范岗、环境创评示范岗、村务财务监督岗、村规民约监督岗、民意收集岗和政策法规宣传岗11个岗位。在深入调研的基础上,摸清支部党员文化、特长等情况,将党员放在最能发挥个人专长的岗位上。

(2) 积极认岗,发挥为民服务功能。党支部协助认岗党员填写《牛栏山镇党员认岗定责履职情况登记表》,认岗党员以一人一岗、一人多岗、一岗多人等形式,认真履行服务承诺。党支部制定严格考评制度,以"7·18""1·18"民主日为契机,组织开展上岗党员交流会,并进行党员互评,将党员认岗定责情况纳入党员年底考核内容中。

2. 强化党员政治身份认同,增强党员服务社会的能力和意识

例如,北京现代集团将党员入党日期确定为党员"政治生日",开展"政治生日党员公益服务"活动,组织本单位党员为所在社区提供公益服务。活动期间共为3164人次赠送由党委书记、纪委书记联合签名的"政治生日"贺卡、书签及中组部推荐书籍。开展"政治生日党员公益服务活动",先后组织3次公益服务活动,1000余名党员参与服务高龄老人。开展"政治生日党员红色之旅活动",先后组织4次参观焦庄户遗址地道

战纪念馆以及中国人民抗日战争纪念馆活动。党员"政治生日"自开展以来，党员的政治意识得到不断强化，这一活动也实现了由公司服务党员向党员服务社会的转变。曾经参与活动的党员这样说："赠人玫瑰手有余香，力所能及地为需要帮助的人送去一份温暖时，心中备感欣慰与踏实。作为一名党员，我将时刻铭记并肩负起自己心中的那一份责任，始终发扬党员先锋模范的作用。"

3. 为突出贡献者立传，加强精神激励

对党员的管理不仅需要有制度保证，还需要有精神激励，精神激励是一种内在激励，它能够带来的满足感、成就感和荣誉感，使党员产生深刻的认同感，自觉地与党组织形成命运的共同体，从而凝聚人心，形成合力。有效的精神激励还能够形成"榜样效应"，并在党员中形成良好的组织道德和组织风气，塑造积极向上的文化氛围，进而潜移默化地推动每一个党员做出良好的自我约束、自我激励的行为。

农村党支部书记是基层党建与农村发展有机结合的核心带头人，他们工作在第一线，与人民群众的联系也最为密切。赵全营镇西水泉村党支部给卸任的支部书记著书立传，帮助支部书记寻找初心，给村支部书记增加信心，为基层组织凝聚人心。

四 明确党建经费投向"三大倾向"，确保基层党组织的高效性

经费问题一直以来是制约基层党建工作一个重要因素。有些村人口比较多，日常开销较大，集体性经济收入较少，需要依靠上级拨款来维持，党建工作经费更是捉襟见肘，基层党组织难以开展工作、履行基本职能。为解决这一问题，顺义区将党建经费向党员管理的一线倾斜、向服务群众的前沿倾斜，保证了基层党组织高效的执行力。

1. 建立服务群众基金

制定出台《城乡基层党组织服务群众经费管理办法》，为全区426个村和99个社区下拨服务群众经费8370万元。落实基层党组织启动经费、党建创新工作奖励经费、镇街履行党建工作责任制奖励经费、正常离任村党组织书记生活补贴等1021万元，切实提高了基层党建工作保障能力和水平。按照村级平均15万元、社区20万元的标准，设立"城乡基层党

组织服务群众、解决重点难点问题"资金,加大对经济薄弱地区基层党组织建设的支持保障力度。机关、事业单位党组织的工作经费从行政、事业经费中列支,国有企业党组织的工作经费从企业管理费中列支。通过财政拨款支持、党费全额返还、企业支持等途径,多渠道解决非公有制企业和社会组织党组织的工作经费。同时,明确六步工作流程,强化监督管理,确保经费使用到位。

2. 推进村、社区党组织便民服务中心(站点)建设,推动镇级"一站式"便民服务大厅向村级延伸

在非公企业、社会组织、流动党员集聚的经济功能区建设党群活动中心。着力提升商务楼宇党建工作站规范化建设水平,集中力量加强中心站、示范站建设。镇(街道)、村(社区)以及有条件的社会单位的场地资源向非公有制企业和社会组织党组织开放。加强网络阵地建设,区镇两级联合投入,推广基层党建全程纪实系统,充分运用党员干部现代远程教育等信息化手段开展服务、组织活动。例如,2014年成立的北京临空经济核心区工委自主投入近450万元,用于党群活动阵地建设、大型党群活动以及党务干部和党员教育培训等方面。顺义区首家以非公党建为主旋律的党群活动服务中心——核心区工委党群活动服务中心建成投入使用,依托该中心开展了各类形式多样的党务知识学研、理想信念教育、党务干部培训、联系服务群众等活动。

3. 提高党员待遇,并对贡献显著的党员实行物质奖励

制定出台《顺义区村级干部待遇保障办法》,按照保基础、重考核、促规范、全覆盖、严管理的原则,通过规范工资结构、缴纳职工保险、发放离任补贴等方式,区财政每年投入近8000万元用于村级干部待遇保障,实现了待遇有保障、就业有规范、离任有补贴、干事有激情,有效提升了村级岗位吸引力。例如,赵全营镇西水泉村帮助村支部书记办理"五险",提高村支部书记的待遇。

创新党员积分管理系统,对贡献显著的党员实行物质奖励。例如,裕祥花园社区、宏城花园社区和北京现代集团均实行了党员积分管理系统,对党员学习服务情况进行积分管理,设置了评定等级,既作为党员评先和奖励的依据,也根据得分情况为党员提供相应的个性化需求服务。裕祥花园社区党员通过志愿服务活动的时间长短、主动亮明身份、发布正能量的微博、文章和培训技巧课件、参与各类培训及活动等来积累分数。具体的

积分规则为：每参加一次社区日常志愿活动服务1小时，可积1分；参与党内组织生活会1分/次；党员包户联系（谈心、教育、帮扶等）1分/次；参与节日宣传1分/次；主动与社区党支部沟通联系1分/次；扫雪铲冰2分/次；为社区建设建言献策，提供合理化建议2分/次；主动亮明身份，接受居民群众监督2分/次；以社区居民为对象，组织开展政策宣传活动5分/次；解决社区热点、难点问题并有突出贡献5分/次。在统计过程中，采取年度积分累计制度；为每位会员编制会员号码，按照会员号向每位会员发放"辛·享"卡、《志愿者手册》，会员每次参与社区活动等均可使用"辛·享"卡进行积分；每月、每季度、每年度对会员积分进行统计。党员可按照日常积分多少兑换实物或各类服务。

宏城花园社区党总支在社区党员中推行五色学习服务记录卡，对党员学习服务情况进行积分管理。红色记录卡记录党员参与学习教育培训情况，杏色记录卡记录党员为计生失独、低保救助等特殊家庭服务情况，蓝色记录卡记录党员为社区平安服务情况，橙色记录卡记录党员为老服务情况，绿色记录卡记录党员为社区环境服务情况。制定《宏城花园社区党总支推行党员积分管理的实施方案》，同时配套出台《党员五色学习服务记录卡使用规范》《党员五色学习服务》记录簿，分别予以具体的考核标准和分值，量化各项指标内容，设置了评定等次，半年汇总一次累计得分情况，既作为党员评先和奖励的依据，也可根据得分情况为党员提供相应个性化需求服务。

北京现代集团的"红色动力微平台"增添全员实名认证及积分兑换功能，其中针对党员的实名认证精确到党支部。每名党员在微信平台中阅读党建要闻动态、"两学一做"学习教育、"党课"学习教育等一系列学习行为都可得到相应积分，积分可兑换"学习好""工作好""身体好""家庭好"等相应服务包，为员工提升自身素养、业务素质、增进组织感情、促进家庭社会和谐提供外部支持，实现党建激励与素质提升双促进。

五 实现社会治理功能"三大保障"，强化基层党组织的引领性

从"悬浮"走向"扎根"的关键，就是将基层党组织建设与基层治

理相结合,使党的建设和基层治理融为一体。顺义区实施村规民约、基层社会再组织化、党员联户制度三大举措,探索了一套发挥基层党组织政治引领功能、完善了社会治理的有效经验。

1. 把修订和完善村规民约与党的群众路线教育实践活动结合起来

顺义区在运用村规民约推动协同共治的过程中,将村规民约与基层党建工作紧密结合起来,一方面以制定和完善村规民约为契机抓基层党建;另一方面通过基层党建促进村规民约更好地制定和执行。

(1) 把修订和完善村规民约与党的群众路线教育实践活动结合起来。将群众意见和整改措施融入村规民约之中,确保村规民约凸显问题导向,突出地区特点。通过认真梳理目前存在的突出问题和现行村规民约的突出问题,并以此作为修订完善村规民约工作的重要着力点,进一步实现了"聚焦",突出了工作的指向性和针对性,切实解决群众关注的热点难点问题,办好顺民意、解民忧、惠民生的实事,有力地维护群众的根本利益。因此,修订完善村规民约的过程,就是党员干部深入群众,与群众深入沟通的过程;是党员干部回到群众中了解群众、做好服务工作的过程。在这一过程中,村规民约真正成了基层党组织凝聚群众力量的有力武器,成为基层党组织带领群众提高自治水平的可靠保障,增强农村党组织的创造力、凝聚力。

(2) 把修订和完善村规民约与整顿基层党组织工作结合起来。在修订完善村规民约的过程中,基层党组织不断增强自建意识,牢固树立依靠自身解决问题的意识,提高党员做好党建工作的积极性、主动性、创造性。例如,西水泉村探索建立了党员干部"三勤一监督"工作机制,要求党员干部勤宣传、勤交流、勤走访,并聘请党员代表和群众代表监督党员大会、村民代表大会表决事项的落实情况,督促村两委切实强化责任意识和服务意识。赵全营镇要求党员干部带头制定执行村规民约,并突出对执行村规民约的约束与治理,以此规范村务运行,在各村推进村务公开方面,提出了规范村务事项"十必议"程序,即新农村建设长期规划和年度规划必议,村集体资产购置与处理、集体借贷、集体企业改制必议,大额款项的支出必议,公益事业经费筹集、组织实施与管理必议、土地征用及补偿分配必议、宅基地申报必议、计划生育必议、农村低保必议、重大救灾救济款物的发放必议,规定必须由村民会议讨论通过的事项必议。在创新农村社会管理方面,在健全《村民自治章程》和《村规民约》的基础上，进一步健全了党员联系群众制度、村民代表联系户制度、党员议事制度、民主监督制度等。通过对村规民约的规范化实施，进一步提升了村务公开、党务公开、财务公开等科学化管理水平。

具体而言，村规民约与基层党建的结合主要体现为以下措施。一是干部包村。包村干部全程参与村规民约的制定、宣传、执行过程，跟踪推进情况，提供指导服务，确保党的方针政策能够体现到村规民约中。二是党群"1+1"工作模式。党群"1+1"，即1名党员、1名村民代表定点联系10—15户村民，负责对所联系群众进行政策宣传、矛盾排查、活动组织，并配合村"两委"干部，做好村务协管工作。在村规民约的制定和修订过程中，通过党员和村民代表入户，收集问题，确保各项条款符合群众意愿；在村规民约的执行过程中，通过党员和村民代表，挨家挨户宣传村规民约，做到家喻户晓。三是"一助一"工作机制。通过各级干部走访、慰问群众和与村党支部沟通交流，及时掌握民情、了解民意，助力基层服务型党组织建设，提升村"两委"班子凝聚力和战斗力。

图 3-3-1 "三项措施"示意

2. 依托各类社会组织，发挥党组织的政治引领功能

党建带动团建。例如，北京现代集团下属子公司建立健全党团联席机制，在团委会议上邀请公司有关党委领导出席，点评指导工作内容。公司共青团组织按照团章规定，每月召开团委常委会议、每季度召开团委全委扩大会议，在全委扩大会上邀请集团相关党委领导出席并听取团委工作汇报，对工作开展内容进行点评和指导，对各级团干部提出新要求，引领团

工作顺利开展（每年党委领导出席2次以上团委季度性全委扩大会议）。每年年初，在集团下属公司的党建大会上，团委负责人以工作汇报的形式向参会人员汇报在新的一年里团工作开展思路、重点项目规划、项目推进计划等内容，各基层团组织以公司团委事业计划为依托，结合各部门的实际情况开展活动，确保各项工作的顺利开展。同时，北京现代集团各项青年工作，如青年月系列品牌活动、志愿服务、新入职大学生欢迎晚会等，集团党委也会大力支持，为活动提供经费支持，确保青年工作的顺利开展。

社区党支部引入社会组织，提升服务水平。例如，宏城花园社区共驻共建单位包括顺义二中、宏城幼儿园、北京建升开发总公司、红菜坊餐饮公司等。社区党总支以宏城花园社区为中心点，方圆一公里画了一个"同心圆"，以"党建"牵手"群团"，探索大党建、社会化、重联动、强服务的社区治理新路径，从而让社区管理从"独唱"变为"合唱"，让社区建设从"单建"变为"共建"，开启区域化党建与群团工作新篇章。为密切联系邻里关系，党总支发动直管党员和在职党员定期以楼栋为单位开展"左邻右舍家庭联谊会""邻里送福，品尝拿手菜""万众一心接力绣党旗"等活动。在这些活动中，党员与群众互相熟识。党总支制作楼门通讯录，统一发放便于进一步沟通。另外，党总支进一步整合资源，动员有特长的直管党员和在职党员参与到社区建设中，如开展在职党员与本楼独居老人"日见面"活动，在职党员利用下班时间为独居老人打水、代买等；退休的老法官、老公安、老教师参与到社区的"五彩服务队"中，辅助处理各类邻里矛盾纠纷、排查可疑人、可疑物或宣传防护新技巧等。

3. 建立党员联户制度

全区共建立党群"1+1"工作组1.2万个，发放"党群联系卡"151885张，悬挂建组分区公示牌2648个。全年召开工作组会议4610次，入户走访群众20万人次。利用这个制度，收集群众反映的环境整治、社会治安、民主管理、新农村建设和精神文明建设等各方面意见建议7564条，化解各类信访、邻里纠纷1103起、为群众解决普遍关心的就业、低保、便民服务和扶贫济困等实际问题6256个，较好地维护了群众的利益，有效地促进了党风政风的转变。开展在职党员回社区活动，全区2.7万名党员已全部到社区报到，截至目前，累计参与社区各类活动3.8万人次，提出意见建议 1616 条，为社区解决实际问题 863 个；入户走访群众 4139 人次，收集意见建议 517 条，化解矛盾纠纷 295 件。

各村根据自己的情况，也建立了相应的制度，例如，西水泉村的"农村党员联户制度"，1 位党员联系 1 位村民代表，一位村代表联系 15—20 户村民。又如，榆林村一位党委委员负责一个党代表、一个村民代表和 15 位群众（其中有 1—2 位困难户）。每月 15 号，镇党委委员到村里去找问题，村民向镇里反映问题。

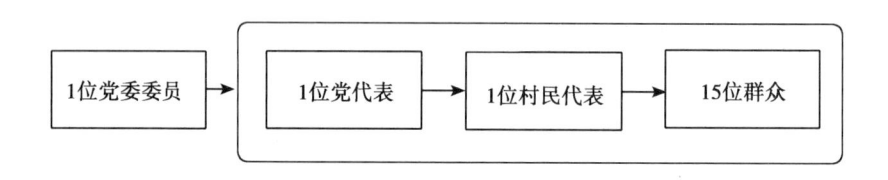

1位党委委员 → 1位党代表 → 1位村民代表 → 15位群众

图 3-3-2　党员联户制度示意

六　完善公共服务体系"三大路径"，巩固基层党组织的群众性

如果将党组织的自身建设看作扎根社会的保障条件，那么基层党建的落脚点就在于能够有效地为社会成员提供公共服务，进而扩大党的影响力和号召力，得到社会成员的普遍认同，建设"扎根型"党组织。现代意义上的服务是以公益和互益为中心的。这种服务大多与多元利益关系（经济、政治、文化和社会）和利益需求（个体的、群体的、现实的、未来的、全局的、局部的）联系在一起。顺义区探索了服务主体、服务媒介和服务对象三大路径，完善了基层的公共服务体系，确保基层党组织的群众性。

1. 协同四大服务主体。由基层党组织整合和优化配置政府、企业、社会组织、党员四方面的资源，动员群众自服务，形成党内外良性互动的合力

现代意义上的服务是以公益和互益为中心，与多元利益关系（经济、政治、文化和社会）和多元的利诉求（个体的、群体的、现实的、未来的、全局的、局部的）联系在一起的。服务于基层就既需要依托基层党

组织，也需要依托基层政权、基层社会组织和社会成员。农村基层党组织的"服务"不是对村民（居民）有求必应，而是在引导和组织村民（居民）自服务。

基层群众的需求多样，既有普遍性需求，也有个性化需求。而服务的主体——党组织、政府、市场、社会组织、邻里等则各有其资源和能力，各有其优势和劣势：基层党组织有执政资源，但党员数量有限，所能提供的专业服务较少；政府行使公共权力，掌握公共财政，拥有人数众多的公务员和公共服务人员，能够提供量大面广的免费公共服务，满足社会成员普遍性需求，但无法提供太多的个性化服务；市场主体敏感于社会需求，服务意识较强，服务范围广泛，但服务成本过高；社会组织服务具有公益性或低偿性，也可满足个性化需求，但服务项目相对较少，服务对象的数量也往往受到限制；邻里服务具有便捷性和无偿性，但服务范围同样有限。这就需要协同服务主体，由基层党组织主导，政府、市场主体、社会组织和社会成员个体等其他主体发挥各自优势，相互配合，共同做好基层的服务工作。具体来说，包括两个层次：一是上述各类主体发挥各自优势，面向共同的目标群体——基层居民，提供各自不同的服务；二是上述各类主体彼此配合，共同向基层群众提供某种或某些服务。顺义区由基层党组织整合各方资源，激活各种资源要素的配置，形成党内外良性互动的合力。

（1）党支部带动党员，尤其是发动在职党员参与志愿活动。为密切在职党员干部与所在村党支部的联系，发挥党员的先锋模范带头作用，村党支部着重落实在职党员回社区活动。例如，金牛村党支部组织在职党员回村负责高考期间的安全保障及治安巡逻工作，保证高考的顺利进行。在高考前，通过村域内广播、"金牛人之家"QQ群、村信息公开栏、宣传横幅，在外工作党员走访入户等形式，号召村民做好如下工作：减少机动车辆出行，舒缓交通；严禁使用喇叭等扩音设备，消除噪声隐患；村民考试期间不进行婚丧嫁娶等活动。高考过程中，党支部制定蹲点值班制度，在职党员在本村路段、村口，尤其是村委会道口、一中东口、北口进行巡逻站哨，协助交警加强一中大门前及周边区域的车辆疏导和停车秩序管理，严格治理鸣笛鸣号等交通违法行为。又如，宏城花园社区组织在职党员回社区参加活动、发挥作用。截至2015年12月底，全区已有26036名在职党员回社区报到，占在职党员总数的93%，处级及以上领导干部已全部回社区报到。回社区报到的党员结合自身工作性质及专业特长，认领了治安巡逻、政策宣传、为老服务、民事纠纷调解等百余个服务岗位，参与社区各类活动 2.6 万人次，提出意见建议 1362 条，为社区解决实际问题 682 个。

（2）社区党支部协同开发商为村民提供服务。例如，宏城花园社区在社区党支部的带动和协调下，社区居民委员会、社区物业、社区居民互利互惠，共同发展、和谐进步，逐渐形成多元参与社区治理新格局。在面对社区的技防设施、路面老化等一系列棘手的民生问题时，宏城花园社区居委会在党支部的大力支持和物业公司的配合下，多次与开发商沟通，在 2013 年底达成初步协议，由开发商投入 3000 万元，以居民需求为导向，开展景观提升、扩建老年人活动中心等 11 项工程改造。经过八个月全体宏城人的共同努力，社区的立体绿化面积达 36000 平方米，车位增加至 680 个，居民有了 650 平方米独立的活动中心，改善了居民的生活环境。

（3）党支部协同社会组织提供服务。裕祥花园社区党支部协同社区"五色公益组织"为居民提供服务。在一次楼道里安装安全门的行动中，社会党支部发动公益组织动员居民，每家每户出 30 元，剩下的由社区承担，各户民主征求意见，让居民和居民之间沟通，更好地反映每一个居民的意愿，为有需要的居民提供此项服务。

2. 搭建或利用三大服务媒介，将服务常态化、制度化、简易化（缩短服务群众的时空距离）。顺义区建设多种服务平台，完善一体化的基层党建服务中心，建立以人为本、温馨舒适、信息化程度高、功能强大、设施齐全，能够满足不同人群需求，方便群众学习、工作、生活、休闲乃至享受的综合服务中心

（1）搭建活动平台，集结政府部门、市场主体、社会中介组织和志愿者组织共同为群众服务。例如，北京现代集团成立"爱心帮扶小站"，针对公司的贫困员工进行一对一帮扶。北京现代集团党委一直十分关注员工的生活福利，形成了以党委帮扶体系和公司福利体系所构成的员工生活保障体系。"爱心帮扶小站"是在践行党的为民务实、关心员工政策基础上建立的创新性的帮扶机制。小站建立了完善的组织机构，通过系统的申报及审核流程、个性化的服务项目、持续的效果跟踪制度，最终实现全面提升员工满意度的工作目标。2014 年帮扶员工共计 34 人，开展帮扶活动 305 次，完成帮扶 25 人，2015 年持续开展帮扶活动 9 人，新增帮扶员工

11人，目前"爱心帮扶小站"为20个，2015年累计开展帮扶活动209次。又如，裕龙三社区党支部2016年举办民情恳谈会30余次，会议内容涉及社区政策、环境建设、邻里纠纷等多个方面，有效解决了楼道杂物乱堆乱放、出租房屋扰民等问题，群众提出的问题办结率超过90%。

（2）利用制度平台。目前，这方面的制度平台主要有社区党建共建联席会议、区域党建促进会、区域化党建联盟等。依托此类制度平台，基层党组织可以倡导辖区商家开展让利服务，或者引导驻地政府职能部门上门为居民服务等。例如，西水泉村党支部利用农村党员联户制度或者驻村督导机制，以解决基层难点问题。以教育实践活动为契机，由镇党委牵头成立25个驻村督导组，驻村督导组深入各村，创新推行"税收、土地收益、信访、种植养殖地"等6本台账工作法，以土地流转收益、占地拆迁等重点难点问题为切入点，研究制定具体可行的解决措施。特别是帮助土地收益较低的村理好财、算好账，督促每亩土地确权收益达不到1200元的村，利用1—2年时间达到这一基准线，帮助村民提高了土地收益。一年来，各驻村督导组切实履行"访民情、惠民生、聚民心"三大职责，为基层出实招、办实事，为群众带去了实惠。

（3）创建网络平台。利用现代信息化手段，将现代科技运用于治理中，使得服务常态化、制度化、便利化，缩短服务群众的时空距离。例如，北京现代集团党委在"四报一刊一网"的基础上，认真梳理红色动力党群品牌，建立多渠道、立体式的宣传网络体系，充分发挥移动互联网的发展及机遇，依托红色动力党群品牌，打造"红色动力"微平台网络。围绕集团、股份及公司开展的主题宣传活动，为员工提供及时、可靠、专业的党委、工会等信息服务，在使员工迅速了解公司动态、方针政策的同时，将"红色动力"品牌向更广范围内传播。截至2016年底，"红色动力"微平台关注粉丝16000余人，覆盖北京现代全员的100%，除公司内部员工外，还吸引了北汽集团领导及员工和员工家属的关注。"红色动力"微平台图文单日转发次数最高达3000次，2016年上半年，图文阅读人数32.8万人次，阅读次数54.3万；2016年上半年分享转发次数10.3万，分享转发人数5.32万次，充分显示了网络媒体的传播优势。通过这个微信平台报送信息，员工也可以对上面推送的信息点赞、签到、转发，作为支部评比、积分兑换的依据。后台留言互动每月1200条，员工将自己的诉求、心里话发至平台，党组织能够及时了解员工的思想。北京现代的微信平台因而又被称为"有温度的微信平台"。

又如，裕祥花园社区开发了先进的网络管理系统，利用信息化手段对社区工作流程进行规划，实现信息采集、信息查询、信息处理、信息发布、信息反馈 5 类信息化功能。裕祥花园的网络平台体系结构由四个部分组成："基础设施层"支撑平台运转；"数据支撑层"存储社区各类数据，设置社区总览、党员驿站等十大功能模块，实现了对社区信息采集—入库—维护—查询—汇总—分析等环节进行全方位管理，涵盖了社区治理和社区服务的方方面面，形成社区"大数据"基础库；"应用层"集成社区各专项业务系统，为社区工作提供便利、高效的科学化管理手段；"服务渠道层"面向广大社区居民，为居民提供满意、周到的社区服务。社区信息多媒体查询系统（大屏幕、触摸屏）对居民开放。其中大屏幕对社区的整体情况进行介绍，并以图文并茂的形式，向社区居民公布社区的通知、公告、服务等信息。通常包括：社区概况、办事指南、社区服务、党务公开等信息；触摸屏采用触控技术，社区居民只需用手指触摸系统提示语言或相应的文字说明，就会出现所需内容，然后触摸所选取内容的翻页按钮就可以实现内容的翻阅，对于不太熟悉电脑操作的老年居民来说尤其方便。社区信息操作系统（后台管理系统、综合性终端设备）对工作人员开放。后台管理系统基于航拍影像，宏观上显示社区整体楼宇分布及概要信息，楼栋基本信息，显示该住户房屋性质、民情日记、社情民意、住户信息等，并以图标标识身份；包含社区总览、党员之家、社会组织、积分管理、社情民意、民情日记、查询统计、制度规范、大屏内容管理和系统管理等 10 个部分。其中，社情民意对通过多种渠道得到的民意诉求进行收集与维护，并能录入反馈处理结果；提供民情日记的录入、编辑、导出、历史记录保存等功能。为进一步创新社区服务模式，开拓社区居民参与社区建设的新途径，裕祥花园社区还积极创建"网上居委会"办公模式。一是建立了裕祥花园居委会网站、博客、微博。登录信息平台，居民可随时了解社区动态、惠民政策、办事程序等；居民也可以将自己的需求、意见、建议等发表在"留言版"上。二是建立了"业主 QQ 群""计划生育 QQ 群"，解答居民咨询，方便居民交流沟通。三是建立了便民邮箱。居民可发送邮件咨询问题、提出建议。"网上居委会"的创建，化解了传统时间和空间所造成的服务阻碍，实现了以网络为平台更好地服务社区居民的目标，贴近了民心，彰显了活力，实现了办公信息化、网络化、低碳化。

网络信息平台的建设有诸多优势：一是有利于社区与社区之间、社区与居民之间的沟通，既能学到经验，也能发现不足；二是有利于与白天上班族居民沟通，让他们在业余时间，通过网络了解需求；三是有利于宣传党的方针、政策和法律常识，让居民及时了解党和政府的惠民政策；四是有利于居民对社区日常工作尤其是工作重点的知晓，通过网络无顾虑地指出社区存在的问题，提高社区服务水平。

3. 扩大服务领域；细分两类服务对象，提供精准化服务。首先，扩大服务领域，确立物质性服务和非物质性服务并重的理念。基层党组织服务群众的过程，基本上可视为一个基层党组织提供服务资源和群众接受服务资源的过程。一般说来，根据其提供的服务资源的性质，可分为物质性服务资源和非物质性服务资源两大类。顺义区村级党组织提供的服务不仅涵盖了直接的物质性资源，也包括诸如信息咨询等非物质性资源，以及为村民量身定做的"私人服务"

（1）直接的物质性服务。例如，金牛村合情合理地收回土地租金，增加村集体收益。金牛村为土地不确权村，近两年有部分承包合同相继到期，结合镇政府完善土地承包合同的相关指示精神，村委本着合法、合理、合情的原则，提高了土地承包费、增加了村集体的土地收益的同时完善了土地管理机制。2013年，经过与原土地承包户的诚挚交流、谈判，解除了土地承包合同，成功收回土地，在镇党委、政府领导的大力支持下，争取到平原造林指标，2014年春季完成平原造林指标280亩，只此一项就将增加集体收入20余万元。2015年，经过与鱼池承包户真诚交流、谈判，村鱼池承包价格由原先的160元/亩提升到2000元/亩，单项提高村集体经济收益13984元。金牛村猪场于2014年成功收回，本着物尽其用的原则，在与承包户协商的基础上，猪场承包价格由2万元/年提升到6万元/年。

（2）非物质性服务。例如，西水泉村的"医疗大篷车"服务。镇党支部为满足群众就近就医需求，解决基层群众特别是老人出行不便看病难等问题，率先在全区推出了"医疗大篷车"便民服务工程。据工作人员介绍，该大棚车上安装了医疗移动设备，包括配备了笔记本电脑、打印机、心电图机、B超机、血糖仪等医疗设施，并统筹安排镇卫生院组织3名医护人员（含1名全科医生、1名护士、1名药师）负责移动诊疗工作。"医疗大篷车"按照巡诊安排,每半日巡诊一个村,2周时间即可对全镇各村巡诊一次。移动医疗大篷车不仅能够为镇域群众提供高血压、糖尿病、冠心病等慢性疾病的诊治,同时还可对慢性病患者进行健康教育,完善慢性病患者健康档案,促使患者对自身健康的了解,切实方便群众对疾病的预防与治疗。自"医疗大篷车"试运行以来,镇域群众在家门口就能够享受到了优质、高效的医疗服务,有效解决了群众看病难、取药远的难题,逐步让全镇百姓享受到足不出村、医疗上门的品质服务。为把"医疗大篷车"这项民生工程做好,镇党委政府做了大量的工作,多次召开会议进行研究,听取医疗专家的意见,并责成镇政府主管领导与赵全营卫生院院长等组成专门的工作组与区卫计委等相关部门多次沟通交流,展开论证,最终镇政府投入28万余元实现了这一惠民工程的顺利启动。又如,西水泉村奖励考学大学生。2014年,赵全营镇由驻村督导组会同村干部亲自登门入户,向考上大学的优秀学子"登门道贺","道贺"的形式包括:在家门口放鞭炮,送去奖金、贺信和印有"我的中国梦,您的赵全营"的拉杆箱。奖励考学大学生是西水泉村从2014年开始实行的一项助学计划,本着"尊重知识、培养精英"的理念,对每个考上大学的家庭奖励2000元的助学金,在鼓励对新考学大学生的同时,也给全村学生树立了一个勤学好知的榜样。西水泉村此做法实施三年以来,减轻了考上大学家庭的学费负担,也使更多的学生更加努力学习,积极向榜样靠拢。这是一项为民办实事的计划,深得村民欢迎。村党支部书记刘建华表示,这一做法今后不仅要坚持下去,还将随着村集体收入的增加,提高奖学金的数额,逐步扩大奖学金发放的范围,村里希望通过这一做法,鼓励村民增加子女教育投入,在全村形成尊重教育、尊重知识、尊重人才的氛围。再如,赵全营镇全力推进生态环境建设,提升居民居住的环境品质。镇党委认真落实区委、区政府关于环境建设的要求,投入1500万元(镇域经济增量的50%)用于环境建设,并实施以奖促治、以奖代补机制,调动了各村参与环境建设的积极性。在整治环境过程中,基层党员干部群众参与达1万余人次,群众参与率在80%以上。实施平原造林绿化美化工程,累计造林5342亩。依法拆除违法建设28宗,恢复土地150余亩。扎实开展泔水猪专项整治,共清理了泔水猪养殖户125户,提前排除隐患,做到了"为之于未有,治之于未乱"。

事实上,基层党组织有提供非物质性服务资源的优势。作为服务主体的党员群体事实上是一个公认的知识文化程度高、理解政策水平高、社会人脉广、善做思想政治工作的精英群体和能人群体，本身有在政策宣传、提供信息等方面的特长和优势，换言之，广大党员干部身上恰好蕴藏着丰富的非物质性服务资源。就此而言，党员干部向基层群众提供政策服务、知识服务、信息服务、技术服务和劳动服务，正是在充分地发挥自身所长，利用知识技术等各类非物质资源，展示共产党员的先进性。总之，确立物质性和非物质性服务资源并重理念，既有助于发挥党员干部的特长和优势，又能契合群众超越物质层面的各类需求，从而有助于提高基层党组织服务群众的绩效，增强基层群众对党组织的认同度。

其次，是对服务对象（人、事）的分类管理。随着社会主义市场经济的深入发展，人们的就业形式日益多样化，越来越多的"单位人"转为"社会人"，大量退休人员、下岗失业人员和流动人员进入社区，使得社区居民的物质、文化、生活需求呈现出多样化、多层次的趋势，经济社会的发展和居民群众的多方面需求给基层社会服务提出了更高的要求。"社区服务"理论已经进入新的发展阶段，传统的社区服务只局限于"互助、自助"；现代社区服务的发展方向是现代化、规范化和城乡一体化。为了满足日趋多样化的群众需求，裕祥花园社区党支部在网格化管理模式中探索实施"五色管理"，得到了应用和实践。

（1）对"人"的分类。五种颜色代表五种家庭，细化社区人口。将社区所有家庭分为空巢、独居、残疾、出租房屋、常态五类，分别用粉、蓝、红、黄、白五种颜色纸张代表，专门制作小头像贴纸，将家庭居住情况、人员结构标明，实现家庭分类管理，按需提供服务。再进一步细化，将外籍人、外省市人、港澳台胞、本市人、无人五类居住人群利用粉、黄、绿、蓝、红五种颜色贴纸代表，建立分类"管理网格"，细化服务，提升社区服务管理的工作水平。为五类人群家庭提供五种服务：一是对空巢老人家庭，实行志愿服务，以"一帮一""多帮一"的帮扶结对服务形式，定期上门和老人聊天、重点提供精神慰藉；二是对独居老人家庭，实行网格员"日见面"跟踪服务，每日定时走访，查看家庭状况，了解困难，随时了解他们的需求；三是对残疾人家庭，实行"亲情上门服务"，提供理发、送水、送餐等服务，利用社区康复设施提供"由社区照顾"服务；四是对出租房屋、流动人口家庭实行"周查月报"制度，翔实登记，排查安全隐患，提供流动人口服务管理，增加流动人口社区归属感，确保社区和谐稳定发展；五是对常态家庭，提供在线"诉求回应"服务，实现按需服务，要求社区工作者，勤走动，多联系，熟悉网格内情况，做到"网格情况掌握清，居民诉求有回应"。"网格长"在日常走访入户中必须携带《五色民情日记》，随时采集信息、详细地记录，最大限度服务社区，为社区居民排忧解难。实行网格员"一人多岗、一专多能"工作机制，提高社区工作人员和网格员"敞开社区门、办理千家事"的能力，全面提升社区网格化服务管理水平，共创和谐社区发展。

社区通过"五色管理"细化服务，提高服务效率，为各色家庭提供特色服务，并做好服务跟踪管理工作，最大限度地服务社区，为社区排忧解难，确保社区和谐稳定发展。

（2）对"事"的分类。社区利用目标管理体系将居民需求目标化，通过微信公众平台、网上居委会等八种形式面向社区党员、居民代表、社区群众获取了包括基础设施、环境卫生、安全出行、文化活动、社会保障等各方面在内的74条目标需求，并将这些目标以项目形式作为居委会为民办实事的指标，尽力为居民群众服务好，主要通过"四事分流"体系将社区公共事务分为"大事、小事、私事、物业事"进行治理。"大事"即政府管理的事项及公共服务，旨在社区无力解决的目标需求，上报街道层面进行协调解决。将其整理并纳入社会管理创新指标体系当中，通过职权分类，各政府职能部门协调配合，共同改善社区在硬件设施、民生保障等方面的目标。如天然气改造、楼体保温等工程，社区无力承担，需报送相关职责部门解决。"小事"即社区内的事，以社区党组织和居委会为主导，社区自治组织、社会组织和社区单位共同协商解决。如社区环境卫生、文化活动等与居民生活息息相关的事情，以社区党员为先锋，动员身边居民群众自治解决。"私事"即为居民个人事务或邻里之间的意愿，主要通过推行《居规民约》，使得社区居民自觉遵守民约守则，规范社区居民行为，邻里之间相互监督。如保护环境等。"物业事"即物业公司管理职权范围内的服务项目，由物业公司给予解决，通过建立物业监管模式，制定社区的物业管理规范，明确物业公司、广大居民各自的权利和义务，做到管理中有章可循，有据可依，如技防设施升级改造、车位规划等。"四事分流"使得政府、社会、居民和物业形成良好的闭路循环系统，各司其职。合理界定了政府、社会和居民的职责边界，政府不大包大揽，居民也有责任担当，社区组织动员居民互助，从而提高议事效率，实现政府治理与社会自我调节、居民自治的良性互动。

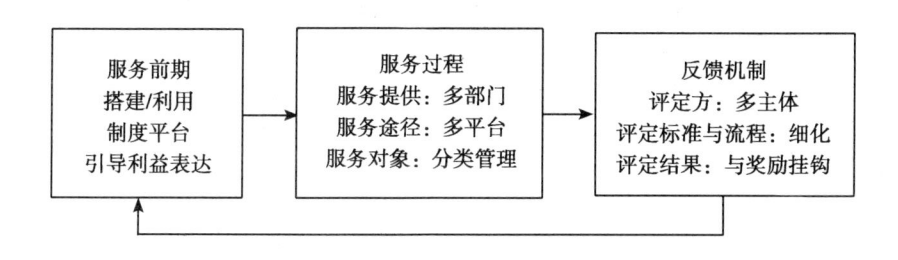

```
┌─────────────┐    ┌─────────────┐    ┌─────────────────┐
│  服务前期   │    │  服务过程   │    │   反馈机制      │
│ 搭建/利用   │───▶│服务提供:多部门│───▶│ 评定方:多主体   │
│  制度平台   │    │服务途径:多平台│    │评定标准与流程:细化│
│ 引导利益表达│    │服务对象:分类管理│   │评定结果:与奖励挂钩│
└─────────────┘    └─────────────┘    └─────────────────┘
       ▲                                        │
       └────────────────────────────────────────┘
```

图 3-3-3 顺义区基层党组织提供公共服务示意

七 顺义区推进"扎根型"党建的总体评价

顺义区委、区政府深刻认识到"悬浮型"党组织事实上的危害性，加强分析研判，积极探索去"悬浮"的措施方法，初步形成了一套行之有效的工作思路。通过党的政治路线宣传和思想路线教育，实现思想认识的扎根；在组织路线层面，通过体制创新实现了组织"扎根"和体制"扎根"；在实施机制层面，通过群众路线实现资源"扎根"、功能"扎根"和服务"扎根"。顺义区着力推进"扎根型"党建，取得了显著的成效。

首先，从政党政治功能发挥和引领社会发展的角度评估，"扎根型"党建密切了干群关系、夯实了党的执政基础，改良了基层的政治生态。顺义区将基层党建与社会治理相结合，以村（居）规民约为抓手，通过党员联户制度对基层进行再组织化等手段，将党建工作贯穿于党委政府日常工作的始终。基层党组织在社会治理中起着核心引领作用，通过党建"扎根"让居民感受到基层党组织的工作魄力和工作实效，让党的路线方针政策不折不扣地落实下去，不仅让人民群众共享发展的成果，而且更加牢固地树立党的领导地位。在多元化的时代背景下，既有党的意志统领全局，也尊重个体化的生动活泼，从根本上提升了社会治理水平和质量，塑造了和谐的政治文化。

其次，顺义区着力构建服务型基层党组织，坚持重心下移、资源下沉，使基层党组织有资源、有能力为群众服务。据顺义区委组织部统计，2014年以来的三年间，顺义区党建经费投入分别达到了1.2亿元、2亿元和 2.4 亿元。通过基层党建与为民服务相结合，建立流程化的公共服务体系，搭建各种平台，将执政资源向基层倾斜，多为民众做好事，用群众口碑和认知的改变，逐步改良基层的政治微生态，增强了基层群众的获得感，较好实现了服务功能和政治功能的协调。党风、政风、民风有了较大改变，政治生态进入良性循环轨道，塑造了干群良性互动的党建格局。

再次，从加强党组织自身建设的角度评估，基层党组织通过改变党小组的建制方式，提高了党组织在基层的覆盖率，完善了对流动党员的管理方式。通过党代表任期制强化了党代表的主体意识，多样化的政治激励方式调动了基层党员的积极性。既健全了组织体系，又建设了骨干队伍，实现了组织"扎根"。

从根本上讲，顺义区委、区政府致力于建设与人民群众血肉相连的"扎根型"基层党组织，主动增强政治意识、大局意识、核心意识、看齐意识，能够站在从严管党治党、巩固党的执政基础的高度，深刻认识基层党建的重要意义，坚持思想建党和制度治党紧密结合，切实做到对党忠诚、为党分忧、为党担责、为党尽责。顺义区党委、各部门党委（党组）书记严肃履行主体责任，做到了聚精会神抓党建。既实现了党组织自身建设水平的稳步提升，也实现了党和政府有效动员和治理基层社会。

第四章 国内外"扎根型"党组织建设的经验

政党是由社会部分成员组成的专业化政治组织,政党的生存与发展必须依赖于广泛的社会基础。国内外政党都需要依靠广大社会成员的支持才能更好地生存发展。从我国的民主革命历史来看,国民党统治大陆期间,因为党组织过于脱离基层社会而使得政权"悬浮"起来,最后导致败退台湾。中国共产党因为紧紧扎根基层,依靠群众而最终获得政权。前事不忘后事之师。习近平总书记指出:"党的先进性和党的执政地位都不是一劳永逸、一成不变的。过去先进不等于现在先进,现在先进不等于永远先进。"革命战争年代,党的工作重心在农村,而传统的计划经济时代,社会的流动性较小,"扎根型"基层党建较为容易实现。改革开放以来,党与群众的联系能力有所削弱,基层党建也随之呈现出"悬浮"的倾向。各地区针对此问题进行了积极的实践创新,深圳市罗湖区,浙江的宁波和嘉兴都形成了各具特色的基层党建经验。从国际比较的视角看,新加坡人民行动党则利用多种手段策略与基层社会紧密联系起来,保持了长期稳定的执政。

一 民主革命时期共产党的"扎根"

民主革命时期既是中国在内忧外患之下艰难的抗争史,也是中国共产党立足农村,扎根广大群众中,迅速发展壮大的奋斗史。中国共产党高度重视动员基层社会,根本改变了传统中国社会一盘散沙的局面,开启了民智、凝聚了人心、积蓄了力量,这也是成立中华人民共和国的重要经验之一。

基层党组织建设在当时所面临的关键课题就是,党中央这把"锤子"如何通过身处国家治理最前沿的基层党组织这颗"钉子",扎到党员和群众的心坎儿上,扎到这个国家的最底层,切实使党中央方针政策落到实处，为基层群众百姓谋福祉。中国共产党主要在各级党组织关系、群众工作路线、思想教育、廉政建设等方面为党基层组织的落地生根打下了坚实基础，与最广大的人民群众建立了紧密的联系，从而有力保障了各阶段革命任务的完成。

1. 始终坚持扎根农村，密切联系群众

基层党组织要想在乡村站稳脚跟，执行中央的政策部署，首先就面临着能否进得去的问题。由于基层党组织的组成人员并非全部来自本乡本土，许多外来的革命者在从事革命工作的时候，往往会受到客观条件限制，革命活动难以开展。群众路线是基层党组织扎根的根本工作方法。"一切为了群众，一切依靠群众和从群众中来，到群众中去"，共产党员们就是在密切联系群众过程中逐步赢得群众信任并顺利地开展工作。

毛泽东同志在七大报告《论联合政府》中强调："我们共产党人区别于其他任何政党的又一个显著的标志，就是和最广大的人民群众取得最密切的联系。全心全意地为人民服务，一刻也不脱离群众。"① 联系群众必须讲求方法，否则可能适得其反、事倍功半。早在1924年，兼任国民党湖北省党部主任委员的董必武就曾告诫到乡村从事农民运动的革命知识分子，要他们注意与群众的联系方法，提出了四点建议。

第一，注意看房子，青砖瓦屋一般较富，要求找贫苦农民，取得他们的信任；第二，先不宜做空泛宣传，要闲谈，与农民靠拢；第三，帮助农民办好事，写信记账，助工助教，多帮忙，不要使农民吃亏；第四，领导农民斗争，开始选择容易取胜的事情干，先小后大，注意团结农民。②

为了密切党群关系，党组织要求党员深入群众的生活圈子，适合当地风俗习惯，与群众打成一片，即党员生活习惯群众化。正如刘少奇所指出的那样："我们是以群众中一员的资格，在群众中出现，而不是以共产党员或者自命为领袖的资格去命令和指挥群众。"③ 在基层单位，党组织要求党员争当工厂的生产能手、学校的好学生好老师等业务骨干，建立良好的人事关系。这种职业化的工作方式既巩固了基层党员的职业地位，赢得了群众对他们的信赖，又利于把群众团结在党组织周围，实现党组织扎根

---

① 《毛泽东选集》第三卷，人民出版社1991年版，第1094页。
② 郭家齐主编：《红安县革命史》，武汉大学出版社1987年版，第25页。
③ 《刘少奇选集》上卷，人民出版社1981年版，第60页。

于群众的目的。

抗日战争时期，河南省确山县竹沟镇是中共中央中原局所在地，素有革命圣地"小延安"之美誉。当地党组织要求在农忙时减少动员工作，还组织党员干部积极帮助农民发展生产，帮百姓播种和收割。在工作中提出"流自己的汗，替百姓干，只许喝水、不准吃饭"①的口号，充分彰显了党维护民众利益的宗旨，保障了当地农民的正常生产生活，赢得了当地民众的信任和支持，也为竹沟根据地党和军队开展民众动员工作打下了坚实基础。

2. 思想建党，始终紧抓思想政治教育工作

1939年10月，毛泽东在《〈共产党人〉发刊词》中指出，这个刊物的任务是"帮助建设一个全国范围的、广大群众性的、思想上政治上组织上完全巩固的布尔什维克化的中国共产党"。② 提高党员的思想水平和政治觉悟成为党的建设的重要任务之一，坚持着重从思想上建党的原则，强调共产党员不仅要在组织上入党，更重要的是在思想上入党。

为了适应革命形势的发展，基层党组织严格执行中央指示，结合基层实际，开展广泛党员思想教育。陕甘边区任命专人担任支部宣传员，制订党支部教育计划，讨论怎样联系支部实际工作例子以充实教育内容，然后再对党员进行教育。为了提高教育效果，一般按照党员文化水平分成若干学习小组。由于上课联系本村实际例子，大家很爱听，也容易记住。支部培训班还经常进行测验，由宣传委员出题目，以学习小组为单位，一个一个口测。通过这种"考试型"教学，使文化水平不高的基层党员，也能基本掌握中央精神和地方实际工作情况，更好地开展工作。此外，边区还通过开办支委培训班、党员干部座谈会以及读报、话剧、演讲等形式，有效地提高干部党员的政治和思想水平。

3. 制度治党，严肃党员管理和党风廉政建设

健全党员管理制度，对于保证党团结有力和提高党员的素质至关重要，决定了基层党组织乃至全党的战斗力。列宁曾强调"党组织固应发展数量，但不可为了数量而降低质量"。③ 为了严格党员要求，势必要提

---

① 《豫南巡礼》，《新华日报》1938年11月4日，第4版。
② 《毛泽东选集》第二卷，人民出版社1991年版，第602页。
③ 《中共中央文件选集》第十二册，中共中央党校出版社1992年版，第546页。

高入党条件,从严管理党员。陕甘宁边区在历次整党整风过程中,广泛地实行党员重新登记和干部考核,把投机分子、太落后分子洗刷出党。基层党组织发展党员必须经过组织谈话、一般由小组会和支部会通过、报区委批准的程序。区党组织在党员恢复党籍及重新入党时,报送区党委的监察委员会,对其审查批准。规范党员党费征缴,要求各级党组织把征收党费当作政治任务,按月缴纳和向上级报告。

加强干部管理。首先,为加强干部之间的信息交流,加强上级对下级工作的指导,建立对下级工作的了解制度。边区党委了解到县级,要熟悉边区党委组织部保存的县级的各种干部的详细表格和履历书,地委了解到区级干部,县委了解到支部,支部了解到小组,小组长了解小组党员。要求地委及县委按月填写组织统计表,以便随时了解干部的增减和调动。其次,区级干部不准脱离生产,实现区级常委职业化,每区必须脱离生产者不得超过3人,这便于联系基层和建立身份掩护。支部的主要负责人,如支书、支组、支宣等不得兼职。

制定铁规,铁腕反腐。边区党员干部的主体是农民和小资产阶级,狭隘、自私的小农意识等不断反映到党组织内部,贪污腐化等现象严重影响着党组织效能的发挥。党在这一问题上始终保持清醒的头脑,针对基层可能出现的贪腐现象实行了系统的惩防并举的治理举措。陕甘边区苏维埃政府建立以后,把廉政当作头等大事。习仲勋同志回忆说:"刘志丹曾经说过,群众最痛恨反动政权的不廉洁,无官不贪污。我们一开始就要注意这个问题,穷要有骨气。我们定了法,贪污10块大洋就要枪毙。"[1] 习仲勋后来回忆说:"贪污10块大洋就要枪毙,现在看起来这处分未免太重,但那时因为刘志丹了解群众的心情,才制定了严格的法规,以警戒自己的同志。而且那时的10元也是一个不小的数目。有了这条法令,在干部中确实没有发生过贪污事件。对干部,特别是负责干部,要求更严格,犯了纪律,犯了严重的错误,都要处分。"[2]

1932年4月到1934年3月,中央苏区先后查处了5起"小官巨腐",同时处理了一批其他贪腐案件。瑞金县政府财政部会计科科长唐仁达、瑞金县政府干部谢步陞、胜利县政府主席钟铁青等9名贪腐分子,均被处以

---

[1] 习仲勋:《难忘的教诲》,《人民日报》1993年10月24日。
[2] 习仲勋:《群众领袖—民族英雄》,《人民日报》1979年10月16日。

枪决。以铁腕手段惩治腐败，显示了党在基层强力肃贪的决心，震慑了潜在犯罪分子的贼心，赢得了根据地干部群众的人心。

为了将腐败问题扼杀在萌芽状态，基层党组织多项措施并举，以制度化形式进行监察与监督。通过召开民主生活会等方式，在党内开展积极的批评和自我批评，使各种消极腐败思想和行为一露头，就受到党内批评，难以滋生蔓延。倡导群众监督，苏区政府在各国家机关、企业、工厂、作坊、矿山、学校、社会团体、街道、村落中建立不脱产的工农通讯员队伍，组成"突击队""轻骑队"进行明察暗访、突击检查，以充分发挥群众监督对反腐倡廉的促进作用。鼓励媒体监督，中央苏区从中央到地方各级党政机关、群众团体都办有报纸刊物，党十分重视并充分发挥这些大众传播媒体在反腐倡廉方面的舆论监督作用。《红色中华》自1932年3月起开辟有"突击队"专栏，《青年实话》开设"轻骑队"专栏，专门揭露各级党政机关和工作人员中的官僚主义、贪污浪费等消极腐败现象。苏区各类传播媒体的舆论监督，得到了党和政府的支持与保护，并受到了党的领袖的高度评价。[1]

4. 发动群众中的积极分子，动员广大群众的革命积极性

中国传统文化中存在着轻视劳动和劳动人民的糟粕思想。要深入群众、唤醒群众、发动群众，就必须打破传统思维，破除陈旧的思维定式。党领导的抗日政权建立之后，在生产运动和政治动员过程中涌现出不少劳动积极分子，各级党组织顺势着手在运动中树立先进典型，"并凭借这批骨干去提高中间分子，争取落后分子，不断地提拔在斗争中产生的积极分子，来替换原有骨干中相形见绌的分子，或腐化分子"。[2] 他们熟悉本地人的语言和生活习惯，容易亲近他们，而且这些本乡本土的积极分子参加革命工作更易博取农民的信任，能够起到很好的带头示范作用。

开展根据地基层治理，还必须依靠基层群众组织。关于群众力量之大，毛泽东曾经形容道："真正的铜墙铁壁是什么？是群众，是千百万真心实意地拥护革命的群众。这是真正的铜墙铁壁，什么力量也打不破的，

---

[1] 余伯流、凌步机：《中国共产党苏区执政的历史经验》，中共党史出版社2010年版，第272—279页。
[2] 《毛泽东选集》第三卷，人民出版社1991年版，第898页。

完全打不破的。"① 然而在犹如一盘散沙的旧中国，群众的力量没有经过群众组织，特别是党领导下的群众组织的凝聚，是起不到支援革命的进步作用的。为此，党在局部执政地区，大力开展群众运动，建立了大量群众组织，如青年团、妇女联合会、代耕队等，将根据地的男女老少编入其中，将群众团结为真正的"铜墙铁壁"。

5. 革命是为群众谋福利，牢牢把握民生这个根本

关注民生，牢牢把握住民生这个根本，切实解决群众的生产和生活的问题，是党在局部执政时期获得群众拥护的根本经验。毛泽东认为，"要得到群众的拥护吗？要群众拿出他们的全力放到战线上去吗？那么，就得关心群众的痛痒……盐的问题，米的问题，房子的问题，衣的问题，生小孩子的问题，解决群众的一切问题"。② 根据地的基层党组织，始终坚持全心全意为人民服务，忠实履行了这一使命。各根据地纷纷制定经济发展的方针政策，通过开展土地革命、大生产运动、减租减息等形式，这些政策回应了当时群众最迫切的生活需求，也使群众深刻感受到中国共产党是以民为本，真正能够带给他们幸福生活的力量。

6. 小结

中华人民共和国成立前，中国共产党在局部地区执政时主要以农村地区为活动范围，斗争环境复杂，为了生存发展必须发动和依靠基层群众，尽管如此，全党上下一心，抓住中国社会的主要矛盾和农村地区的主要问题，找到了一条具有中国特色的农村包围城市的革命道路，而不是被国民党主要占据的城市反包围。历史证明，共产党在革命根据地的执政时期，坚持为人民服务的根本宗旨，扎实做好基层社会治理，这是中国革命能够凝聚力量，不断前进的重要保证，也是治理中华人民共和国的伟大预演。通过国共两党在民主革命时期基层组织建设的对比分析，可以看出，能不能在基层牢牢扎下根，关系到群众基础、民心向背，最终在很大程度上决定了革命事业的成败。共产党之所以能够夺取政权，靠的就是深耕基层、扎根基层。国民党之所以失去政权，归根结底就是失去了基层社会和广大人民群众的支持。

---

① 《毛泽东选集》第一卷，人民出版社 1991 年版，第 39 页。
② 同上书，第 138—139 页。

二 新时代国内其他地区"扎根型"党建经验

在新时代,随着工业化、城镇化的快速推进,原有的政府管理模式和国家—社会关系都在调整变化,这种变革使得传统的党建做法面临着严峻的挑战,基层社会治理的难度不断增大。在基层的治理主体中,党组织既有较为扎实的组织基础和资源调动潜力,又有着优良的传统和宝贵的经验。为了应对基层党建的"悬浮"和基层社会治理的危机,国内一些地区在长期的探索实践中形成了各具特色的党建经验,在实现"扎根型"党建的同时,取得较好的治理效果。本课题组选取了国内三个较为典型的案例予以分析。

1. 罗湖经验:"质量党建"促全面从严治党落实落地

近年来,基层党建模式"粗放化"、部分党组织能力弱化、一些党组织党内生活虚化、少数党员干部先锋模范意识淡化等问题比较突出。针对基层党建存在的普遍问题,罗湖区委从2014年底开始调研,2015年正式出台系列文件,并开始逐步推动"质量党建"的创新实践。

(1) 广覆盖:完善区域化党建体系

罗湖区的区域化党建体系,首先是在空间上的广覆盖。这一体系包含了分别覆盖社区、商务楼宇(园区、街区、行业)、城中村的三个区域化治理体系。形成了83个社区党委、41家商务楼宇联合党组织、12个"同乡村"党组织。进一步加强商业片区和产业园区党组织建设,计划并部署片区发展党员、组织党员参与社会建设、治理等工作,组织献计献策、技术革新、劳动竞赛等活动,构建资源丰富的"红色人脉网络"。

其次,重点解决不同类型群体的党员管理和服务问题。强化高层楼宇党建,重点加强了高层商务楼宇党建工作,41家20层以上的商务楼宇(园区)全部建立楼宇联合党组织,覆盖2000余家规模以上企业、管理近6000名白领党员。促进"同乡村"党支部转型发展,在湖南攸县(东湖)、江西新余(南湖)等12个"同乡村"流动党支部自我管理、自我服务的基础上,逐步向"党员义工+社工机构"方式转型发展,通过组建社工机构联系服务农民工群体的党建布局,管理党员600名,辐射近20万名外来务工群体。

(2) 制度化：建立社区党委主导的多元共治模式

根据罗湖区委统一部署，各社区党委通过筹建社区议事会，发挥统筹党群资源、整合社区组织、协调利益关系的作用，人大代表、党代表、驻区单位、企业、楼栋长、居民，都被发动起来并参与进来。坚持规则先行、培训优先，引进国内顶级专家团队，共同研究制定每个阶段的任务、程序和规则，制定了"罗湖议事10条"，对居民代表进行培训指导和情境演练，实现了社区居民按照规则提出项目、制定方案、公开辩论、民主表决并跟踪监督。强化了以社区党委为核心，社区居委会、工作站和党群服务中心各司其职的"四位一体"社区核心治理结构，以及以"两代表一委员"、第一书记、挂点机关干部、社区组织等为代表的社区治理外围辅助结构，实现社区"协商共治、共建共享"。

构建党建业务标准化体系。对于机关、社区、非公有制经济组织和社会组织、"同乡村"、集体股份公司等五类基层党组织，分别制定党建业务清单，建立集业务指引、质量标准、绩效考核"三位一体"的基层党组织质量评定管理体系，分领域开展党组织的A、B、C、D质量等级评定，实现基层党组织分类定级、晋位升级、一年一评、动态管理的长效机制。编印发展党员、组织关系接转、党费收缴、"三会一课"等18项具体党建业务工作程序，为基层党组织提供详细的业务指导。

(3) 抓落实：建立责任机制，强化干部队伍

针对部分社区党组织软弱涣散的情况，罗湖区实施精准整顿计划。全区软弱涣散社区党组织，全部由区委常委包点整顿，选派机关科级以上干部担任软弱涣散社区"第一书记"直接负责整顿，建立选优配强党务干部机制。2015年重点选配8名干部担任区属党（工）委书记、副书记和组织委员。在机关事业单位、群团组织中明确1名班子成员，已成立党委的中小学校明确1名专职副书记，给予行政副职领导待遇，具体负责党委日常工作，加强对机关党员、群团组织党员的管理和服务。全区83个社区党委全部标配社区党委书记、专职副书记和专职组织员。

从2015年开始，罗湖区委和区属基层党（工）委、各基层党（工）委和下一级党组织逐级签订基层党建工作责任状，强化各级党组织和党组织书记推进党建的责任。通过党建质量效果"双向考核评议"体系。一方面，建立区委常委会向区党代会述职、区属党（工）委书记向区委常委会述职、区属党（工）委组织委员（分管副书记）向区委组织部部务

会述职、基层党组织书记向所属党（工）委述职的四级述职评议制度，实现"上对下"的评议。另一方面，组织"两代表一委员"、社区党员干部、居民群众代表等基层社会力量对区属党（工）委实现"下对上"的评议，分别按照区委常委会、组织部部务会和社会考评组40：40：20的权重确定区属党（工）委的党建绩效。

（4）小结

罗湖区的"质量党建"从制度上推动了基层党组织的工作进程，有效提升了基层党组织在市场化改革中的凝聚力和社会责任引领作用。密切了党群干群关系，扎实开展的驻点普遍直接联系群众工作，整合了全区党政资源沉入社区，真正能够解决群众的实际问题。通过多元共治体制机制的创新，初步建立了社区党委主导的多元共治模式，提升了党组织服务群众的能力。

2. 宁波经验：以基层党建引领社会治理

十八届三中全会提出要创新基层党建工作，健全党的基层组织体系，充分发挥基层党组织的战斗堡垒作用，引导党员积极投身改革事业。宁波市在地方治理改革创新过程中先行一步，在提高党的执政能力和执政水平上进行了卓有成效的探索和实践。

（1）坚持密切联系群众，建立协商共治制度

宁波市委高度重视建立直接联系服务群众长效机制，在总结宁波多年实践和探索的基础上，出台了相关文件，积极把成功的做法经验化，把好的经验制度化，把制度措施刚性化。经过多年的实践和探索，宁波市涌现出了许多党员干部直接联系服务群众的好经验和好制度。海曙区通过"双带双联"机制，建立了协商共治制度，开创了"社会化、服务型"基层党建工作，创新了党的领导方式，加强和改善了党的领导，有效实现了党组织总揽全局、协调各方的领导核心作用。海曙区采取"服务项目+区级领导+机关团队+基层团队"的运作模式，推进以"区级党员领导干部带头，机关党员干部带队，联系指导基层服务团队，联系服务基层群众"为主要内容的"双带双联"活动。海曙区28名区级党员领导干部与53个机关团队和193个街道、社区、商圈、"两新"组织等基层团队结对联系，把党、政府、基层社会组织、市场组织和居民结合起来，形成了合作共治的合力，通过为社会和居民提供服务把党的领导扎根于基层社会和民间，加强了基层服务型党组织建设。

(2) 党建区域化：凝聚全区力量引领发展

为了打破基层党组织各自为战的分割状态，提升基层党组织政治整合和政治动员能力，宁波市在全市探索并推广区域性党组织、区域公共服务中心、区域协商议事组织"三位一体"的区域化党建工作模式。通过建立"区域统筹全面覆盖"的基层党组织体系、"区域联动集约共享"的基层公共服务体系和"区域共建民主开放"的协商议事组织体系，基层党组织的触角延伸到了社会各领域，基层党建工作覆盖了全区域。宁波市先后探索形成了园区统筹、街区统筹、片区统筹等10种符合实际、具有特色、有效管用的区域化党组织设置模式。通过区域党员服务中心按照"突出重点、全面覆盖、形成网络"的思路，已构建了"纵向到底、横向到边"的网络格局。通过组建区域协商议事组织，定期共商区域重大事务，调处区域各类矛盾，共抓党建、共谋发展、共促和谐，让区域内每个成员、组织和群体都能通过制度化的安排参与基层社会管理。

(3) 党建制度化：建立党员评价激励指标体系

为了通过制度建设来强化党的战斗堡垒作用，宁波市委建立了以"锋领指数"为核心的党员评价激励体系，引领基层党员积极发挥模范带头作用，激活了基层党员为民众服务的积极性。锋领考评将党员行为指标划分为网上组织生活、参加志愿服务、认领微心愿、刷卡签到记录、在线交纳党费、正向加分、负向扣分等7个指标，通过实时加减分形成"锋领指数"，从而全程记录党员组织活动轨迹。锋领积分在年末折算系数后定性区分为"锋领、合格、警示、不合格"4个等级，并自动生成年度综合评价报告，报告将纳入党员个人档案，作为今后党员评优评先和批评处分的依据。根据宁波市委组织部的统一要求，宁波市各级政府机关大多制定了相应的"锋领指数"考评管理办法。宁波的实验不仅促使党员在关键时刻能够站出来，亮明身份，而且加强了基层党员的服务意识，重塑了党组织的公信力和领导力。

(4) 运用互联网和移动互联网技术，实现党建工作的现代化和智能化

宁波市积极适应信息技术的发展，利用互联网和移动互联网技术，建立党建工作信息平台，实现了党建工作的现代化和智能化。比如，宁波市海曙区通过"锋领e家"智慧管理平台，对党员发展、党费交纳、关系接转、民主评议等党务工作进行流程再造，通过网上审批、权限管理、时

效监测等技术手段,重构党务管理样板。党员个人也可以通过电脑和手机登陆"锋领 e 家"系统,实时查看自己的"锋领指数"积分和在支部中的排名。全区每一位党员都有自己专属的锋领智码(二维码),依托同步开发的手机 App 进行身份认证和活动记录,实现党内生活移动追踪,形成激励和监督压力。

(5) 小结

宁波市各级党组织通过制度创新和技术创新,加强组织建设和功能转变,在组织上,通过协商共治制度,扩大党组织的覆盖面,通过运用移动互联网等技术,加强绩效考核,激活各级党组织。通过为党员和民众提供服务来转变党的工作重心,重塑党组织的公信力、领导力和亲和力,在推动社会经济发展、服务群众、凝聚人心、促进和谐中发挥了重要作用。

3. 嘉兴经验:以党员志愿者服务为载体打通联系服务群众的"最后一公里"

为打造服务型基层党组织,充分发挥党员志愿者联系服务群众、团结凝聚人心的作用,嘉兴市组织和引导有能力、有特长的党员参与志愿服务活动,让党员在志愿服务中践行群众路线。让"群众所需有人帮、党员奉献有其岗",实现服务群众"零距离",打通联系服务群众的"最后一公里"。

(1) 网格化:搭建党员志愿服务组织构架

一是从区域全覆盖、纵向插到底的目的出发,嘉兴市按照区域和行业划分,在市本级和5个县(市)建立6个党员志愿服务总站,下设73个镇(街道)分站,村(社区)根据区域划分责任网格,实现了纵向到底的党员志愿服务组织架构。二是横向专业组队,破除党员组织关系和服务区域的局限,按志愿者的专业特长,以市县两级职能部门牵头组建医疗安康、法律咨询、节能环保、治污治水、金融保险等212支专业服务队。如嘉兴电力"红船服务队"采取"永不落幕"的24小时全天候服务,在群众中赢得了良好的口碑。同时,以一技之长的"明星"党员个人命名,领衔建立318个专业服务工作室。三是面上按需布点。对接需求和供给,在景区、火车站等人流聚集地和规模较大的社区建立了40个"红立方"党员志愿服务驿站,由所在地的党员志愿服务分站安排党员志愿者进行轮值,提供志愿者招募、民生诉求登记及各类便民服务。每个"红立方"还结合实际需求推出了特色服务,如外籍人士较多的穆河社区推出了翻译服务，极大方便了在此居住的外国友人。

（2）规范化：健全党员志愿服务管理机制

规范化是志愿服务顺利开展的重要保证，也是志愿服务长期健康运行的重要保障。为此，嘉兴市通过多项制度建设，实现党员志愿服务管理规范化。一是公开服务承诺。推行服务承诺，党员志愿者接到派单后，统一佩戴"96345"党员志愿者服务证，使用志愿服务LOGO，承诺在15分钟内到达，服务过程不接受求助者的吃请和赠礼，仅收取材料成本费用，服务完成后请被服务对象填写服务意见反馈单，由总站进行电话回访，全程接受群众监督。二是强化教育培训。出台《96345党员志愿者培训制度》，整合各类高校、社会培训机构、专业社工组织等资源，强化志愿者岗前培训、专业培训和骨干培训三个环节，递进式提高志愿者素质。三是注重激励保障。创建"时间银行"，实施"服务积分卡"制度，将党员志愿者的服务时间记录在册，可兑现生活用品、家政服务或者将积分转赠给结对帮扶对象，有效形成了"奉献—积分—激励—奉献"良性循环机制。同时，与保险公司合作，为注册党员志愿者提供人身意外伤害保险。

（3）常态化：长期坚持密切联系群众

十余年来，党员志愿服务作为"服务社会奉献岗"的主要途径，嘉兴市始终秉承集中推进、长期坚持的原则，在党员志愿者的带动下，使志愿服务走进千家万户，并吸引着更多党员、群众加入志愿服务队列，依靠的是党员志愿服务平台的建立巩固，志愿者队伍的丰富拓展和各项工作制度、服务机制的不断健全。平台与机制的相互作用，让志愿服务工作真正落到实处。

根据群众的实际需求和社会发展的趋势，服务中心整合24小时电话服务热线，开发网络求助、短信求助等方式，丰富完善服务内容，创新活动载体，在服务群众中赢得好口碑，树立品牌影响力。同时，采取严把准入与竞争择优、低偿服务与无偿奉献相结合的加盟企业制度，为居民"量身打造"优质的服务，推动了中心社会效益和企业经济效益双赢。

（4）小结

嘉兴市的党员志愿服务模式，契合了社会结构的深刻变化，把不同层级和不同领域的党员有效组织起来，形成了联系服务群众的"规模效应"。通过基层治理的方式方法，鼓励多元主体参与社会治理，推进了基层治理体系和治理能力现代化。在信息化迅猛发展背景下，以更加简便灵活的方式把党员和群众紧密联系在一起，紧扣新形势下党的基层组织建设的功能定位，体现了执政为民的价值取向。

三 新加坡人民行动党基层党组织建设经验

1. 人民行动党的政党制度特征

人民行动党自身的制度设计，实现了对党内力量的有效整合，保证了执政党的团结统一。从该党的发展历史来看，人民行动党的党内集权机制正是在应对党内分裂中设立的。

早在独立以前，人民行动党内的以林清祥为首的"人民派"已把持了党的控制权，以李光耀为首的"行动派"借助当时劳工阵线政府对共产党人的抓捕行动，才重获党内的控制权。面对"人民派"的夺权压力，李光耀牵头修订党章，改革党内的组织结构，将党员身份划分为4类，即预备党员、普通党员、预备干部党员和正式干部。其中只有干部党员有资格参加中央执行委员会选举，而干部党员的身份则由一个选拔委员会决定，这个选拔委员会全部由党内温和的"行动派"担任。从质量上看，干部党员的要求和选择非常严格，必须有"献身精神、崇高的品格、过人的才能、说服民众的能力"[1]。从数量上看，大约只有10%的党员能够晋升为干部党员，而只有干部党员才有资格选举中央执行委员会成员。1982年，人民行动党党章对于党员的结构做了进一步规定。在这一规定中，人民行动党原有的四种党员构成被分为两类，分别是普通党员和干部党员，干部党员在全部党员中的比例依然维持在10%左右。[2]

党员的分层式管理是人民行动党党员管理上的一大特色。"这种分层的党员结构既保证了中央集权，又使得行动党没有脱离群众，与群众保持密切联系，精英治国与基层民主的结合是人民行动党获得长期执政权的关键因素。"[3] 人民行动党实行精英路线，通过党内的竞争性选拔培养出可

---

[1] 《李光耀回忆录：1965—2000》，新加坡联合早报出版社2000年版，第739页。

[2] 马卿：《一党独大政党体制与有限政治竞争新加坡政治模式分析》，博士学位论文，中共中央党校出版社2015年版。

[3] 张冬冬：《分层的党员结构与邀请制——新加坡人民行动党党员制度及其借鉴意义》，《云南行政学院学报》2014年第3期。

靠的政治人才，同时避免了庞大的官僚机构和文山会海，有利于保持执政党的活力。

2. "多层次、广覆盖"的联系群众制度

人民行动党的基本信念是："心系群众，关怀草根"，注重了解民情、参与民生、反映民意、争取民心、关怀民需。塞缪尔·亨廷顿认为，"处于现代化之中的政治体系，其稳定取决于其政党的力量，而政党强大与否又要视其制度化群众支持的情况，其力量正好反映了这种支持的规模及制度化的程度"。[①] 人民行动党自执政以来，就注重加强与基层民众的联系，正如节水灌溉技术所要求的，人民行动党致力于全面整合基层社会，精准锁定和满足群众的基本需求，这一整合借助于议员联系群众制度、人民行动党的基层支部和人民行动党所掌握的社会基层组织来实现。

（1）议员定期深入联系群众

新加坡议员作为执政党的精英，同时也是各自选区的领袖，无论是出于政治家的品格要求，还是面临选举的压力，都需要密切地联系选民，帮助群众解决实际问题。议员"接待日"制度起源于英国，要求党的所有议员包括总理和部长在内，每周听取并协助各自选区的选民解决实际问题。该制度详尽规定了议员每周需要接见选民的次数、接见的时间安排、接见的相关程序规定等，明确的制度规定能够敦促议员更好地履行自己的职责。议员接待群众，听取群众诉求，一般小事由议员调解，更多情况下由议员指导，走法律途径去解决。群众的诉求解决有困难的话，则由议员或陪同的党支部人员转给政府部门，完善的制度保障规定了政府部门在接收到议员的信件时必须进行回复，防止制度的空转。

事实证明，这种制度安排能够最大化体现制度设立的初衷，充分释放党和议员的善意。新加坡议员"接待日"制度的设计非常人性化，"通常的接见安排都放在晚上七点之后，持续到深夜才结束，这样便于选民下班后也有机会表达诉求。同时，接待时也往往安排有义工来方便不同语言等文化群体的需要。"[②] 一般而言，新加坡的议员在自己的选区内有两万人

[①] [美] 塞缪尔·P. 亨廷顿：《变化社会中的政治秩序》，王冠华、刘为等译，三联书店1989年版，第377页。

[②] 参阅马卿《一党独大政党体制与有限政治竞争新加坡政治模式分析》，博士学位论文，中共中央党校出版社2015年版。

到三万人需要接待，每次接待少则数十人，多则数百人。这么辛苦的接待工作必须做好，这是因为，相对于大国，在"小国寡民"的新加坡，一人一票对选举的结果都能产生很大影响。当然，新加坡"小国寡民"的客观特性更便于议员和群众的交流，也使得广泛的议员接访具有实际可操作性。

除了定期接见选民，议员还必须依法定期拜访选区选民。新加坡的法律规定，议员在五年的任期内必须完成两次选民家庭访问。这种深入接触能够保证议员密切联系选民，了解民众在就业、住房、医疗和教育等涉及切身利益的领域所遇到的问题，听取群众对国家大政方针政策的意见和建议。人民行动党议员坦诚、走访民众、接见民众的做法，有着明显的群众路线烙印。在为民众解决实际问题的过程中，人民行动党以执政资源为后盾，展现了人民行动党的行动力，扩大了党的影响力，增强了群众对于人民行动党的信任和支持。因此，议员联系群众制度是人民行动党取得选民广泛支持，长期保持一党执政地位的重要制度。

（2）基层党支部高效运作，辅助议员联系群众

支部是人民行动党的基层组织，人民行动党以选举为导向，在87个选区分别设立一个党支部。基层党支部以"为人民而行动"为宗旨，主要的工作就是协助议员联系群众，帮助群众排忧解难。人民行动党议员会见民众的地点就在其选区的党支部所在地，基层支部的领袖安排基层党员和义工布置接见场所、准备茶水、招呼民众、为求助者登记、录入、摘要分类，协助议员拿出处理建议。人民行动党的基层支部多设在选区一座组屋底层的一间外观简朴的屋子里，内部服务设施比较人性化，活动现场设集体会谈室、单独会谈室、来访候谈室等，每间房间都备有水、杯子、纸和笔等物品，以方便民众说事办事。此外人民行动党基层支部还要协助议员走访选区，协助制定议员走访计划，提前踩点、安排路线，帮助议员高效完成既定走访任务。

（3）通过社会基层组织发挥特殊治理作用

人民行动党虽然长期执政，但是由于反对党的苛刻监督，很少直接使用国家财政资源，而是通过设立并主导各式各样的基层组织，来和人民建立积极联系，以获得民众的支持，实现对基层社会的政党治理。人民行动党主导下的基层组织约有1800个，志愿者和基层组织工作者超过2.5万名，其中比较著名的主要包括公民咨询委员会、民众联络所、居民委员会

等，这些组织统一由人民协会协调领导。

人民协会是新加坡的法定机构，其最高领导机构为董事会，由新加坡总理等 15 人组成，总理是人民协会的主席。人民协会是新加坡独具特色的社会组织，人民协会表面上属于政府组织，由于新加坡特殊的党政关系，人民协会实际上由人民行动党掌控。根据《人民协会章程》规定，人民协会董事部主席或副主席可以委任一位或多位社会基层组织委员会顾问，而被委任的顾问多是党的国会议员或者是人民行动党退休的高级官员。以人民协会为代表的官方社会组织，在社区建设中能够获得政府的大量资助，"约 90% 的基础设施建设费用和 50% 的日常运作费用由政府负担"。① 人民行动党、人民协会和基层组织之间密切关联，早期由民众自发建立的基层组织逐渐政治化、政党化，成为人民行动党执政的有力助手。

为了把基层组织制度化，李光耀又主持成立了选区公民咨询委员会和民众联络所管理委员会等基层组织。公民咨询委员会的设立，源于党的领袖在社区活动时，党的基层干部组织了欢迎委员会来负责接待工作，帮助议员接待群众。"李光耀等领导人感到这是一种与群众取得联系获得群众支持的有效形式，就决定建立一个永久性的正式组织来做这项工作。"② 类似这样的组织设置和活动开展非常全面，主要从事一些常规的社区服务事务，如经营老人乐龄中心、组织文娱演出和儿童音乐绘画班等。人民协会协助党在基层组织举办各种活动，"润物细无声"地走进民众生活。这些和民众切身利益紧密相关的小事，能够为人民行动党真正走进基层民众，融入民众的生活提供多种平台。

3. 基层党组织的管理运作机制

（1）注意吸纳和培养高质量的管理团队

对任何政治组织而言，培养和任用高质量的政治精英人才的重要性不言而喻。新加坡人民行动党奉行的是精英治国原则，这一原则确保了对于个体的回报是基于个人的能力和努力，而不是基于裙带关系、民族、阶级或其他因素。在精英治国理念的指引下，人民行动党坚持任人唯贤，在党

---

① 王芳、李路曲：《新加坡社会基层组织建设的经验》，《理论探索》2005 年第 2 期。
② 张春阳：《新加坡基层组织：政府与人民之间的缓冲力量》，民主与建设出版社 2015 年版，第 13 页。

内外广泛选拔精英，许多出身平凡的普通人不受党派、民族、资历的限制，通过自己的努力成为高级党政官员。此外，党内的分层管理和严格筛选，也能够保证党的人才供给。

除了对高级知识分子的选用，人民行动党更注重对社区基层领袖的培养和选拔。李光耀认为，党必须依靠有献身精神、正直能干的社区领袖，才能实现长期执政。作为人民协会主席，他为民众联络所确立的宗旨就是"普及康乐活动，发掘、培养和训练基层领袖，为社区服务"。[①] 联络所所长必须能够承担多种角色：婚姻顾问、写信人、调解员、法律顾问、翻译员、职业介绍员等，有时甚至要有技巧地同当地的会党人员建立关系。为了帮助基层领袖成长，人民行动党还制订定期培训计划，人民协会下设有社区领袖培训学院，经常安排一些社区领袖培训课程。此外，政府会根据其服务年限的不同分别授予"国庆总统奖章""公共服务奖章"等荣誉称号，对基层领袖进行表彰和激励。

（2）高压反腐，严防"跑冒滴漏"

腐败是影响政权稳定的重要原因，贪污腐败现象几乎与人类社会如影随形，难以根治。历史上，新加坡也曾贪腐盛行，行贿受贿如同生活方式一样普遍。人民行动党执政以来，始终保持着高压反腐态势，探索出一条具有新加坡特色的廉政建设之路。李光耀严肃警告党内"贪污腐化曾是殖民当局的痼疾，如果我们失职，或是变得贪污腐化，就同样会被人民唾弃"。[②] 1959年6月，李光耀带领同僚宣誓就职时，要求一律穿白色衬衫和长裤，代表着党对廉洁公正这一价值的追求。因此，强烈的危机感使得全党上下一心、勠力反腐，不敢有丝毫懈怠。新加坡的《防止贪污法》颇为严苛，贪污定罪没有最低门槛，对官员的不明收入实行有罪推定、自证合法，惩罚之严厉称得上不近人情。

表 3-4-1　　　　　　　　　新加坡清廉指数世界排名

年份	排名	年份	排名
2005	5＼＼168	2011	5＼＼168

[①] 张春阳：《新加坡基层组织：政府与人民之间的缓冲力量》，民主与建设出版社2015年版，第42页。

[②] 国防大学课题组：《新加坡发展之路》，国防大学出版社2016年版，第104页

续表

年份	排名	年份	排名
2006	5\ \ 168	2012	5\ \ 168
2007	4\ \ 168	2013	5\ \ 168
2008	4\ \ 168	2014	7\ \ 168
2009	3\ \ 168	2015	8\ \ 168
2010	1\ \ 168		

资料来源：www.transparency.org。

（3）根据执政环境变化，主动创新治理方式

冷战结束以后，新加坡面临着国家战略的转型，特别是新经济时代的来临，新社会阶层的出现和社会结构的变化，随着科技进步和资讯特别是网络技术的发展，人们的传统价值观念和生活环境发生了巨大变化。人民行动党紧跟时代步伐，主动调整完善执政方式，以更生动的执政形象展现给选民。

全国对话是新加坡特色的征集民意方式，其形式和内容与时俱进。例如，借助官方网站等网络媒体来吸引年青一代的参与。此外，考虑到人口的迁移和流动，为了照顾更广范围内的新加坡民众，全国对话还设置了域外对话会，例如"我们的新加坡"全国对话在2012年11月的22、23日两天分别在北京和上海举办，与在海外的新加坡人进行对话，倾听他们的关切与意愿。在内容上，全国对话也尽可能地照顾不同领域、不同语言文化群体的利益。

4. 小结

新加坡独立以来，人民行动党长期执政，政局稳定、政绩突出。人民行动党对基层治理的重要性一直保持清醒认识，并采取了富有远见的基层治理政策。将有限的政党资源，最大效率地输送到每个居民，全程实行高效管理，防止资源的无谓损耗，使基层社会长期保持对人民行动党的支持和服从。基层社会的安定有序，保证了新加坡各个方面的快速协调发展，这是新加坡奇迹得以实现的重要保障。

四 思考与启示

政党作为现代政治的产物，其本质在于在国家与社会之间架起连通的

桥梁。政党的组织建设只有真正扎根于基层社会之中，才能不断提高其服务功能的质量，将政党的影响力和动员能力持续显现出来。本章节不仅展现了民主革命时期国共两党在基层组织方面的迥异做法，也概括了在现代化转型过程中国内"扎根型"党建的创新探索，更引介了在选举制度下长期一党执政的新加坡人民行动党的宝贵经验。基于以上的案例分析，可以总结出政党在基层组织建设中如何扎根社会、密切联系群众的经验和教训。

第一，"扎根型"党建要回归政党的社会属性。政党既具有阶级属性，也具有社会属性，在新的历史条件下，执政党的执政基础首先在于其阶级基础，同时，也在于其广泛的社会基础。所谓回归政党的社会属性，就是在坚持党的阶级领导的前提下，最大程度密切联系群众，回应群众的切实需求、保障群众畅通的参与渠道，同时充分利用政党所拥有的公共权力和政治资源来为社会各群体提供帮助与支持。尽管新加坡人民行动党是在西方式的选举制度下开展活动，但其政治性与社会性的良性互动却使得该党保有广泛的代表性。

第二，"扎根型"党建是与从严治党紧密联合在一起。严肃党内政治生活，明确党内政治规则，才能维持政党的团结一致、拒腐防变并与时俱进。在民主革命时期，国民党的基层组织"悬浮"化除了主观上的战略失误，还与党内贪腐、派系斗争密切相关。相比之下，共产党便是依靠其严明的纪律真正地赢得了民众的认同与拥护。政党强有力的基层组织和动员依赖于严明的纪律、牢固的大局观念和全局意识。只有周密的制度设计、科学合理的权力监督机制以及牢固的理论学习和思想治理，才能实现全面从严治党。

第三，"扎根型"党建要扩大党组织的有效覆盖范围。随着社会分工的精细化与市场经济的成熟，很多形式各异的社会组织游离于党组织，这就要改革创新组织建设方式，进一步加大非公企业和社会组织党组织建设力度；要在"消灭空白点、扩大覆盖面"的基础上，形成"扩大联系面，构建同心圆"的新战略[1]，提高党组织覆盖的有效性。党建不是独立封闭的业务领域，而是可以搭载众多社会治理内容的政治领导平台。革命时期

---

[1] 林尚立：《民间组织的政治意义：社会建构方式转型与执政逻辑调整》，《云南行政学院学报》2007年第1期。

共产党依靠基层党组织发动打土豪、分田地等关系民生的革命；现代化建设时期，基层党建的内容更为丰富。例如，宁波依靠党建平台为工业园区企业排忧解难，服务地方经济发展的大局；嘉兴打造出服务群众、服务社会的党员志愿者团队，增强了党组织的存在感和影响力。只有契合现实需求的服务才能真正提升组织覆盖的有效性。

第四，着力培养专职化党建工作者，持续吸纳优秀人才是"扎根型"党建的重要保障。基层党组织的建设核心就是"人"。要做好群众工作，前提基础就是需要依靠优秀的人才去开拓创新党建局面、赢得民众的信任。同时，基层党建工作也是吸纳人才和锻炼人才的重要空间。在"扎根型"党组织的建设中，首先要设立不同层次的人才培养目标，大力吸收和培养多样化、多层次的人才，给予适当的待遇和成长空间；其次要设置良好的培训体制和成长体制，积极鼓励人才成长，并根据人才特点有针对性地开展培训，让党建工作者在不断强化培训和学习中稳步提高自身的业务能力和综合素质，从而更好地服务基层群众，增强党的执政基础。

第五章 顺义区深化推进"扎根型"党建的对策建议

十八届三中全会《关于全面深化改革若干重大问题决定》指出："创新基层党建工作，健全党的基层组织体系，充分发挥基层党组织的战斗堡垒作用，引导广大党员积极投身改革事业，发扬'钉钉子'精神，抓铁有痕、踏石留印，为全面深化改革作出积极贡献。"作为党的肌体的有机组成部分，各级党组织在实践中如何体现党的领导，如何将党的领导落到实处？在顺义，党的领导集中体现为通过"扎根型"党建，形成人往基层走、钱往基层投、政策往基层倾斜的执政资源下沉机制，使人民群众得到实惠，充分调动和有效发挥各级党组织和广大党员的积极性、主动性、创造性，把党的主张变成人民群众的自觉行动，夯实党的执政基础，推动顺义经济社会各项事业稳步发展。在长期实践探索中，顺义区形成了"抓党的建设"的总体思路，在此基础上探索出了一条"扎根型"党建的发展路子。课题组分析和总结了顺义党建的宝贵实践启示，同时，基于顺义党建现状的评估，提出了深化推进"扎根型"党建的对策建议。

一 顺义"扎根型"党建的基本经验

近年来，顺义沿着"扎根"思路抓党的建设，对准"扎根"的要求和目标抓基层党建，不仅成功地实现了从"悬浮型"到"扎根型"党建的转型，还在社会治理的意义上，初步实现了新时期基层社会的再组织化。除了"扎根"理念的树立外，在如何实现"扎根"的具体路径和方法上，顺义区也开拓思路，形成了一系列有成效、有体系的做法，为新型城镇化过程中的城镇地区党的建设和经济社会发展提供了良好的借鉴。概括起来，顺义区的"扎根型"党建有以下基本体会和经验。

1. 防止党建工作与业务工作"两张皮"

党建工作应围绕中心、服务大局，与业务工作相辅相成，这是做好党建工作的重要遵循。顺义区始终坚持将业务工作与党建工作有机统一起来，通过提高党建工作专业化水平，进而提高党建工作科学化水平；通过培养基层党务工作者专职化队伍，增强党务工作者专业化能力；通过建立健全党建工作考评机制，调动广大党员干部干事创业的积极性、主动性和创造性，推动业务工作顺利开展。由此，顺义区在充分发挥党的政治引领功能和服务功能的同时，也提升了基层党组织的整体功能并实现基层党组织的扎根。

2. "扎根型"党建与完善基层治理结构密不可分

基层社会治理，必须通过国家权力有效改造基层社会，通过基层治理结构的有效变革，在此基础上构建起长治久安的基层民主治理机制。顺义区通过对基层条块分割管理体制的改革，打破传统的科层化管理体制，破解了党建条块分割的难题。通过统筹条块资源，打通条块分割，初步实现资源共享，在很大程度上解决了基层权责不平衡问题，防止了"慵懒散浮脱"等现象的出现。它所取得的基层治理成效充分说明了只有在基层治理的权力产生、权力运行、权力监督以及服务等多个层面形成有效的治理结构，基层治理的基础才能筑得更牢。

3. "扎根型"党建一定要坚持党的群众路线

执政重心向基层下沉，落实群众路线是克服基层党建"悬浮"化、构建"扎根型"党建的主要遵循。顺义区所践行的群众路线是一个上下互动的双轨路线：第一轨是经常性、制度化地搜集民意，真正发挥协商民主机制的作用和党代表联系群众的职能；第二轨是把搜集到的民意，变成决策执行下去，变成切实有力的公共政策，作为对百姓民意的及时反馈。这就将群众路线建设成一个闭合的环形决策过程，将践行群众路线变成了一个常态化机制，将为民服务的意识与要求落到实处。顺义区要求基层党组织力求不仅把好事做好，而且注重把工作做到群众的心坎上，通过扎根型党建让人民群众感受到了基层党组织的工作魄力和工作实效，着力增强了党的执政基础。

4. "扎根型"党建有赖于人民主体作用的充分发挥

党的基层建设根本上是以人民为中心，不仅是以人民满意为目标，强化人民的安全感、获得感和幸福感，还要发挥人民的主体作用，强化其责任感、主体感。实践证明，群众没有参与度就没有满意度，要破除"相信财力权力警力，就不相信群策群力"的落后思维。具体表现为实现群众有序的政治参与，有效引导和推动人民群众行使民主权利，这也是基层民主建设和社会发展的有力助推器。顺义区通过开展协商论坛、强化党代表常任履职、培育基层社会的法治精神和市民文化精神，着力培养基层社会责任感和人民的公共精神。"扎根型"党建，就是要运用改革的思维，创新党建工作的方式方法，更好地实践以人民为中心的发展思想，更好地实现人民群众的民主权利，更好地将党的意志转化为人民群众的自觉行动，把蕴藏在人民群众中的强大力量激发出来，调动人民群众建设美好家园的主体意识，用党和人民的同心圆共筑中国梦。

5. "扎根型"党建离不开现代化建设水平的整体提升

扎根型党建需要靠基层相当水平的现代化物质基础的支撑。顺义区的"扎根型"党建，正是得益于较高的现代化建设为党建工作的顺利开展创造的有利条件。"扎根型"党建要求下沉执政重心，这就要求相应规模的财政资源、人力资源、基础设施、教育医疗条件的保障。例如，便利的基础设施建设，能够立竿见影地提高群众对党执政的认同度，增强获得感和满意度。再比如，成熟的市民文化有赖于公共场所的建设和投入，公园、广场、健身步道等公共设施的建设，成为城市居民培养良好情操和生活情趣不可或缺的物质基础。这些公共设施能够培育广场文化，是我们党扎根基层、深入人民群众的有效载体。此外，网格化、信息化的党建目标，更加依赖移动互联网、微博微信客户端等数字平台的技术保障，否则数字化党建就无从谈起，党的执政基础夯实也无从谈起，建设服务型党组织更是无从谈起。

6. "扎根型"党建要从区域化党建走向网格化党建

顺义区的基层党建通过功能的区分、群体特征的区分以及地域的区分等不同原则对基层党组织的设置方式进行重构，这些实践探索打破了原有物理空间单一的划分方式，落实了服务管理模式的网格化，实现全覆盖的基层党建。目前国内有些地方立足于大数据运用探索城镇社区治理的创新，这也是网格化党建的一种形式，它把物理网格与数据网格重叠起来，基层党组织既可以依赖线下平台，也可以运用线上平台，建立一张真正的智慧党建网。这些宝贵的实践证明，只有通过网格化党建才能走向实现基层治理和基层党建的扁平化，真正实现执政重心和执政资源的下沉，实党深入扎根基层社会和人民群众。只有以网格化党建为引领，才能带动基层社会治理，有效应对基层社会的"原子化"对党领导基层社会治理提出的挑战。

二 顺义区深化"扎根型"党建的思路与对策

顺义区在深入推进"扎根型"党建过程中，巩固了坚持党的领导、加强党的建设、全面从严治党的好势头，积累了宝贵经验，需要倍加珍惜并应该不断发扬。同时，在实践探索过程中，顺义区"扎根型"党建依然面临着一些亟待解决和克服的问题，需要引起高度重视，不断加大工作力度，巩固"扎根型"党建的成果。

从总体思路上看，顺义区的基层党组织建设应该在总结经验的基础上，继续自觉地同以习近平同志为核心的党中央保持高度一致，不断增强政治意识、大局意识、核心意识、看齐意识，努力加强全面从严治党，自觉推动全面从严治党向基层延伸，以"六三"战略为总抓手，着眼于新形势和新实践，用"扎根型"党建的实际效果筑牢顺义各项事业的蓬勃发展之基。

从具体的制度安排和实践运作层面，课题组根据调研观察和体会，结合国内外政党基层组织建设的经验与教训，认为顺义区巩固和深化"扎根型"党建需要克服若干问题，并总结了以下对策建议。

1. 一些基层党员干部抓党建的意识比较薄弱，一定程度上缺乏党员意识，管党治党意识还没有真正落到实处。顺义一些党员干部抓经济发展、抓业务工作能力很强，谈到业务工作头头是道，但对于抓党建、做党务工作就缺乏热情、缺乏能力、缺乏动力，其后果是严重的。正如习近平总书记深刻指出的："如果我们的党弱了，散了，垮了，其他政绩又有什么用呢？"反映在实际工作中，一些党员干部对抓党建干啥、党建抓什么、如何抓党建的问题认识还不到位。

课题组建议：要牢固树立党的意识、党建意识和党员意识。坚决贯彻"抓党建是最大的政绩"要求，加强教育培训，加大工作力度，使基层党员干部应该更加坚定自觉地明确党员这个第一身份，更加牢固地树立党的意识、党建意识和党员意识，并转化为实实在在的行动。

2. 一些党员干部对做经济工作、对经济发展规律很熟悉，但对推动经济社会协调发展、对经济社会协调发展规律较为陌生。在工作中习惯于算经济账、政绩账，忽视算政治账、社会账、民生账，忽视了社会总成本。这集中体现为城镇化过程中有的地方党政领导干部注重眼前物质利益，不做长远打算、没有长远规划、缺乏专业素质，对推动基层治理体系和能力现代化的新形势还不能完全适应；也体现为忽视区域协调发展，不能实现先进发达地区带动落后地区发展起来。

课题组建议：加大对各级干部关于发展理念和促进经济社会协调发展、推动区域协调发展能力等战略问题的教育培训力度，深入宣传贯彻供给侧结构性改革理念，使广大干部增强落实五大发展理念的积极性、专业性和熟练性，使落实五大发展理念真正成为干部的惯性思维、自觉行动和规范动作，提高推动基层治理体系和能力现代化发展的综合素质。

3. 一些行业和部门混淆了党务和业务的关系，看起来时时事事处处都在谈党建、想党建、抓党建，实际上却没有抓好党建。就顺义区来说，在区委层面，坚持以党建为统领开展各项工作的思路和做法是正确的和必要的，符合"党是领导一切的"要求。但是在广大基层，不能把所有工作都冠之以党建的名义，不能用业务工作的成绩替代党建工作的成绩，一汇报党建工作就讲业务工作，变成大而化之、空洞无物地谈党建、想党建、抓党建。

课题组建议：要切实提高党建专业化水平。正确处理基层党务工作和业务工作的关系，把二者统一于加强党的基层组织建设、促进经济社会发展的大局中。同时，坚持党务与业务工作的适度分工，使党务工作具有一定的独立性，通过适度提高党务工作的专业化水平、党务工作者的专职化比例，让专业的人做专业的事，完成党在基层的各项任务。

4. 在基层组织建设中，特别是农村基层组织建设中存在着过度依赖少数能人的现象。办好基层的事，关键在党、关键在人。这里的党指的是党的各级组织，这里的人指的是党的各级领导干部组成的干部队伍，而不是个别人、少数人。加强党的基层组织建设，需要紧紧依靠一个好的领导班子，而不能仅仅依靠这个领导班子中的少数人甚至是一个人。

课题组建议：抓基层党的建设，不能仅仅抓住党组织负责人队伍建设、干部队伍建设和党员队伍建设，同时注意抓好先进分子队伍建设。这些先进分子不一定是党员，但要作为农村基层的后备军，遵循把先进分子先培养成党员、再把先进分子培养成党的干部的思路，在广大基层培养更多的党和人民事业的合格接班人。

5. 一些地区或行业仍然存在着党的建设跟不上经济建设和社会建设发展的步伐、一些基层党建工作领域落后于传统党建工作领域的不平衡现象。顺义区近年来经济社会发展势头迅猛，成果丰硕，但与此相比，党的建设没有完全适应这样一个新形势，具有一定程度的滞后性。同时，一些新兴的基层党建工作领域，比如非公党建、社会组织党建工作领域等，相比于农村社区等传统的基层党建工作领域，基础相对薄弱、工作力度不够。基层党建"存量"领域优势明显，"增量"领域优势不足，基层党建发展不平衡。传统党建要保质量、存量。新党建要抓增量。

课题组建议：保持和提升传统党建工作领域质量，加大非公党建、社会组织党建工作领域工作力度，提升增量。提高工作覆盖面和工作时效性，切实做到社会主义事业发展到哪里，党的建设就跟进到哪里，党组织就建设到哪里，党员就发挥作用在哪里。

附　　录

附录一 "顺义区政府治理体系和能力现代化"调查问卷

（公务员适用）

问卷编号：_____

尊敬的先生/女士：

您好！

为深入贯彻党的十八届三中全会精神，促进政府治理体系和治理能力现代化，区委研究室与北京大学国家治理协同创新中心成立联合课题组，对顺义区政府治理开展研究。为深入了解顺义区政府治理能力现状，我们组织开展本次问卷调查。本次调查采用完全匿名的方式进行，您在填答的过程中不要有任何顾虑。我们将对所有的填答情况严格保密，调查结果仅供研究使用。衷心感谢您的支持与合作！

2014年9月

填答说明：

1. 请在您选择的选项数字上打"√"，或在画线处填上适当内容；如选择"其他"，请在后边的横线上注明具体内容。

2. 如果没有特殊说明，每道题只能选择一个选项。有些题目能够同时选择多个选项，我们会在具体题目后说明，请仔细阅读。

3. 请您独立作答，不必参考他人意见。

一 个人基本情况

1.1 您的年龄是_____岁。

1.2 您的性别是

①男；②女

1.3 您是否顺义本地人

①是；②否

1.4 您所在单位的类别是

①区级机关；②市垂直管理部门；③乡镇；④街道办事处；⑤社区；⑥其他，请注明_____

1.5 您的政治面貌是

①中共党员；②民主党派；③共青团员；④群众

1.6 您的受教育程度是

①初中及以下；②高中（或中专）；③大专；④大学本科；⑤研究生及以上

1.7 您的工作年限是

①5年及其以下；②6—10年；③11—15年；④16—20年；⑤20年以上

1.8 您的行政级别是

①办事员级；②副科级；③正科级；④副处级；⑤正处级；⑥其他，请注明_____

1.9 您在现任行政级别的工作年限是

①3年及其以下；②4—6年；③7—9年；④10—12年；⑤13年以上

1.10 您的月收入大约是

①3000元及其以下；②3001—5000元；③5001—7000元；④7000元以上

二 公务员队伍建设

2.1 您认为顺义区政府为您的日常工作提供的培训或进修机会是

①非常多；②比较多；③一般；④比较少；⑤没有

2.2 您在目前工作中所感受到的压力程度如何？请在适当的位置打√

	压力很大	压力较大	一般	不太有压力	没有压力
（1）日常工作量					
（2）所承担责任					
（3）与领导相处					
（4）职位晋升					
（5）与同事相处					
（6）与工作对象相处					

续表

	压力很大	压力较大	一般	不太有压力	没有压力
（7）家庭负担					
（8）对所承受压力的总体评价					

2.3 下列对工作的描述，请您根据自己的情况在 0—10 之间标注分值（0 分表示最不符合，10 分表示最符合）

	分值（0—10 分）
（1）很喜爱，也很投入工作，对所涉及领域保持高度关注	
（2）乐意完成额外工作、主动加班	
（3）在工作中积极主动提出自己的思路和意见	
（4）随着工龄的增长，我越来越喜欢现在的工作	
（5）如果条件允许，我将会选择转入其他职业	

2.4 您对目前工作的满意程度如何？请在适当的位置打√

	很满意	比较满意	一般	不太满意	不满意
（1）工资收入					
（2）奖金和福利					
（3）领导对您的重视程度					
（4）领导决策的民主化程度					
（5）所学专业与职位的匹配程度					
（6）自身能力与现任职位的匹配程度					
（7）工作中获得的成就感					
（8）晋升的机会					
（9）单位考核					
（10）本单位提供的培训或进修机会					
（11）总体而言，您对目前工作的满意程度					

2.5 如果您对目前的工作很满意或比较满意，请跳过此题，从 3.1 题开始作答。如果您对目前的工作不太满意或很不满意，最主要原因是（限选 2 项）

①工作量大、休息时间少、过度疲劳；②收入过低；③工作缺乏创造性和挑战性；④人际关系过于复杂；⑤职位晋升困难；⑥工作责任过重，

工作权力过小；⑦所学非所用；⑧对社会贡献度小；⑨其他，请注明_____

三 政府治理体制

3.1 您认为顺义区政府在改革过程中，迫切需要解决的主要问题有哪些？（可多项选择）

①社会自治程度低，政府过多参与社会事务管理；②政府干预市场过多；③政府法治化程度较低；④政府公共决策随意性较大；⑤政府办事效率较低；⑥政府机构臃肿；⑦政府运行行政成本过高；⑧条块分割的管理体制；⑨公务员积极性不够；⑩公民参与公共事务管理程度较低；⑪其他，请注明_____

3.2 您认为总体来看，在如下方面，顺义区政府的作用应当如何调整？请在您认为合适的位置打√

	大幅度增加	适当增加	维持不变	适当减少	大幅度减少	不知道
国有企业经营管理						
私有企业经营管理						
事业单位管理						
社会组织管理						
公民个人事务						

3.3 您所在单位在做出涉及与公众相关的重大决策时，最主要采用下列哪些方法？（可多项选择）

①单位主要领导集体讨论决定；②召开听证会或者座谈会；③进行专家论证；④决策程序公开；⑤通过网络等公开征集意见；⑥其他，请注明_____

3.4 您认为顺义区政府最需要加强投入的领域是（限选5项）

①公共安全支出；②教育支出；③科学技术支出；④文化体育与传媒支出；⑤就业支出；⑥社会保险基金支出；⑦医疗卫生支出；⑧环境保护支出；⑨城乡社区事务支出；⑩农林水事务支出；⑪基础设施、公共交通支出；⑫促进经济发展支出；⑬行政经费支出；⑭其他支出

3.5 您认为，区政府与镇政府之间在如下关系方面的理顺程度是？请

在您认为适当的位置打√

	很好	较好	一般	不太好	不好
（1）事权关系					
（2）财权关系					
（3）人事权力关系					

3.6 如果要理顺区政府与镇政府的事权关系，您比较赞成以下哪种改革方案？

①上收镇政府事权，由区政府集中行使；②区政府下放事权，增加镇政府的事权责任；③保持目前的事权管理现状；④不清楚；⑤其他，请注明_____

3.7 您认为要进一步理顺区政府与镇政府的财政关系，下面哪种改革方案比较可取？

①上收镇政府财权，财权重心上移；②区政府下放财权，财权重心下移；③保持目前的财政管理现状；④不清楚；⑤其他，请注明_____

3.8 据了解，顺义区各镇之间的财力存在较大差距，如果区政府采取措施平衡镇与镇之间的财力，您的看法是？

①赞成，这样有利于提高不发达镇的财力，实现财力平衡；②反对，这样会降低发达镇的发展积极性，削弱发展激励；③维持现状，保持各镇之间财力差距；④其他，请注明_____

3.9 您认为目前街道办事处和居委会辖区范围内的企事业单位对街道和社区治理的贡献是？

①很大；②比较大；③一般；④不太大；⑤不大

3.10 您认为在社区治理和建设中，政府与社区的关系应该是？

①完全由政府进行社区治理和建设；②由政府主导，居民和社会组织适当参与；③完全实行社区自治，由居民自我组织进行社区治理；④以社区自发组织为主，政府适当引导

四 政府部门之间的协调性

4.1 您对顺义区政府各部门之间相互协调程度的总体评价是

①非常好；②很好；③中等；④一般；⑤不好；

4.2 您所在的政府部门开展跨部门协调、合作的情况如何？
①经常开展；②有时开展；③很少开展；④没有开展

4.3 您觉得下列现象在政府部门中是否严重？请在适当位置打√

	很严重	比较严重	一般	不太严重	不严重
（1）职能部门之间互相推诿					
（2）部门之间职责交叉重叠					
（3）街道和区政府职能部门之间不协调					
（4）政府部门间信息不共享					

4.4 您认为政府职能部门之间协调合作的主要障碍是（限选3项）

①部门之间争夺主导权力和利益；②部门之间难以达成共识；③部门之间缺少信任；④交流沟通障碍；⑤跨部门合作耗费大量时间和精力；⑥耗费大量财力；⑦缺少合作的政策基础或上级支持；⑧部门之间竞争过于激烈；⑨缺乏激励；⑩其他，请注明_____

4.5 您认为政府职能部门成功开展协调合作的主要因素是（限选3项）

①部门之间拥有共同利益；②部门领导间的良好关系；③财政资源支持；④上级领导行政推动；⑤公务员拥有良好沟通合作能力；⑥社会舆论关注；⑦公众参与和支持；⑧其他，请注明_____

4.6 您认为目前政府部门之间不能实现信息共享的最根本原因是

①保护部门既得利益；②技术方面存在问题；③缺乏共享理念和意识；④宏观管理体制的制约；⑤会出现管理风险；⑥其他，请注明_____

4.7 您认为，要大力推进政府部门之间协调合作，最重要的条件是（请从下面10个选项中选出3项，并按您认为的重要性程度将答案填入下表）

第一重要	第二重要	第三重要

①上级牵头和协调；②部门领导者具备协同理念；③公务员具有协同合作技能；④合理分配部门利益；⑤明晰部门协同合作的职责；⑥强化部

门协调的监督；⑦建立跨部门协同激励机制；⑧营造协同组织文化；⑨建立跨部门信息系统；⑩其他，请注明_____

4.8 在推进政府部门信息共享过程中，您比较赞成以下哪种改革方案？

①成立专门机构推进跨部门信息共享；②在区级层面成立信息共享领导小组；③建立定期的跨部门信息共享机制；④推进牵头部门主动实施信息共享；⑤维持现有的信息共享现状；⑥其他，请注明_____

4.9 为提高政府整体行政审批效率，您比较赞成以下哪种改革方案？

①成立政务服务中心，由一个机构集中行使行政审批权；②下放一些行政审批权至基层政府部门；③将前置行政审批改为后置；④取消一些行政审批；⑤保持目前的部门行政审批现状；⑥其他，请注明_____

4.10 如果推进镇政府内设机构改革，您比较赞成以下哪种改革方案？(可多项选择)

①对职能相近的部门进行合并；②撤销一些职能部门，将其整合入其他部门或事业单位；③进一步精简行政人员编制；④进一步精简事业人员编制；⑤其他，请注明_____

4.11 在理顺职能部门与街道办事处关系中，您比较赞成以下哪种改革方案？

①以块为主，由街道办履行属地管理职责，实现责权利统一；②以条为主，弱化街道办职能，由职能部门开展行业管理；③维持现有的街道办与职能部门的管理现状；④其他，请注明_____

五 政策执行

5.1 在下列政策领域中，您认为顺义区政府执行上级政府政策的执行效果如何？请在相应的方框内打√

评价 政策	很好	比较好	一般	不太好	不好
地方经济政策					
普及九年义务教育政策					
社会治安管理政策					
环境污染治理政策					

评价　　政策	很好	比较好	一般	不太好	不好
食品监督管理政策					
医疗卫生政策					
社区建设政策					

5.2 您认为，您所在的部门的政策执行程度怎么样？

①很好；②比较好；③一般；④不太好；⑤不好

5.3 您对您所居住地的街道办事处的执行力的总体评价是

①很好；②比较好；③一般；④不太好；⑤不好；⑥不知道

5.4 您对您所居住地的社区居（村）委会执行力的总体评价是

①很好；②比较好；③一般；④不太好；⑤不好；⑥不知道

5.5 您认为如下哪些因素影响着政府的执行力？选出您认为最主要的3项

①执法人员素质低；②法律不配套；③部门之间利益争夺；④资金缺乏；⑤群众素质低；⑥领导重视程度不够；⑦激励机制不足；⑧监督机制不健全；⑨其他，请注明_____

5.6 您所在的部门的政策是否存在如下问题？（可多项选择）

①政策目标脱离实际，没有办法执行；②政策规定不明确，容易被曲解；③政策缺乏稳定性和连贯性；④政策之间不配套；⑤政策滞后

5.7 您所在部门是否有如下推动政策执行的措施？

①部门绩效考核机制；②岗位目标责任制；③奖励机制；④监督与惩罚机制；⑤没有相关措施

5.8 您所在部门是否存在如下一些主动了解民众诉求的渠道？如果有，您认为效果怎么样？请在合适的位置打√；如果没有，请在该行选择"无"。

评价　　渠道	很好	比较好	一般	不太好	不好	无
政务微信						
政务微博						

续表

渠道＼评价	很好	比较好	一般	不太好	不好	无
顺义网城						
意见信箱						
政府开放日						
领导接访						
电视问政						
民众座谈会						

5.9 您认为您所在部门对民众诉求的回应程度评价是

①回应及时有效；②回应及时但效果不好；③回应不及时；④不回应

5.10 如果您认为所在部门对民众诉求回应较及时有效，请跳过此题，从6.1题开始作答。

如果认为您所在部门对民众诉求回应较低，主要原因是

①群众诉求不合理；②即使不回应对部门也没有影响；③该诉求本部门无权处置；④回应意识淡薄；⑤没有促进回应的相关制度和责任机制

六　依法施政

6.1 您对本部门依法行政工作的开展情况如何评价？请根据您的判断在0—10之间标注分值（0分表示最差，10分表示最好）

	分值（0—10分）
（1）重大决策进行合法性审查	
（2）按照法定权限制定规范性文件	
（3）清理违法违规的行政审批项目	
（4）积极发挥法制机构参谋、助手、法律顾问的作用	
（5）违法必究，依法实施行政问责	
（6）执法必严，规范行政自由裁量权的行使	

6.2 据您了解，您所在部门制定的规范性文件是否存在以下问题？（可多项选择）

①在内容上与同级其他部门的文件规定相抵触；②上下级之间的文件

规定相抵触；③具体规定不合理、不规范、不完整；④未能及时修改和更新，不能适应社会经济发展需要；⑤未公开征求管理对象的意见；⑥部门利益主导法规制定过程，部门利益法制化现象严重；⑦不存在以上问题；⑧其他，请注明 _____

6.3 在您所在部门的工作中，行政执法方面是否存在如下问题？（请在适当的位置打√）

	普遍存在	偶尔存在	不存在	不知道
行政执法不力，违法行为不能得到及时遏制、查处				
（2）执法行为不够规范，未按法定步骤和程序作出行政行为				
（3）执法程序不透明、不公开				
（4）基层执法人员素质偏低，执法能力较弱				
（5）执法行为缺乏有效监督				
（6）行政执法不公平、存在私下执法的现象				
（7）行政执法经费难以得到有效保障				
（8）行政执法不文明、存在简单粗暴的执法行为				

6.4 在顺义区行政权力运行的监督过程中，您认为哪些渠道效果较差？（可多项选择）

①人民法院等司法机构的监督；②人大代表或政协委员的监督；③群众信访、举报；④广播、电视台的监督；⑤网络曝光、新媒体；⑥行政机关的自身监督；⑦党的纪检监察机关的监督；⑧其他，请注明 _____

6.5 您认为顺义区政府依法行政的主要障碍是（限选3项）

①民众法治观念淡薄，执法难度大；②相关法律规范不合理；③权力制约和监督机制滞后，导致权力滥用和腐败；④领导干部以权压法、以言代法；⑤政府权力运行的公开度和透明度不高；⑥基层执法力量资源保障不足，难以保障有效执行；⑦其他，请注明 _____

6.6 您所在的部门出现行政行为不当或违法行为时，行政复议、行政诉讼等法定渠道是否通畅？

①很通畅；②较通畅；③不太通畅；④不通畅；⑤不清楚

七　公共服务

7.1 您对顺义区公共服务的整体满意程度是

①非常满意；②比较满意；③基本满意；④不太满意；⑤非常不满意

7.2 您认为顺义区目前最迫切需要改善的公共服务是

①教育；②医疗卫生；③就业服务；④住房保障；⑤公共安全；
⑥环境保护；⑦市政基础；⑧文化体育；⑨其他，请注明 _____

7.3 您认为影响顺义区政府公共服务水平的主要因素是（可多项选择）

①缺乏足够的财力保障；②公共服务的供给成本居高不下；③相关的管理制度不够科学 ④领导不够重视；⑤没能真正把握居民的实际需求；⑥工作人员观念保守，排斥新理念和新方法；⑦其他，请注明 _____

7.4 您是否了解公共服务市场化改革的相关理念内涵？

①非常了解；②比较了解；③基本了解；④不太了解；⑤从未听说

7.5 您认为如下公共事务，政府是否有必要把有关工作外包给社会组织？

	很有必要	有必要	不太有必要	没有必要	不知道
养老					
扶贫与社会救助					
医疗服务					
垃圾处理					
城市绿化					
社会治安管理					
教育					
就业服务					
文化体育					

7.6 您认为在顺义区公共服务提供过程中，政府和社会组织之间比较理想的关系是？

①政府完全处于主导地位；②政府为主，社会组织为辅；③政府和社会组织地位基本相同；④社会组织为主，政府为辅；⑤社会组织完全处于主导地位

7.7 您认为现阶段顺义区在下列哪些领域可以采用民营化的供给方式？（可多项选择）

①基础教育；②供水；③公共交通；④公共娱乐设施；⑤公共通信；⑥消防；⑦社会救济；⑧垃圾回收；⑨公共卫生；⑩其他，请注明 _____

谢谢您辛苦的填答！

附录二 "顺义区政府治理体系和能力现代化"访谈提纲

  为充分了解和科学把握目前顺义区政府治理的基本状况，课题组于7月14日至16日到贵单位开展一对一访谈。访谈提纲如下。

  1. 顺义区在政府治理体系和治理能力现代化建设方面，您认为有哪些经验值得总结和推广，请您逐项介绍和说明。

  2. 您认为目前顺义区在政府治理现代化中存在哪些突出的问题？可以从政府的效能性、透明性、回应性、可参与度、公平性、法治性、可问责性、包容性等八个方向展开问题。

  3. 您认为有哪些原因导致这些问题的产生？

  4. 要解决这些问题有什么难点？在政府管理体制、机制上有什么障碍？这些难点和障碍需要怎样的条件保障才能得到解决？

  5. 对于如何解决这些问题，您的想法是什么？您有什么解决这些问题的建议吗？

  6. 您对我们开展这个课题研究有哪些看法和建议？

_____

_____

_____

_____

问卷编号：   调查员编号：

附录三 "顺义区村规民约与协同共治"调查问卷

尊敬的先生/女士：

您好！

　　为深入贯彻党的十八届三中、四中全会精神和习近平总书记系列重要讲话精神，推进顺义区社会治理能力现代化，顺义区委、区政府委托北京大学国家治理协同创新中心成立课题组，对顺义区村规民约与协同共治状况开展研究。为深入了解现状，课题组专门组织开展本次问卷调查。本次调查采用完全匿名的方式进行，您在填答的过程中不要有任何顾虑。我们将对所有的填答情况严格保密，调查结果仅供研究使用。衷心感谢您的支持与合作！

　　如果您对我们的研究有任何疑问或建议，请与区委研究室袁园联系。联系电话：69444462；电子邮箱：yanjs@bjshy.gov.cn.

顺义区委研究室
北京大学国家治理协同创新中心
2015 年 10 月

　　填答说明：

　　1. 请在您选择的选项数字上打"√"，或在画线处填上适当内容；如选择"其他"，请在后边的横线上注明具体内容。

　　2. 如果没有特殊说明，每道题只能选择一个选项。有些题目能够同时选择多个选项，我们会在具体题目后说明，请仔细阅读。

　　3. 请您单独回答问题，不要参考他人意见。

　　1. 个人基本情况

　　1.1 您的年龄是_____岁

　　1.2 您的性别是

(1) 男　　　　　　　　　(2) 女

1.3 您是否是顺义本地人？

(1) 是　　　　　　　　　(2) 否

1.4 您的政治面貌是

(1) 党员　　　　　　　　(2) 民主党派

(3) 团员　　　　　　　　(4) 群众

1.5 您的受教育程度是

(1) 初中及其以下　　　　(2) 高中（中专）

(3) 大专　　　　　　　　(4) 大学本科

(5) 研究生及其以上

1.6 您现在所从事的职业是

(1) 农业劳动者　　　　　(2) 个体工商户

(3) 产业工人　　　　　　(4) 公务员

(5) 无业或失业　　　　　(6) 教师

(7) 私营企业主　　　　　(8) 其他

1.7 您的月收入大约是多少元？

(1) 3000 元及其以下　　 (2) 3001—5000 元

(3) 5001—7000 元　　　 (4) 7000 元以上

1.8 您是否在村委会或党支部中担任职务？

(1) 是（职务是　　　）　(2) 否

1.9 您是否是本村的村民代表？

(1) 是　　　　　　　　　(2) 否

2. 村规民约建设情况

2.1 您对本村村规民约的具体内容是否清楚？

(1) 非常清楚　　　　　　(2) 比较清楚

(3) 一般　　　　　　　　(4) 不太清楚

(5) 不清楚

2.2 您认为，本村村规民约对您的日常生活有影响吗？

(1) 影响很大　　　　　　(2) 影响较大

(3) 影响较小　　　　　　(4) 没影响

(5) 不清楚

2.3 据您所知，本村宣传村规民约主要采取了哪几种方式？（可多项

选择)

  （1）公示栏   （2）歌舞表演

  （3）网络   （4）短信

  （5）微信   （6）上门宣讲

  （7）广播   （8）其他（请注明）_____

2.4 您认为，本村村规民约应该包括哪些内容？（可多项选择）

  （1）环境整治   （2）邻里关系

  （3）文教卫生   （4）社会治安

  （5）集体经济   （6）公益福利

  （7）民主参与   （8）流动人口管理

  （9）计划生育   （10）婚姻家庭

  （11）其他（请注明）_____

2.5 如果您与村民发生普通纠纷，您一般选择怎么做？（可多项选择）

  （1）求助村委会   （2）走法律途径

  （3）找德高望重的人协助解决

  （4）双方私下协商解决

  （5）忍忍就过去了   （6）其他（请注明）_____

2.6 您会选择运用村规民约来解决这些纠纷吗？

  （1）是   （2）否

  （3）看具体情况而定

2.7 您遵守村规民约的主要原因是什么？（可多项选择）

  （1）从内心里觉得应该遵守

  （2）担心其他村民冷落、谴责

  （3）害怕被罚款   （4）敬畏村干部

  （5）村干部的模范带头作用

  （6）有机会获得奖励

  （7）出于对德高望重者的尊敬

  （8）其他（请注明）_____

2.8 据您所知，本村村规民约是怎么产生的？

  （1）一些约定俗成的做法提炼而来

  （2）参考政府范本制定的

  （3）在村民自治章程上修改形成

（4）参考其他村的村规民约

（5）村支部、村委会和党员、村民代表共同制定

（6）其他途径（请注明）_____

2.9 您认为，本村制定村规民约的主要目的是？

（1）满足上级政府要求　　（2）解决本村实际问题

（3）以上两种考虑都有

2.10 您经常参加制定村规民约的原因是什么？

（1）和自己利益息息相关　　（2）村干部的要求

（3）其他村民都参加了　　（4）其他（请注明）_____

2.10.1 您参加过本村村规民约的制定吗？

（1）每次都参加　　（2）经常参加

（3）偶尔参与　　（4）从没参与

2.10.2 您不经常参加的原因是什么？

（1）觉得村规民约的内容跟自己关系不大

（2）村规民约只是个形式，没多大作用

（3）参加了也没用，自己力量太小，不会对村规民约制定产生影响

（4）没有受到邀请参加

（5）其他（请注明）_____

2.11 您认为，在本村的村规民约的制定过程中，哪一方处于主导地位？

（1）区政府　　　　　（2）镇政府

（3）村民委员会　　　（4）村党支部

（5）村中德高望重的人　（6）村里的能人

（7）村民

2.12 本村的村规民约是否存在以下问题？（请在合适的格子中打√）

	普遍存在	部分存在	不存在	不清楚
规范和管理的内容太多，服务村民的内容太少				
强调义务的内容太多、强调权利的太少				
内容太笼统、脱离实际				
内容太具体、没法执行				
与法律规定相冲突				

2.13 当村规民约与法律规定相冲突，损害了您的个人利益时，您会选择怎么办？

（1）遵守村规民约　　　　（2）不遵守村规民约

（3）依靠法律途径解决　　（4）上访

（5）找村委会解决　　　　（6）其他（请注明）_____

2.14 在村规民约的执行过程中，是否存在以下问题？（请在合适的格子中打√）

	普遍存在	部分存在	不存在	不清楚
主要依靠罚款				
主要依靠奖励				
执行标准不统一、因人而异				
执行不严格				
村干部不带头执行				
村民不配合				

2.15 您所在的村是否有执行村规民约的监督方法或手段？请问，有哪些方法或手段？

（1）有　　　　　　　　　（2）没有

3. 运用村规民约推进农村协同共治

3.1 您对本村村务管理的总体效果满意程度是

（1）非常满意　　　　　　（2）比较满意

（3）基本满意　　　　　　（4）不太满意

（5）不满意　　　　　　　（6）不清楚

3.2 在本村村务管理中，以下各类主体发挥作用的程度是

	非常大的作用	比较大的作用	一般	较小作用	没有作用	不清楚
区委区政府						
镇党委政府						
村委会						
村党支部						
村民						

续表

	非常大的作用	比较大的作用	一般	较小作用	没有作用	不清楚
党员						
村民代表						

3.3 您认为，本村村务管理应该由谁来发挥主导作用（可多项选择）

（1）区委、区政府及其部门　（2）镇党委、镇政府

（3）村民委员会　　　　　（4）村党支部

（5）党员　　　　　　　　（6）村民代表

（7）村民　　　　　　　　（8）社会组织

（9）多种主体协同共治　　（10）其他（请注明）_____

3.4 目前本村村务管理上，您认为哪些主体相互配合、相互协调效果较好？（可多项选择）

（1）村民与党员、村民代表

（2）村民与村委会、村党支部

（3）村民与镇党委、镇政府

（4）党员、村民代表与村委会、村党支部

（5）村委会与村党支部

（6）村委会、村党支部与镇党委、镇政府

（7）其他（请注明）_____

3.5 目前本村村务管理上，您认为哪些主体相互配合、相互协调效果不太好？（可多项选择）

（1）村民与党员、村民代表

（2）村民与村委会、村党支部

（3）村民与镇党委、镇政府

（4）党员、村民代表与村委会、村党支部

（5）村委会与村党支部

（6）村委会、村党支部与镇党委、镇政府

（7）其他（请注明）_____

3.6 您认为本村村务公开的程度是？

（1）很公开　　　　　　　（2）比较公开

（3）一般　　　　　　　　（4）不太公开

（5）不公开

3.7 您认为，村民是否有必要参与村务管理？

（1）很有必要　　　　　　（2）比较有必要

（3）不太有必要　　　　　（4）没有必要

（5）不清楚

3.8 您是否愿意参与本村公共事务？

（1）非常愿意　　　　　　（2）比较愿意

（3）一般　　　　　　　　（4）不太愿意

（5）不愿意

3.8.1 选择不太愿意或不愿意参与公共事务的原因是什么？（可多项选择）

（1）对本村的归属感不强

（2）对本村村委会办事能力与效率信任度与信心低

（3）即使参与也只是形式，不能达到实际效果

（4）自己时间和精力不足

（5）本村村务不公开，无法参与

（6）其他（请注明）＿＿＿＿＿＿

3.9 在本村哪些事务中，您能够参与管理、发挥有效作用？（可多项选择）

　　（1）环境整治　　　　　（2）社会治安

　　（3）基础设施建设　　　（4）文体生活

　　（5）就业和社会保障　　（6）农村教育

　　（7）农业生产服务　　　（8）医疗卫生

　　（9）纠纷调解　　　　　（10）其他（请注明）＿＿＿＿＿＿

　　（11）没有

3.10 您认为，在本村哪些事务中，镇政府应该发挥主导作用？（可多项选择）

　　（1）环境整治　　　　　（2）社会治安

　　（3）基础设施建设　　　（4）文体生活

　　（5）就业和社会保障　　（6）农村教育

　　（7）农业生产服务　　　（8）医疗卫生

(9) 纠纷调解　　　　　　　(10) 其他（请注明）_____

3.11 您认为，在本村哪些事务中，村委会和村党支部应该发挥主导作用？（可多项选择）

(1) 环境整治　　　　　　　(2) 社会治安
(3) 基础设施建设　　　　　(4) 文体生活
(5) 就业和社会保障　　　　(6) 农村教育
(7) 农业生产服务　　　　　(8) 医疗卫生
(9) 纠纷调解　　　　　　　(10) 其他（请注明）_____
(11) 没有

3.12 您认为法律在村民日常生活中的作用如何？
(1) 非常重要，有麻烦首先想到法律途径解决
(2) 比较重要，有时会尝试用法律保护自己权益
(3) 基本不主动寻求法律途径解决问题，除非迫不得已
(4) 没觉得有作用

3.13 区镇两级政府的政策在村民生活中的作用如何？
(1) 非常重要　　　　　　　(2) 比较重要
(3) 一般　　　　　　　　　(4) 没太大作用
(5) 根本没用

3.14 村内道德规范和传统习俗在村民日常生活中的作用如何？
(1) 非常重要　　　　　　　(2) 比较重要
(3) 一般　　　　　　　　　(4) 没太大作用
(5) 根本没用

3.15 您认为，本村村务管理中，最需要相互配合、相互协调的是？
(1) 村规民约与法律　　　　(2) 村规民约与政府政策
(3) 村规民约与传统习俗、价值观念
(4) 其他（请注明）_____

3.16 本村实施村规民约后，是否发生了以下变化？（请在符合的格子中打"√"）

项目	是	否	不知道
村容村貌更整洁了			
村内纠纷和冲突情况减少了			

续表

项目	是	否	不知道
村民与村干部的关系更融洽了			
村内文化生活更丰富了			
村内社会治安更好了			
村务管理更加有序了			

3.17 您对顺义区"运用村规民约、实现农村社会协同共治"有什么意见和建议？

谢谢您的参与，问卷填写到此结束！

附录四　问卷调查村名单汇总

序号	所在镇	村名	村规民约建设试点村类型
1	仁和镇	窑坡村	社区平安建设型
		米各庄村	流动人口调控型
2	天竺镇	二十里堡村	流动人口调控型
3	牛栏山镇	兰家营村	社区平安建设型
		芦正卷村	民生服务保障型
4	赵全营镇	西陈各庄村	社区平安建设型
		西水泉村	村风民风引导型
5	后沙峪镇	罗各庄村	社区平安建设型
6	李桥镇	吴庄村	社区平安建设型
		张辛村	流动人口调控型
7	北小营镇	东乌鸡村	社区平安建设型
		榆林村	村域环境优化型
8	马坡镇	石家营村	村风民风引导型
		庙卷村	村域环境优化型
9	南法信镇	大江洼村	村风民风引导型
		南卷村	流动人口调控型
10	南彩镇	河北村	村风民风引导型
		东江头村	村域环境优化型
11	北务镇	马庄村	村风民风引导型
		林上村	村域环境优化型
12	李遂镇	柳各庄村	村风民风引导型
		葛代子村	民生服务保障型
13	高丽营镇	一村	村域环境优化型
		北王路村	流动人口调控型

续表

序号	所在镇	村名	村规民约建设试点村类型
14	北石槽镇	大柳树营村	村域环境优化型
		寺上村	民生服务保障型
15	杨镇	李辛庄村	村域环境优化型
		安乐庄村	民生服务保障型
16	龙湾屯镇	柳庄户村	村域环境优化型
		焦庄户村	浅山生态涵养型
17	木林镇	茶棚村	浅山生态涵养型
		前王各庄村	民生服务保障型
18	张镇	港西村	民生服务保障型
19	大孙各庄	东华山村	浅山生态涵养型

后　　记

　　新时代以来，我国全面深化改革的总体目标，是坚持和发展中国特色社会主义制度，推进国家治理体系和治理能力现代化。"到二〇二〇年，在重要领域和关键环节改革上取得决定性成果，……形成系统完备、科学规范、运行有效的制度体系，使各方面制度更加成熟更加定型。"[①] 并且大大提高运用这些制度治理国家的能力，激发广大人民群众的磅礴伟力，在党的全面领导下，全面建成小康社会。

　　遵循这一总体目标，北京大学国家治理研究院、北京大学国家治理协同创新中心与北京市顺义区委、区政府研究室决定以北京市顺义区为典型样本，主要选择中国特色地方治理创新的特定内容作为研究领域和研究课题，展开"顺义区地方治理体系和治理能力现代化建设研究"项目的研究，试图由微观透视宏观，由个案透视一般，提炼中国特色地方治理现代化经验、理念和路径。本书即是该项研究的成果。

　　项目的研究得到北京市顺义区委、区政府领导，区委区政府研究室领导和同仁，相关方面领导和同仁的鼎力支持、重点帮助，得到受访者的积极配合和响应。对此，课题组谨致以诚挚的感谢！

　　中国社会科学出版社的领导对于本书的出版予以大力支持，责任编辑许琳为本书的出版倾注了心血，北京大学国家治理研究院的许艳、王京京、王婷为项目的研究提供了行政支持，靳梦醒为本书的编辑和出版作出了重要努力和积极贡献，特此一并表示诚挚感谢！

　　项目研究及其成果的分工如下：

[①]《中国共产党第十八届中央委员会第三次全体会议公报》，2013年11月12日，http://news.xinhuanet.com/house/suzhou/2013-11-12/c_118113773.htm，2018年4月6日。

总体负责和主编：

王浦劬　王　刚

第一篇：优化政府治理模式　推进政府治理现代化——构建有限、有为、有责、有效的政府

主持人：燕继荣

撰稿人：

第一章　燕继荣

第二章　郑寰

第三章　袁园

第四章　赖先进、张宁

第五章　黄晗

第六章　赖先进、张宁

第七章　赖先进

问卷设计与分析　田凯、张宁

第二篇：运用村规民约　推进社会治理现代化——厚植协同共治社会资本

主持人：田凯　范杰武

撰稿人：

第一章　田凯

第二章　赖先进、王展

第三章　黄晗

第四章　黄晗、蔡潇彬

第五章　宋洋

第六章　王娟

第三篇：深化与人民的血肉联系　加强执政党建设——建设"扎根型"基层党组织

主持人：祝灵君　范杰武

撰稿人：

第一章　祝灵君

第二章　熊道宏

第三章　朱萌

第四章　孙响

第五章　张博　范杰武

全书由王浦劬和王刚统稿和校订。

王浦劬

2019年5月6日